名师工程
思想者系列

厦门市教育科研专著资助出版项目

名师工程
思想者系列

校本课程建设的理论构建与实践探索

XIAOBEN KECHENG JIANSHE DE LILUN GOUJIAN YU SHIJIAN TANSUO

魏登尖 ◎ 著

西南师范大学出版社
国家一级出版社　全国百佳图书出版单位

图书在版编目（CIP）数据

校本课程建设的理论构建与实践探索 / 魏登尖著. — 重庆：西南师范大学出版社，2018.10
ISBN 978-7-5621-5373-3

Ⅰ．①校… Ⅱ．①魏… Ⅲ．①基础教育－课程建设－研究 Ⅳ．①G632.3

中国版本图书馆CIP数据核字(2018)第235257号

厦门市教育科研专著资助出版项目

校本课程建设的理论构建与实践探索
魏登尖 著

责任编辑：尹清强
责任校对：曹园妹
装帧设计：起源
出版发行：西南师范大学出版社
（重庆·北碚 邮编：400715）
排　　版：夏洁
印　　刷：重庆市国丰印务有限责任公司
幅面尺寸：170㎜×240㎜
印　　张：14.5
字　　数：268千字
版　　次：2018年10月 第1版
印　　次：2020年9月 第2次印刷
书　　号：ISBN 978-7-5621-5373-3
定　　价：58.00元

序一

教育如何适应受教育者个体身心发展的实际需要？如何契合学校的实际情况？这些是办理教育和思考、研究教育的人所不可回避的问题。对于这方面的问题，自古以来在教育实践特别是基层的教育实践中，有不少人在有意识地探索其解决办法及其背后的道理。如中国古代就特别重视因材施教，不少教师特别注意针对每个学生的实际情况施以不同要求、不同内容、不同进程的教学，不少家长及家族中的有识之士根据自己对教育的理解和本家庭或本家族子弟的实际为其专门设计课程体系、编写专门的教材等，都是比较典型的表现。在现当代，人们更是重视这方面问题的解决，其路径也多种多样。其中的一个方面，就是从课程改革入手。受20世纪70年代以来在英、美等发达国家流行的校本课程运动的影响，我国在20世纪80年代以来的课程改革中特别是在2001年正式启动的基础教育新课程改革运动中倡导国家、地方、学校三级课程管理，就是想从课程体制改革特别是课程管理体制改革及课程内容改革入手来增强课程对学校及学生的适应性。在所有的相关改革中，由学校组织开发和实施的以增强对学校和学生适应性的课程一般统称为"校本课程"或"学校课程"，这方面的基础工作一般称为"校本课程建设"或"校本课程开发"。

我国自推进国家课程、地方课程及学校课程的三级管理机制改革的实践以来，学术界对"校本课程"或"学校课程"的内涵、原理、内容、开发与实施的原则、程序、具体方法、评价等问题特别是如何使校本课程真正切合学校和学生实际，又与国家的教育目的、国家规定的课程体系有机结合等问题进行了多方面的研究，各地的基础教育学校也对此进行了各具特色的探索，并取得了一些成绩和经验。尽管如此，其中的许多理论问题还没有完全研究透彻，相关的实践问题也没有完全找到真正行之有效的解决路径或办法。因此，还需要对相关问题进行更深入更具针对性的研究。

我的学生魏登尖于2013年6月在西南大学获得教育学硕士学位后就职于厦门市思明区教师进修学校，所负责的主要工作之一就是协助相关部门和学校推进该区的校本课程建设。通过几年的观察与思考，他写出了大家现在见到的这本名为《校本课程建设的理论构建与实践探索》的专著。这本著作，有几个比较显著的特点：

一是试图解决基础教育校本课程建设的理论与实践相背离的问题。当前的某些教育理论研究包括校本课程的理论研究过度理论化,脱离了学校教育的实践,以至于对实践的指导作用不大。因此,在基础教育第一线,人们对教育理论包括校本课程理论往往是既向往又排斥。之所以向往,是认为理论高深,应该能够对实践起到指导作用,故应该了解和学习。之所以排斥,是因为许多理论太过虚玄,距离教育实践太远,难以对实践起到实际的指导作用。在这种情况下,部分一线的校本课程开发者、实施者多忽视校本课程理论的学习、研究和运用,往往陷入经验主义、事务主义之中,缺乏高瞻远瞩的眼光、全局的胸怀和辩证的思维,其实践自然是盲目的,难以达到较高的水平。该书的重要指导思想之一就是解决校本课程建设或开发中的理论与实践二元背离的问题。本书的首要目的是解决校本课程建设中的实践问题,但它不是简单的实践经验的提炼,也不仅仅是具体的可直接操作的对策研究,它是以理论为指导、以理论为切入点、以探讨相关理论包括校本课程建设实践背后的理论为重要目的之一的系统的实践性的理论研究。而如何让理论更好地指导实践,让实践更具有理论气质与品格,是本书试图着力解决的问题。也就是说,本书所进行的探索是基础教育学校校本课程建设的实践性的理论研究,偏重的不是纯粹理论,也不是纯粹实践策略,而是探讨实践的理论性与理论的实践性的辩证结合。

二是基于作者的工作实践、学习实践及研究实践。作者在厦门市思明区教师进修学校工作的近五年实践中,受领导的安排,一直负责校本课程建设工作。为此,作者经常深入该区的基础教育学校,全面调研该区校本课程建设的实际状况,积极向一线校长、老师们学习校本课程建设的经验,交流这方面的思想,努力发现现实当中存在的问题,积极探索相关问题的解决办法。在这一过程中,作者公开发表了一些相关的学术论文,出版了一些相关的著作。因此,本书的写作是建立在基础教育校本课程建设的现实基础上的,是基于实践、立足于实践、为了实践而展开的研究与写作。这使得本书能够反映和契合校本课程建设的实际需要。

三是指向校本课程建设现存问题的解决。发现问题是研究的基础,提出问题是解决问题的前提,而解决问题是研究的根本目的。当前在基础教育校本课程建设的研究中,人们虽然对校本课程建设中的现实问题有所发现,也提出了一些解决办法,但多侧重于某一个侧面的问题,缺乏对问题的全面把握,其解决办法的针对性也不太强。本书作者通过问卷调查、个别访谈、集体座谈及工作实践,比较全面地把握了校本课程建设的实际,系统地省思了当前校本课程建设中存在的各种问题,并由此出发构建解决问题的理论与实践框架,从而有助于人们发现和思考校本课程建设中的各方面的问题。

四是体系比较完备。本书是对基础教育学校校本课程建设的系统研究。书中关注了校本课程建设理论与实践发展变化的历史,多维度、跨学科、跨领域地思考了校本课程建设理论,关注了校本课程建设的愿景、顶层设计、管理与领导、开发技术、资源建设、评价等方面的问题。这些内容涉及了基础教育学校校本课程建设的基本元素，为基础教育学校的校本课程建设提供了一个比较全面的参照系，有助于人们特别是基础教育学校的校本课程建设者比较全面地明确校本课程建设的历史与现实、理论与方法，从而有助于推动校本课程建设的发展。

  在上述研究和论述中，作者提供了比较丰富的材料，提出了许多有价值的观点，实是校本课程研究中的一本有价值的新作。当然，作者初出茅庐，历练不足，书中难免存在稚嫩的问题，如文字的洗练、逻辑的严密等方面都还需要提高。但瑕不掩瑜，作者奋发向上的精神、积极探索的态度和所贡献的智慧都值得鼓励！

西南大学廖其发教授
2018年4月28日

序二

认识小魏是在2013年。当时我应邀为厦门市思明区的教师做有关校本课程的培训，小魏负责培训的各项具体事务。他给我的印象是朴实、勤奋，不太爱说话，但挺爱学习，也挺爱思考。没想到4年后他竟发了他写的这本校本课程的专著书稿给我，并请我为他写序。翻看完整本书稿，我不得不承认，我被这本专著给震撼了。

在诸多有关校本课程的著作中，这本书有我欣赏的若干亮点。

第一个亮点是它的"顶天立地"。总览全书，不难发现，作者一直在理论和实践之间穿梭。该书理论涉及的面非常广，不仅涉及课程理论、教育理论范畴，还涉及社会学、哲学、伦理学等范畴。这和小魏喜欢看理论书籍、喜欢沉思的个性有关。沉思的结果使得专著具有了"顶天"的高度。他的工作单位是教师进修学校，区域校本课程建设的推进是他诸多工作之一，为此，他经常和学校打交道，深谙基层学校在校本课程建设中的苦衷和需求，这决定了本书在"顶天"的同时还具有"立地"的品格。正如作者所说，想"从学校教育实践的角度，来探索出可行的路径"。各章节中的"实践路径"便是"立地"的具体表现。"顶天立地"的好处是可以为一线教师提供一个"仰望星空"的机会，也可以为待在象牙塔里的学者们提供一个"体恤民情"的机会。

第二个亮点是它的"面面俱到"。校本课程建设的方方面面，该书都有所涉及。从校本课程的历史到校本课程的现状；从校本课程的定义到校本课程的开发，从校本课程的理论到校本课程开发的技术，从校本课程的顶层设计到校本课程的评价，从校本课程的理论研究到实践类型、特点乃至"病理"的分析，十分全面、细致。全面到不仅包括校本课程的方方面面，还包括和校本课程有关的属概念的方方面面。这为读者搞清楚相关概念的属种关系提供了便利。基层学校、一线教师可以急用先学地跳过比较烧脑的第一、二、三章，直接从第四章开始，直至第八章，这几章能让一个校本课程建设领域的新手很快入门并上手，一解燃眉之急。其余几章，待空闲时再慢慢品味，你会发现，校本课程建设表面上看与课程设计技术有关，深层次的却是和教育理念、教育价值观、社会文化、教育制度等有关。读完这几章你若能发出校本课程建设"不易"和"有意思"的感慨，阅读本书的价值就体现了。至于那些想以校本课程作为论文选题的研究生们，这本书可以为你们节约大量的精力和时间——专著不仅对有关文献做了细致的梳理，还对费解的术语、概念做了自己的理解和阐释。

此书的第三个亮点是它的"人云亦云",但这里的"亦云"不是对"人云"的重复,而是作者自己的思考。全书几乎每一章节都有中外学者对该内容的思考。专著在查阅了大量文献资料的基础上对他人的研究成果做了综述性的呈现,但呈现的目的之一是为了展示自己对这一领域的独特思考。作者借助于众多学科的视域及方法来看校本课程,得出了很多很有意思、颇不一样的结论。这集中在第二章和第三章等章节中。虽然作者谦卑地说,希望借助他人的智慧梳理出对基础教育校本课程建设的整体认识和可行路径,但这并没有遮挡住他想重构校本课程理论的"野心"和另辟蹊径指导校本课程建设的愿望,也没有遮挡住作者对一些问题的不乏真知灼见的创新性思考。

校本课程建设在我国教育领域虽已经走过十多个年头,但和其他教育领域相比,仍属年轻的领域,期望有更多像本书作者一样年轻的教育工作者投入地参与和耕耘,如此,才会有本土化的适合我国国情的校本课程理论和实践范例诞生。

子规夜半犹啼血,不信东风唤不回!让我们一起努力!

南京师范大学教科院 郝京华教授

前言

2013年6月,笔者从母校西南大学毕业来到厦门市思明区教师进修学校工作,所接手的第一项工作就是区域校本课程建设的管理。对于当时初出茅庐的我而言,这是一个沉重而深奥的课题。是时,刚到厦门未满一个月就有幸参加了厦门市教研员高级研修班。研修班的课程要求学员做一个课题,我想就结合即将开展的校本课程建设来进行吧。从此,我与校本课程建设结下了不解之缘。

思考缘起

我国大陆地区对校本课程的探讨还较短,实验或理论探索起于20世纪80年代,1999年原国家教委颁布的《全日制普通高级中学课程计划(试验)》及1999年6月颁布的《中共中央国务院关于深化教育改革全面推进素质教育的决定》构建了我国"三级课程体系"。2000年教育部基础教育司制定的《全日制普通高级中学课程计划(试验修订稿)》及2001年6月教育部颁布的关于《基础教育课程改革纲要(试行)》从政策层面上标志着我国校本课程正式诞生,开启了较为系统性地研究校本课程的历史。《基础教育课程改革纲要(试行)》明确指出:"改变课程管理过于集中的状况,实行国家、地方、学校三级课程管理,增强课程对地方、学校及学生的适应性。""学校在执行国家课程和地方课程的同时,应视当地社会、经济发展具体情况,结合本校的传统和优势、学生的兴趣和需要,开发或选用适合本校的课程。"在大量的理论研究和实践场域中,研究者或谈校本课程、或称校本课程开发、或名校本课程实施、或说校本课程管理等,相关研究比比皆是。结合培训班的课题要求,笔者对区域校本课程建设情况进行了较为全面的调研,发现在发展演变中,校本课程及校本课程开发的理论争议从未停息过,且在实践中不容乐观,感魅较多。为此,如何结合已有的理论研究基础,结合实践发展的进程,从学校教育实践的角度来探索出可行的路径成为笔者的一个心愿。也许这样的思考和探索主要是站在前人的基础上的,但希望能借助他人的智慧来梳理出对基础教育校本课程建设的整体认识和可行的建设路径。

子曰:"射有似乎君子,失诸正鹄,反求诸其身。"这样的行动对于一个末学来说显然是冒险并见笑于方家的行为,然只是期望达到"反求诸其身"。《大学》中明言"大学之道,在明明德,在亲民,在止于至善",善是教育学人的德性之本,而路径应如《中庸》里所说"故君子尊德性而道问学,致广大而尽精微,极高明而道中庸,温故而知新,敦厚以崇礼"。教育本身是指向人的内在、人的修养和人的适应性的,从本质上来说就是一门关于人的养成的学问,既包括对他人的促进、引导和发展培养,更包括自己的修养发展之路,即当前话语语境中所名的自我教育。教育育人,首先基于育己之上。我们在教育中,首先是自我教育,是育己,而后才是育人。基于此,作为一个教育学者(学习者或教育研究者),笔者认为教育及教育学的立场应基于诚、真与善。修身之道,尚本心而不尚礼义约束;根本之图,在人心躬身自省而不在庸俗哲理启示。

有学者提出"教育学的文化性格就是指教育学在本质上不是一类以价值中立、文化无涉为前提,以事实发现和知识积累为目的,以严密的逻辑体系为依托的科学活动,而是一类以价值建构和意义阐释为目的的价值科学或文化科学。它可以使用事实的材料和科学的手段,但这些并不能决定它的质。"[1]而布雷岑卡《教育知识的哲学》一书中使用了"scientific character of pedagogics"的称谓,这个短语可以译为"教育学的科学特性"。"'科学特性'是技术的、概念的、知识形式的方面,'文化性格'则是目的的、精神的、活动过程的方面。也可以说,前者是从外在的、表层的、规范的方面来说明,而后者是从内在的、深层的、精神的方面来说明。"[2]以教育作为人生发展的起点来看,笔者将教育和教育学归结为一种教育学的实践性,认为教育学的实践性是其最直接的品性或本质所在。不管是教育理论还是教育实践,其理论和实践的逻辑起点都是其实践性。

据此,经过几年的实践与摸索,在众多方家的指导下,笔者大胆尝试了这样的冒险的写作过程,主要呈现的还是诸多方家的智慧。

内容概要

学校校本课程建设是一个系统工程,是复杂的自组织系统。课程变革是当前基础教育学校变革的重要领域,也是不可或缺的组成部分。笔者基于对当前基础教育校本课程建设的实践认识,认为应从课程回眸、课程审视、课程愿景、课程规划、课程

---

[1] 石中英.教育学的文化性格[M].太原:山西教育出版社,2007:188.
[2] 石中英.教育学的文化性格[M].太原:山西教育出版社,2007:190.

管理、课程开发、课程资源、课程评价、课程发展等几个核心概念对校本课程建设进行重新探讨。探讨的主要内容有：

第一章主要是学校校本课程建设的问题发现与明确。通过对校本课程建设的历史发展、校本课程建设的相关研究文献资料、区域校本课程建设的实践嬗变及现状调查等几个层面进行分析，以期建构分析的理论基础和现实基础，明确校本课程建设的实践起点与实践性变革的现实因素。

第二章主要对学校校本课程建设进行多维审视。分别从课程发展论审视课程发展中的内在紧张、从制度分析论视角审视校本课程建设的制度阻抗与割裂、从学校特色发展理论审视校本课程建设的意蕴与偏差、从实践性变革视角审视校本课程建设的实践困境与误区、从复杂性理论审视校本课程建设的特质。要实现校本课程建设的深度变革，不能忽视理论的价值，也不可能纯粹从实践生发理论，有效的变革应是理论与实践的交互生成。

第三章探讨了学校校本课程建设的可能理论追求与实践愿景。笔者从课程愿景的确立出发，分别从课程发展理念的重构、课程建设的理论转向及课程建设实践的跨界行动三个层面进行了探讨。

第四章主要对校本课程建设规划进行探讨。围绕校本课程建设规划探讨校本课程建设规划的概念、开展规划的原则、规划的功能及当前规划中存在的问题，进而明确校本课程建设规划方案的内容、编制技术及一份好的规划方案应有的特点，最后阐明学校开展规划的实践路径及策略。

第五章是对学校校本课程管理的理念进行分析。本章提出基于行政背景的校本课程建设管理的实践策略，探讨课程领导的内涵、特点及内容，并提出校本课程建设课程领导的实践路径，以期对构建学校校本课程建设的机制、组织、制度有所启示。

第六章从对校本课程开发的认识出发，探讨校本课程开发技术的理论与实践。在对校本课程开发概念澄清的基础上，本章分别对校本课程开发的类型、模式、流程、校本课程纲要的编制进行学理分析与建构，进而从实践路径出发，提出校本课程开发的价值取向、学科校本课程开发的实践路径、校本课程开发过程中应有的课型等，以期对学校开展校本课程建设实践有所启发。

第七章阐述学校课程资源建设的理论可能与实践路径。本章从探讨校本课程资源内涵、特点、价值开始，提出了校本课程资源建设的概念、内容、原则及实践中的问题，进而探讨校本课程资源建设的学校行动策略，最后重点阐述校本课程资源建设中教师资源建设的要求及策略。

　　第八章阐述学校校本课程建设意义上的校本课程评价。本章从学校校本课程评价实践层面分析了当前存在的一些误区，并对校本课程建设评价的基本问题进行了理答，进而介绍了当前比较典型的课程评价模式。最后，提出了学校校本课程评价的实践路径。

　　第九章从学校校本课程建设的实践发展追求上探讨校本课程实践应有的立足点及定位可能，得出目前在实践层面应该追寻的校本课程建设的实践特征。

　　相较于专业的研究而言，笔者在本书中的思考是浅显而缺乏创新的；相较于教育实践而言，笔者在本书中所探讨的话题是缺乏直接的指导作用的。于前者，笔者是希望站在前人的肩膀上尝试一些思考；于后者，笔者是希望提供自己的一些思考和判断；于自己而言，笔者是希望能更深层次地认识自己。

目 录

序一 ……………………………………………………001
序二 ……………………………………………………005
前言 ……………………………………………………001

第一章 课程回眸:校本课程建设的回溯分析 …………001
 第一节　校本课程历史发展及概念回溯………………003
 第二节　校本课程建设的文献回溯……………………007
 第三节　区域校本课程建设的实践嬗变回溯…………013
 第四节　校本课程建设的问题明确……………………017

第二章 课程审视:校本课程建设的多维观察 …………023
 第一节　校本课程建设的课程发展论审视……………025
 第二节　校本课程建设的制度分析论审视……………028
 第三节　校本课程建设的学校特色视域………………033
 第四节　校本课程建设的实践性发展分析……………035
 第五节　校本课程建设的复杂性理论视域……………039

第三章 课程愿景:校本课程建设的理论重构 …………045
 第一节　学校课程发展理念的重构……………………047

第二节　校本课程建设的理论转向……………………………050

第三节　校本课程建设实践的跨界行动……………………055

第四章　课程规划：校本课程建设的顶层设计…………061

第一节　校本课程建设规划概述……………………………063

第二节　校本课程建设规划方案的编制……………………069

第三节　校本课程建设规划的实践路径……………………081

第五章　课程管理：校本课程建设的有效保障…………085

第一节　校本课程建设管理概述……………………………087

第二节　校本课程建设管理的理论基础……………………093

第三节　校本课程建设管理中的管理者意识………………097

第四节　校本课程建设管理的行政实践策略………………102

第五节　实践转向：从课程管理到课程领导………………106

第六节　校本课程建设领导的实践路径……………………112

第六章　课程开发：校本课程建设的技术旨趣…………117

第一节　校本课程开发概念澄清……………………………119

第二节　校本课程开发的类型………………………………121

第三节　校本课程开发的模式………………………………126

第四节　校本课程开发的流程………………………………132

第五节　校本课程纲要的编制………………………………136

第六节　校本课程开发的价值取向…………………………145

第七节　学科校本课程开发的实践路径……………………148

第七章　课程资源：校本课程建设的必要因素 ············ 153
第一节　校本课程资源的内涵及特点 ···················· 155
第二节　校本课程资源建设的概述及问题 ················ 159
第三节　校本课程资源建设的学校策略 ·················· 163
第四节　校本课程建设中的师资建设 ···················· 167

第八章　课程评价：校本课程建设的价值引领 ············ 173
第一节　校本课程评价的概念与逻辑 ···················· 175
第二节　校本课程评价的基本模式 ······················ 180
第三节　校本课程评价的实践行动路径 ·················· 185

第九章　课程发展：校本课程建设的展望与期待 ·········· 193
第一节　校本课程建设的历史发展与可能愿景 ············ 195
第二节　校本课程建设的发展期待 ······················ 199

参考文献 ·· 205

后记 ·· 211

第一章

课程回眸:校本课程建设的回溯分析

开展任何研究,基础都是对其基本问题的发现与明确。要发现问题,首先得对事物发展的历史进行回溯分析。本章基于对学校校本课程建设问题的发现与明确,通过对校本课程建设的历史发展、校本课程建设的已有相关研究文献资料、区域校本课程建设的实践嬗变及基于现状的调查这几个层面进行分析,以期建构分析的理论基础和现实基础,明确校本课程建设的实践起点与变革的现实因素。

第一节　校本课程历史发展及概念回溯

要对一个事物进行探讨,首先得对一个事物的历史发展和事物的本质进行界定与分析,这样所进行的探讨才会有明确的范畴。笔者在这里首先对校本课程的发展历史及校本课程建设的概念进行阐述。

一、校本课程的发展历史

校本课程在我国研究和发展的历史并不长,在国外也是从20世纪五六十年代才开始的。校本课程一词的出现源于人们对20世纪50年代和60年代课程发展趋势的反思。在20世纪五六十年代,美国等一些国家遴选了一批专家学者集中编写课程教材,而学校教师则几乎完全被排斥在圈子之外。专家学者编制出一系列体现他们"意图"的课程,学校教师实施他们自己没有参加编制的课程,外界的评价人员或督导人员承担课程的评价工作。在这种情境下,课程编制者(专家学者)、课程实施者(学校教师)和课程评价者(评价人员或督导人员)之间的脱节现象以及由此产生的各种弊端暴露无遗。在以后的20多年中,澳大利亚、加拿大、美国、英国等许多国家的政府曾经先后把全部或部分课程编制权下放到基层学校,学校教师在课程编制方面有了许多的自主权。这逐渐形成了一股世界潮流,这股潮流被称为"校本课程运动"。

我国于20世纪80年代末开始校本课程开发的实验研究。1996年原国家教委颁布的《全日制普通高级中学课程计划(试验)》规定:学校应该"合理设置本学校的任选课和活动课",这一部分占周总课时的20%~25%。这开启了我国部分课程决策权下放到学校的序幕。1999年6月颁布的《中共中央国务院关于深化教育改革全面推进素质教育的决定》第二部分第14条指出:"调整和改革课程体系、结构、内容,建立新的基础教育课程体系,试行国家课程、地方课程和学校课程。"由此我国开始构建"三级课程体系"。2000年教育部基础教育司制定的《全日制普通高级中学课程计划(试验修订稿)》规定:地方和学校安排的选修课占周课时累计数的10.8%~18.6%,同时学校还需要开发"综合实践活动"(占8.8%)课程。伴随着基础教育课程改革的步伐,一系列举措在轰轰烈烈的造势运动中被推动,而开展校本课程建设及进行学校课程管理就是其中之一。2001年6月教育部颁布的《基础教育课程改革纲要（试行）》中明确指出："改变课程管理过于集中的状况，实行国家、地方、学校三级课程管理，增强课程对地方、学校及学生的适应性。""学校在执行国家课程和地方课程的同时，应视当地社会、经济发展具体情况，结合本校的传统和优势、学生的兴趣和需要，开发或选用适合本校的课程。"这开启了我国较为系统地研究校本课程的历史。

在理论研究层面上，形成了以南京师范大学的郝京华教授，北京师范大学的徐玉珍教授，华东师范大学的崔允漷教授、吴刚平教授，西南大学的靳玉乐教授等专家为核心的研究团体；在实践研究层面上，全国有许多中小学进行了有效的探索，如东北师大附中、无锡高级实验中学、上海打虎山路小学等。同时，也形成了专家团队与基层学校有效合作的机制。可以说，从目前来看，校本课程建设取得了一定的进展。

二、校本课程建设概念回溯

当前学界及学校教育领域对于校本课程的认识是多样化的，不同的学者从不同的视角出发，对校本课程的内涵进行了基于不同切入点的界定。校本课程、学校课程、校本课程开发、校本课程管理、校本课程实施等概念混用的情况时常出现，不利于实践领域对学校课程改革的推进。笔者基于基础教育学校课程改革推进的整体性实践变革，通过对课程、校本课程、校本课程开发等概念的分析，认为应该以校本课程建设来涵盖基础教育课程实践。

（一）课程

"课程"一词，据考证，在我国最早见于唐代孔颖达对《诗经·小雅》的注疏："以教护课程，必君子监之，乃得依法制也。"宋代的朱熹提出"宽着期限，紧着课程""小立课程，大做功夫"的观点后，"课程"才有了词源的意义。朱熹虽然没有对课程做出明确的界定，但意思清楚，即指功课及其进程。这里的"课程"仅仅指学习内容的安排次序和规定，没有涉及教学方面的要求。在英语中，课程一词为curriculum，源自拉丁语"currere"（意为"跑道"）。现代意义上的课程一般公认最早出现在英国斯宾塞的《什么知识最有价值》一文中。

在教育研究领域，关于课程的定义很多，有计划说、经验说、预期学习结果说、经验-预期学习结果综合说、媒体说、经验活动说等。当下的主流观点主要是学科说、进程说和教学内容说三个：课程是学科知识的总和，如学校教育当中的语文、数学、英语等学科就是课程；课程是学习进程、学习计划或学习方案，把课程理解为学生受教育的历程；课程是教学互动过程中的经验，指向课堂教学本身，也可以理解为学生的经历。

按学校教育的具体境遇来说,笔者比较认可小莫里兹·约翰逊的观点:课程是一种预期学习结果的结构化序列。这一概念也并非完美无缺,如强调了结构化序列,但是忽视了过程实践本身;是静态的课程观,而非动态的课程观;强调了显性课程,而忽视了隐性课程的价值等等。当然,对课程的探讨是无止境的,在新的变化中也将生成新的认识,我们难以穷尽,但不影响我们进行其他具体层面的课程问题的讨论。这也是课程研究的学术魅力所在。

(二)校本课程

在我国目前的学术研究和实践话语体系中,校本课程是一个很普遍的名词,然而也是一个复杂的名词,众说纷纭,在不同的话语体系或话语背景下有不同的诠释,难以有一个较为明确的定义。正如有学者认为,"校本课程"只是一个口头用语或不规范的书面用语,"在西文的课程文献中,校本课程方面的几位一流作者在其著述中从未使用过'校本课程(school-based curriculum)'一词,只有极少数的作者在极少数的文章中才会偶尔极不规范地提到'校本课程'"。[①]

本书中,笔者比较推崇华东师范大学崔允漷教授对"校本课程"的理解:校本课程是指学校在保证国家和地方课程的基本质量的前提下,通过对本校学生的需求进行科学评估,充分利用当地社区和学校的课程资源而开发的多样性的、可供学生选择的课程。[②]这一定义说明校本课程是针对地区、学校、教师及学生的差异性,尽量满足学生的个性发展需要,并能整合国家课程、地方课程,而且起到补充作用的课程。由此,本书中出现的"校本课程"一词,是相对于国家课程和地方课程而言的。

(三)校本课程开发

事实上,从文献分析的情况来看,校本课程开发是目前国内外学术界和操作领域中使用较多的学术名词或学术概念,但关于校本课程开发的定义也是众说纷纭。从本课题研究出发,需要搞明白校本课程与校本课程开发两者概念的区别,虽然在国外的众多文献中,两者是同一概念。崔允漷教授认为校本课程开发指的是"学校根据本校的教育哲学,通过与外部力量的合作,采用选择、改编、新编教学材料或设计学习活动的方式,并在校内实施以及建立内部评价机制的各种专业活动"[③],强调

[①] 徐玉珍.校本课程开发释义[J].中小学管理,2001(4).

[②] 崔允漷.校本课程开发:理论与实践[M].北京:教育科学出版社,2000:132.

[③] 崔允漷.校本课程开发:理论与实践[M].北京:教育科学出版社,2000:132.

了校本课程开发的方法。吴刚平认为校本课程开发是指"学校根据自己的教育哲学思想,为满足学生的实际发展需要,以学校教师为主体进行的适合学校具体特点和条件的课程开发策略。其中'开发'是指从课程目标的拟订、课程结构的设计、课程标准的编制、课程材料的选择和组织到课程的实施与改进等一系列的课程行为"[①]。在此基础上,吴刚平教授进一步指出校本课程开发包括两类:一是"校本课程的开发",二是"校本的课程开发"。

从概念的比较分析来看,"校本课程"强调的是课程类型,强调课程开发的结果;而"校本课程开发"的概念与"校本课程"不同,它是对"校本课程"概念的纵向延伸,强调的是课程开发动态的、不断调整完善的过程,强调的是课程开发的行动和研究过程。除此之外,研究的问题可以包括校本课程开发的背景、目的、意义、理念、开发原则、开发程序、开发方式、开发过程中存在的问题及对策等。

笔者认为,校本课程开发是指学校课程开发的行动和研究过程,由此逐步形成某个课程的专业活动。虽然不同的学校、个体或群体对校本课程开发与校本课程的理解有所不同,但笔者主要从校本课程的活动过程与校本课程的结果进行研究。

(四)校本课程建设

我国的校本课程和校本课程开发不能等同于西方国家的校本课程开发,显然我国的校本课程是国家课程、地方课程的补充。虽然有明确的课程要求,但是在我国目前的评价制度下,校本课程的处境十分尴尬,说起来很重要做起来却不重要。在国家课程主导及应试教育的大背景下,校本课程开发很难获得真正意义上的课程自主权,学校管理层和教师群体也缺乏校本课程开发的兴趣。由此,两种不同语境下的校本课程在理念、思考、实践等方面都出现了冲突。

校本课程、校本课程开发、校本课程实施都属于校本课程实践的核心领域。所谓的校本课程实施是指学校对校本课程开发的结果也就是成型的校本课程付诸实践的过程。然而,在学校教育中校本课程还有更深的意蕴。当前,许多关于校本课程的概念难以涵盖校本课程实践的全程。笔者通过实践研究认为,基础教育学校校本课程实践可以统称为校本课程建设。它包括校本课程愿景、校本课程发展规划、校本课程管理与领导、校本课程开发、校本课程资源开发与利用、校本课程评价等。

---

① 吴刚平.校本课程开发[M].成都:四川教育出版社,2002:40.

第二节 校本课程建设的文献回溯

站在巨人的肩膀上进行研究,是研究不断深入的保障,也是创新的源泉。人文社会科学领域的研究,对文献研究的依赖程度很高。笔者的研究主要基于前人的智慧,基于实践的需要,在此基础上重新构建了自己的认识与判断。因此,大量前人和其他学者的研究为笔者提供了大量的理论研究源泉,概述如下。

一、关于中小学校本课程建设的相关研究

从文献查找的情况来看,关于校本课程或校本课程开发的研究虽然起步晚,但是相关文献数量不少。关于校本课程的研究基本定位于中小学的校本课程或校本课程开发上,可以分为以下几类:(1)关于校本课程或校本课程概念定义的研究,即关于应该有一个什么样的定义的研究。(2)在专著、硕博论文和相关论文中,有不少对校本课程和校本课程开发的专题论述。专著如崔允漷的《校本课程开发:理论与实践》、吴刚平的《校本课程开发》、王斌华的《校本课程论》、徐玉珍的《校本课程开发与校本化课程实施行动研究》、王纬的《校本课程开发的理念与实践》等都从不同的角度和层面对校本课程展开了研究。硕博论文如孙伟霞的《多元文化背景中校本课程开发研究》、宫黎明的《校本课程评价研究》、景怡光的《中小学校本课程开发的问题及对策研究》、荆聪聪的《初中语文国学经典类校本课程研究》、梁蓉的《高中语文校本课程开发的研究与实践——以济南市第七中学为例》、谢燕慧的《复旦二附中"中国打击乐"校本课程内容体系的建构与实施研究》等,分别从不同方面、不同视角对校本课程开发进行了研究。(3)虽然大多数的专著、论文和学位论文自称实践研究,然而还是侧重于实践的理论研究,而较少开展系统性的、实践性的具体操作方式的研究。

(一)中小学校本课程开发理论的相关研究

对校本课程开发理论的相关研究主要包括:(1)关于校本课程概念界定的持续争论;(2)对校本课程开发程序、原理、意义、内容、原则、方式方法及评价等方面系统化的研究。

崔允漷教授认为,校本课程开发实际上是一个以学校为基地进行课程开发的民主决策过程,即校长、教师、课程专家、学生以及家长和社区人士共同参与学校课程的规划、实施和评价。一方面,他从课程决策的角度,分析了世界课程改革的历程,

提出"走向课程决策分享"是世界各国课程改革的共同趋势;另一方面,他从教师和学科专家两种学校课程开发主体的角度,分析了他们各自的优缺点,提出校本课程开发是国家课程开发的一种补充。另外,他在江苏锡山高中开展了校本课程开发的实验研究,提出了"从选修课和活动课走向校本课程"的观点。他发表的实验报告,引起了理论界和实践界的极大关注,也对国内校本课程开发的研究和实验起到了推动作用。吴刚平从课程哲学的角度,深入地分析了课程开发中矛盾运动的基本结构特征和课程钟摆的摆向与时代的落差,提出了校本课程开发在我国兴起的时机已经到来。同时,他还研究了校本课程开发的活动类型、运行机制、基本条件和思想基础等问题。王斌华认为校本课程是"由学生所在学校的教师编制、实施和评价的课程"。校本课程开发过程包括以下环节:环境分析、课程目标设置、课程组织、课程实施和课程评价;而校本课程的实施包括原型评价,课程实验,校本课程的传播、采纳和推广,个别化教学,教学方法的选择以及校本课程的时间安排等几个方面。

除此之外,陈桂生、张永谊、徐玉珍、付建明等人从不同角度对校本课程或校本课程开发的概念、特点、价值和条件等进行了理论探讨和政策分析。

(二)校本课程开发过程中出现的问题的相关研究

国内很多学者对校本课程开发中出现的问题进行了研究,主要有以下几点:

第一,学校缺乏足够的认识,这阻碍了校本课程开发的进行。汪霞认为校本课程开发在学校方面存在着对课程自主权认识不清,难以真正把握的问题,提出校本课程开发并不是把所有与课程有关的决定权都集中于学校,而只是承认或授予学校设计课程、运用外界提供的资源的权力,评价学生学业、妥善采用国家提供的指南和准则的权力。要运用这些权力,必须有高度的组织能力与技巧,有良好的理解和融合能力,而这些正是大多数学校所缺乏的。由于传统和习惯,许多学校仍过分依赖和迷恋国家课程,依然认为课程决策应由主管部门或学科专家做出,对已拥有的自主权没有深刻认识,更不会运用。这种认识上的惯性与校本课程的现实需求之间存在着巨大的反差和矛盾,给校本课程的开发带来了不容忽视的阻力。[①]张雯君认为校本课程开发要注意背景分析,既要严密科学,又要符合实际,要对学校内部和外部的环境进行详尽的分析;要把握好校本课程开发的基点及开发后的收益情况。[②]严

[①] 汪霞.校本课程开发:理念、过程、困难及其他[J].教育探索,2006(1).

[②] 张雯君.校本课程开发的理念与实践的思考[D].长春:东北师范大学,2004.

五胤提出在校本课程开发过程中面临的困境有校本课程开发与学校管理机制的矛盾。[1]还有许多学校没有进行学校情境分析和改革方案的风险评估,存在课程开发理论与实践的缺失等问题。

第二,课程开发参与者自身的能力不足。赵积红认为校本课程开发主体的综合知识与能力不足,而且部分教师缺乏进行校本课程开发的积极性,限制了校本课程开发的可能性,影响了所开发的校本课程的质量。[2]汪霞也提出教师缺乏课程开发的意识,也缺乏理论知识和专门的培训。[3]戴永清在其论文中也提到教师缺乏参与校本课程开发的意识,即使教师能对校本课程开发有正确的认知,也有参与校本课程开发的意愿,但是有没有参与其中的能力仍然是一个问题。[4]陈薇在对校本课程开发进行个案研究时,发现校本课程面临的问题有:校长的课程开发理念问题、教师素养与校本课程开发的协调性问题。[5]欧阳欢融指出校本课程给老师提出了一个极具挑战性的问题:怎样开设学生喜欢的校本课程?在开发工作中老师感到缺乏课程开发的知识和技能。[6]

第三,课程开发过程中缺乏相应的支持和配合。汪霞提出校本课程开发不能作为孤立的改革来推行,它的成功需要有足够的支持系统。[7]戴永清提到专家的支持,由于教育中对课程的轻视,也造成对课程专家培养的忽视。课程专家无论在数量上还是在质量上都有待提高,而且在短期内是难以突破的。这就给校本课程开发的质量带来严峻的考验。[8]赵积红也认为缺乏专家、家长及社会人士的配合。[9]

国内学者的这些研究和讨论,使人们加深了对以往我国课程领域内存在的矛盾的认识,对校本课程开发也看得更加清晰。这些研究基本可以概括为:一是在研究方法上,对校本课程的理论研究较多,具有独特"校本"特色的实证研究或个案分析较少,这与国外的研究形成了鲜明的对比;二是在研究内容上,研究的重点偏于对校

---

[1] 严五胤.校本课程开发的困境与出路[D].武汉:华中师范大学,2006.
[2] 赵积红.校本课程开发:问题与对策[D].贵阳:贵州师范大学,2005.
[3] 汪霞.校本课程开发:理念、过程、困难及其他[J].教育探索,2006(1).
[4] 戴永清.校本课程开发的实践与探索[D].武汉:华中师范大学,2004.
[5] 陈薇.校本课程开发面临的问题及其对策研究[D].桂林:广西师范大学,2006.
[6] 欧阳欢融.校本课程开发的实践研究[D].南昌:江西师范大学,2003.
[7] 汪霞.校本课程开发:理念、过程、困难及其他[J].教育探索,2006(1).
[8] 戴永清.校本课程开发的实践与探索[D].武汉:华中师范大学,2004.
[9] 赵积红.校本课程开发:问题与对策[D].贵阳:贵州师范大学,2005.

本课程开发的必要性的论证,对我国中小学教育教学的现实情况关注不够,这也预示着学者专家们努力建构起来的理论应用到中小学课程改革实践中,会产生诸多的困难、矛盾和问题。

二、关于中等职业学校校本课程建设的相关研究

从文献来看,当前关于校本课程或校本课程开发的研究主要集中在基础教育领域,对中职学校的校本课程研究比较少。20世纪末,教育部在《面向二十一世纪深化职业教育教学改革的原则意见》中提出了"职业教育应确立以能力为本位的教学指导思想,专业设置、课程开发需以社会和经济需求为导向,科学合理地进行"的指导性意见后,21世纪初中职学校校本课程开发逐渐在一些中等职业学校兴起,并取得了一定成效。但就整体而言,中职学校校本课程开发的研究远远落后于普通中学校本课程开发的研究,有关的论著与文章还相对较少。笔者纵观中职学校校本课程开发的研究文献资料,做如下综述。

孟宪平认为开发职业学校校本课程,必须树立新的教育理念,即:校本课程的开发要指向人的发展,指向学生专业知识和专业技能的提高,指向学生职业素质的提高和个性的张扬。在开发时,还应该注重学校办学实际、专业特色以及专业知识和技能的研究性、结合性和创新性。孟宪平认为校本课程更应该具有针对性和实效性,从而为本校学生的发展创设最有利的信息环境,促进个性潜能向现实职业素质转化。因为这种课程是"校本化"的,是学校和教师依据职业教育目标的要求和学生发展的需要,结合本校实际,整合并优化各种课程资源而创设和营造的最适合于职业学校学生成长的信息载体。[1]黄伟祥认为职业学校的校本课程开发一般是指在实施国家课程和地方课程的前提下,根据本地区经济的发展及企业对人才培养的需求,结合本校学生的个性发展进行科学评估,充分利用社区和学校的课程资源而开发的多样性的可供学生选择的课程。[2]他以所在的纺织学校为例,以纺织专业为基础,对校本课程的主要类型、开发途径、课程实施与评价等进行了实践与思考。徐兰文认为校本课程开发包括两层含义:一是国家课程、地方课程的校本化、个性化,使之符合学生和社会的需要;二是学校设计开发新课程,发展学生的个性特长。徐兰文认为中等职业教育是我国教育体制中一个重要的组成部分,随着中等职业教育改

---

[1] 孟宪平.职业学校校本课程的开发[J].河南职业技术师范学院学报,2002(5).

[2] 黄伟祥.校本课程开发的实践与思考[J].中国职业技术教育,2004(10).

革不断深化,校本课程的开发也受到了广泛的关注。因此,应以中等职业学校的办学特色为出发点,以校本课程的基本概念为切入点,重点研究中等职业学校进行校本课程开发的意义、原则以及面临的问题。[1]应雅泳研究了中职教师校本课程开发能力的培养,认为教师是校本课程开发的主体,同时也是校本课程开发的最大障碍。进而探讨了激发中职教师参与校本课程开发,提高中职教师校本课程开发能力的保障措施。[2]胡志琳通过案例研究探讨了中职学校校本课程开发中所存在的问题,并进行了成因分析,进而提出了推动中等职业学校校本课程开发的策略:积极寻求政策支持,分析形势,树立正确的办学理念,由高素质的校长领导或主持开发研究工作,加强师资建设,激发教师参与的热情,健全民主开放的学校组织结构,建立完善的管理体制。[3]

从文献情况可知,目前关于中职学校校本课程的研究文献相对较少,在研究方法上以案例研究法、行动研究法、文献法等为主,几乎没有对区域校本课程开发和实施现状的整体性调查研究。了解区域校本课程开发和实施的状况,有助于发现局部性的中职学校校本课程开发的问题和发展趋势,也有助于从教育行政、教研等方面进行规范和引导。因此,做区域性的整体调查研究有重要的意义。

三、关于课程统整的相关研究

课程统整的研究在我国起步较晚,当前已有研究还不是特别多,主要还是介绍性和理论性研究。在"中国知网"以"课程统整"为主题词进行检索,共有452篇,反映了这个研究话题逐步成为热点,受到学界的关注。吴国平、张丽芳在《学校的课程统整:从课程管理到课程领导》中提到在学校层面上进行课程统整,不仅是学校谋求自身发展的需要,也是课程实践的内在逻辑,它应成为基础教育中各级各类学校寻求自身发展所依赖的共同经验。要充分达成课程统整的功能,需要从课程管理的计划和控制之外找到战略——课程领导,即以学校为场域,通过愿景引领、目标设定、协调激励、评价保障等要项,以使学校体系达成提高学生学习品质的目标。刘登珲在《学校课程统整实践中的三重误区及其超越》中提出,当前我国学校课程统整实践中存在三重典型误区:范畴上把"课程统整"等同于"多学科"或"科际统整",窄化课程统整为学科课程精细化运作的技术手段;在价值取向上重"知识"而轻"经验""社

---

[1] 徐兰文.关于中等职业学校校本课程开发的几点思考[J].辽宁教育行政学院学报,2006(8).
[2] 应雅泳.中职教师校本课程开发能力的培养研究[D].杭州:浙江工业大学,2008.
[3] 胡志琳.中等职业学校校本课程开发研究——以长沙铁路职业中专为例[D].长沙:湖南师范大学,2008.

会",舍本逐末,难以通达统整课程"统整育人"之本义;在方法上陷入"统""整"割裂的二元论,"统而不整"或"整而不统",阻碍学校课程结构优化。对学校课程统整的错误认识,有其深刻的内在原因。正本清源,回归课程统整本性,关键要跳出"纯粹技术"限制,从"课程观"的层面把握课程统整,超越"知识中心",建立"人"与"社会"整合发展的信念,打破"统""整"二分藩篱,实现课程统整的协同推进。在活动统整方面,张淑燕在《用主题实践活动统整课程资源,营造全新育人环境》中提出学校应定位"让每一个孩子放飞五彩梦想"的培养目标,从课程统整入手,用主题实践活动引领课程校本化开发,并从"主题统整的依据和思路、主题实践活动的内容与实施、主题实践活动的创新与展望"三个方面,多角度细致阐述了"大主题引路,多资源整合,分级分段开展"的主题实践活动课程。

课程统整以真实世界中具有个人和社会意义的问题作为组织中心,透过知识的应用及有关的内容和活动,使学生将课程经验统整到他的意义架构中,并亲身体验解决问题的方法,达成经验和知识的统整。[1]开展有效的课程统整能够使教学更加多元化,学生的知识结构能够成为一个整体,而不是独立存在。这对于培养学生的整体思考能力是很有帮助的,同时也能开拓学生的思维。

课程统整是笔者研究过程中的一个重要概念,对与此相关的文献进行的专门的综述是本研究不可或缺的部分,也是进一步明晰相关概念的重要路径。基于已有的文献研究,笔者认为开展有效的课程统整能够使教学更加多元化,能使学生的知识结构成为一个整体。这对于培养学生的整体思考能力是很有帮助的,同时也能开拓学生的思维。本研究中所指的课程统整主要包括理念统整、目标统整、载体统整、形式统整、策略统整、评价统整等。

四、关于教师课程意识的相关研究

"课程意识"作为一个学术研究的概念,出现在2003年,即起源于凯瑞莫斯的课程重建的观点。从当前的研究文献资料来看,虽然关于课程意识的概念有很多争论,但大多数学者倾向于认为,课程意识是教师对整个课程系统的基本认识和反映,是教师对课程意义的敏感性和自觉度,是教师的一种基本专业意识,属于教师在教育领域中的社会意识范畴。[2]课程意识蕴含着教师主体对课程理论的理性思考,驱

---

[1] 吴国平,张丽芳.学校的课程统整:从课程管理到课程领导[J].全球教育展望,2013(2).

[2] 郭元祥.教师的课程意识及其生成[J].教育研究,2003(6).

动着教师执行课程标准、落实课程方案和进行课程实施,反映着教师的课程信念、课程知识和课程眼光与智慧。①

从已有研究文献来看,当前关于教师课程意识的研究主要有以下几个趋势:(1)从介绍性研究走向自主研究,不再只是介绍国外的研究成果,而开始基于我国自身的实际情况来展开讨论。(2)从理论研究走向实证研究,从单纯的理论思辨出发,逐步有了一些实证性研究,更多关注了实践层面的发展水平。(3)参与研究的以理论学者居多,教育一线人员的参与还较少。

从实践性认知来看,课程意识应是基于教师对学校教育课程系统的认知,进而转化为一种实践的倾向性选择,指向教师能够在日常教育教学实践中自觉从基于教学转向基于课程的教育实践信念、知识、选择与判断。由此,从推进学校教育校本课程建设的现实需要来看,笔者认为学校教育管理者应具备核心课程意识、学科课程意识、课程领导意识、课程管理意识、课程统整意识。

第三节　区域校本课程建设的实践嬗变回溯

新一轮课程改革启动后,国家开始推行"国家课程、地方课程、校本课程"三级课程管理政策,校本课程成为新课程改革的亮点。虽然新课程改革所提出的方案具有前瞻性,是从一直以来我国国家课程一家独大的现实出发,期望通过引导学校自主开发课程,来扩大学校在课程设置和管理上的自主权,期望通过学校校本课程开发来提升教师的专业能力,特别是培育教师的课程观,从而更加灵活地结合学校实际,有选择性地调整国家课程和地方课程。但是,校本课程开发的难点是具体的实践,从崔允漷教授《我国校本课程改革现状调研报告》中可以看出,全国层面的校本课程改革形势不容乐观。在持续十多年的发展中,厦门市基础教育校本课程建设逐步发展并走向多元化,取得了一系列的成果和经验,但是也存在不少的问题和困境。在这里笔者以厦门市思明区为例,回顾区域校本课程建设的发展历程及主要经验,以期对以后继续推进区域校本课程改革有一定的参考、借鉴和启悟。

---

① 朱桂琴.中小学教师课程意识的提升[J].教育探索,2006(11).

一、区域校本课程建设的实践历程

纵观区域校本课程建设十多年来的探索,在文献分析、问卷调查及访谈的基础上,笔者将区域校本课程建设的实践嬗变分为以下几个阶段。

(一)校本课程建设的探索阶段

自国家课程改革方案提出以来,2001年思明区成为全国首批校本课程改革实验区,拉开了轰轰烈烈的校本课程开发运用的序幕。从区域层面上来看,为发展学校校本课程,思明区进行了一些探索,主要如下:(1)下发校本课程指导意见。文件明确规定基础教育学校要进行校本课程开发,规定校本课程开发的相关要求,包括原则、程序、思路、理念等。(2)考察学习其他地区校本课程开发经验。(3)学校实践层面,每所学校均开发一至几门校本课程,并对学校校本课程开发要求、校本课程开发方案及校本课程纲要进行指导完善。(4)组织高密度的现场研讨。区教研部门结合各个学校校本课程开发情况,组织密集的现场研讨活动,加强学校之间校本课程开发的交流与联系,相互取经,相互学习,相互促进。这个时期,区域校本课程开发开展得轰轰烈烈,至少在面上是这样。正如成尚荣先生所说,"不是坐而论道"。

(二)校本课程建设的分化阶段

经过一段时期的实施,校本课程开发的热度开始降温了。在这个时期,区域校本课程呈现出了两个不同方向的发展变化。

首先,部分学校的校本课程开发渐趋消失。通过调研发现,这种现象出现的原因主要有三:(1)临时性开发。课程由个别老师临时开发,单枪匹马干一阵,一段时间之后成了过眼烟云,没有团队,没有持续力。(2)浅表性开发。很多课程不适合学生,在实施层面上难以操作。(3)没有资源,尤其是缺乏师资资源,教师专业力量不足。

其次,品牌校本课程的出现。经过一段时间的探索,诞生了一批校本课程,越做越好,后来成了学校的品牌,如厦门市思明第二实验小学的《闽南音乐》、何厝小学的《闽南非物质文化遗产》等。

(三)校本课程建设的调整阶段

针对以上校本课程建设中出现的一些现象,区教研部门组织了区域总结、调研、梳理与调整。在调研中发现,学校与学校之间,校本课程开发、建设出现分化。有的学校实施步骤越来越正常化、越来越成熟。有的学校名义上有校本课程,但在实施过程中虚化了。有的学校甚至把校本课程建设归零了，没有课程可实施了。造成这种情况的原因有很多，主要有：一是各级教研部门没有建立起支持平台体系。二是校本课程往往成为校长课程，校长走了，这门课程就寿终正寝了。三是小学校本课程开发内容决定权多在学校，中学校本课程开发内容决定权多在教师，多数校本课程是为了应对考试的学科拓展类课程。四是教师校本课程开发技术还有待提升。五是校本课程开发受学校评价导向影响大。

教研部门为了解决推进校本课程建设中存在的问题，进行了一系列的探索：(1)将校本课程纳入区小学教学优质奖评价指标中。通过学校综合评价，推动学校进行校本课程开发与探索，激发学校校本课程开发的热情。(2)进行区域主体研讨。在探索过程中，逐步形成了以闽南文化、经典阅读、集邮、书香校园等为主题的专题研讨活动，推动形成几个过硬的校本课程品牌，引导学校持续深入开发。(3)指导学校再度开发。针对出现的校本课程粗糙及不适应等问题，指导学校再度开发，聚焦校本课程纲要研制、方案设计及校本课程常态化开设操作规程等指导性文件的制定。

(四)校本课程建设的冲击阶段

虽然经过多年的探索，区域校本课程建设取得了一定的发展，校本课程建设的理念也逐步深入学校教育的常态工作当中。但从更深层次来说，我们所期待的通过改变学校课程来改变学校教育的愿景并没有实现，随着新课程改革的推进力度减弱，呈现出了被冲击淡化的趋势。其主要表现为：

第一，从课程政策层面上，各种写字、阅读、心理健康教育等课程被要求进入学校课程计划中，占用了学校地方和校本课程的课时，压缩了学校的课时安排，导致了校本课程实施空间的缩小。

第二，从课程改革主体来看，校本课程虽然成为多数教育者的日常话语，但是他们对校本课程建设的本质认识并没有深化，还停留在浅层次上。校本课程建设因此没有办法进入学校课程改革的深水区，在考试评价和课程政策的双重冲击下，校本课程成了被抛弃的对象。

第三，从校本课程建设的保障来看，虽然多数教师和教育管理者意识到了校本课程建设很重要，但是在整体教育机制中缺失了保障体系，没有打开制度的空间和专业支持的系统，从而导致校本课程改革的成效无法深化，无法获得广大一线教师的支持，也无法真正落实到学校教育日常当中。

二、区域校本课程建设的实践类型

第一，基于特色学校发展的校本课程建设。指向由校本课程的精神内核来推动学校整体建设，注重的是学校整体的气质和品格。

第二，基于学生特色特长发展的校本课程建设。这种类型注重促进一些学生在某一方面的特别发展，关注的是学生的特色发展，课程方案的受众往往较少，如《飞翔的小天鹅——芭蕾舞基本功训练舞蹈组合》《鹭岛飞羽观鸟》等。

第三，基于区域文化现象的校本课程建设。这类校本课程关注的是学校区域的特色文化或学生生活环境中的特有文化，既强调让学生了解自己的生活环境，深化对生活环境的情感体验，让生活走进学生的学习，也强调地方文化或家乡教育，保护地方特有文化，实现文化传承等。如人民小学的《鼓浪屿故事文化之奇》等，直接关注学生的生活环境，引导学生进行生活体验，直接与学生的日常生活实际相结合，也注重了地方文化的传承。

第四，基于学生特点或需求的校本课程建设。这种类型的校本课程关注点是学生特点或学生特定能力发展。校本课程本质意义是为了满足学生发展的需要，那么在这里有一个认知的问题，什么是学生需要的？是学生自己认知的还是教师基于对学生的认知而发现的学生的需要？基于强调学生主体性和主动性，一些学校开发了各具特色的校本课程。如演武第二小学的《中国画主题式教育》就是基于对学校学生多数为农民工子弟的特点设计的。

三、区域校本课程建设的实践特点

通过对区域校本课程建设的系统调研与分析，笔者发现区域校本课程建设的主要特点有以下几个方面。

第一，校本课程开发在资源选择上偏重地方资源的运用。事实上，校本课程是为了满足学生的发展需要而进行的以学校教师为主的课程发展活动，其关注点是学生的发展需要，那么就需要切合学生的生活环境。多数校本课程开发在资源选择上能够有效地结合学生的生活环境资源。如关注思明区鼓浪屿文化、中山路文化、闽南独有文化——闽南语和茶文化等。有效利用地方特色资源有助于学生加深对自己生活环境的了解和认知，进而强化情感体验。

第二，校本课程的开发注重突出学生的主体性和主动性。多数校本课程的开发强调学生参与课程的主体性和主动性，让学生动起来，让学生在实践中学习，关注了学生的动手能力和实践能力，而不只是让学生多学一些知识。

第三,注重多元化的课程教学评价,突出学生的自主评价。在评价上,综合运用了多种评价方式,教师评价、家长评价、学生自主评价和学生团体互评综合使用,尤其强调学生的自主评价,让学生学会自我认知、自我反思和提升自我评价能力,而且多元化的、趣味性的、非考试性的评价也能激发学生学习的主动性。在课程教学评价上,进行了较多的探索,取得了一定的经验。

第四,注重对学生能力和学生实践的设计。传统的课堂教学侧重于知识的传授,是为了让学生掌握知识。而在校本课程开发上,思明区小学校本课程开发团队注重学生动手能力和实践精神的培养。如《科技小发明》注重学生创新能力、动手操作能力的培养;《品味中山路》让学生学会去观察、学会去访谈、学会去调查。

第五,知识趣味性与实践操作相结合的设计思路。多数校本课程的设计既注重学生一些基本知识的掌握,同时又将知识趣味化,还设计了通过让学生实践操作来内化知识的环节。校本课程的学习是趣味性知识与实践活动的有效结合,如《我所知道的茶文化》既让学生知道基本的茶文化知识,还让学生掌握闽南功夫茶的泡法等。

第六,作为学科课程的补充和辅助。我国校本课程在行政意义上是与国家课程、地方课程相对的概念,本身就蕴含了弥补主体课程不足的功能。从现实的校本课程建设的项目来看,主要也是从这方面出发。如体育类的校本课程、阅读类的校本课程、儿童诗歌类的校本课程等都是指向辅助和补充主体课程的,旨在进一步促进学生在某一课程方面的高质量发展。

探讨区域校本课程建设的发展历程、经验及特点,是为了发现参照系,是为了找寻实践性变革的原点。如果我们缺失了对实践嬗变的历史关怀及现状的参照系比较,也将失去思考与探索的逻辑原点。

第四节 校本课程建设的问题明确

校本课程建设对于当前的中小学来说,不是一个陌生的名词,反而成了当前教育研究和实践领域的"热词"。但从中小学校本课程建设的实践来看,存在种种乱象。这种情况制约了学校校本课程建设的行动。基于对区域校本课程建设情况的调研,笔者整理出了学校及教师比较困惑的一些问题。对这些问题的追问与探讨是笔者研究的逻辑起点,是重新推进校本课程建设实践发展的核心所在。

一、校本课程实施要有课时保证吗

在推进校本课程建设过程中，很多学校提出这样的问题：学校没有课时来实施校本课程了。因此，我们需要追问的是，国家课程标准中所规定的"地方/学校开发或选用的课程"占学校课时总数的"10%~12%"的课时何处去了。校本课程建设一定要有课时保证吗？校本课程建设的关键在于课堂教学的保障吗？这里存在一个对校本课程的认识问题。从国家的课程政策规定来看，校本课程是与"国家课程、地方课程"相对应的课程管理机制。由此，校本课程首先是一种课程管理机制，指向的是学校对课程的管理机制、方法、形式及具体的措施等。其次，学校校本课程建设是以学校为主体的校本课程开发过程，校本课程开发是实现校本课程管理机制的先行要素，校本课程开发是一个基于一定教育理念，通过一系列技术手段将课程教育资源转为可实施的规范化课程的过程。校本课程所指向的是实施，实施是将具体的课程落实到实处，指导学生发展的过程。

二、校本课程建设要有教材吗

在推进校本课程建设的过程中，一个问题始终伴随我们——许多学校认为校本课程建设就是要开发或编制教材，甚至部分学校将校本课程开发等同于教材开发。理由是：(1)没有开发教材，教师根据什么来上课？(2)没有教材文本的出现，那什么是校本课程建设的产品？(3)在一些评价检查中，没有教材就被认为没有校本课程开发。事实上，是否有教材并不是校本课程建设的核心，把校本课程建设等同于组织一部分教师甚至是聘请人员专门开发教材是认识误区，曲解了校本课程建设的本意。为此，应该追问的是什么是校本课程建设？校本课程建设指向何方？校本课程建设的产品是什么？如何评价一个学校的校本课程建设水平？

三、校本课程建设需要专职教师吗

在调研过程中，笔者遭遇了两个关于校本课程建设中的教师问题。第一，学校安排了专职教师来上校本课程；第二，学校没有专职的校本课程教师编制。前者认为是重视校本课程建设，为了推动校本课程建设，在实践中落实"专人"问题；后者认为教师的专业是语文、数学、英语等学科课程，而校本课程建设没有相应的专业人员去执行，因此无法进行校本课程建设。这样的认识普遍存在于学校的教育教学实践中，多数教师会认为校本课程跟多数人没有关系。对于校本课程建设是否需要专职教师，我们需要重新省思，而这样的省思不应单纯聚焦于教学实践本身，而应对学校教育进行整体性思考。

四、校本课程建设要追求特色项目吗

经常会有学校说,我们是足球特色学校、篮球特色学校、网球特色学校、跆拳道特色学校等。也经常有学校说:"这个项目有学校做了,那个项目也有学校做了,那么我们学校到底要做什么校本课程才够特色呢?"有时候也会遭遇这样的言论:"某个学校的特色是学我们的,我们很早就开始了,他们没有我们做得好。"把特色校本课程建设等同于特色项目,或为了追求特色而找生僻而冷门的课程项目,这些都是对特色的肤浅理解,也偏离了校本课程建设的本意。这样的特色追求:其一,会过度依赖独特的资源,特别是教师资源;其二,会错过学校更多更广阔的独特性资源;其三,会造成学校课程的不稳定,会因不同的领导需求而不断转换,不利于课程良性发展。因此,如何创建学校特色课程,或者说如何通过特色校本课程建设来推动学校特色发展,也是一个系统性的问题。

五、社团活动、兴趣小组或第二课堂是校本课程吗

在学校校本课程建设的调研中,总会遇到许多学校介绍本校校本课程建设的丰富与充分,其中一项就是学校的"社团活动""兴趣小组""第二课堂"或"科技节、艺术节"等取得的丰硕成效。然而,这些是校本课程吗?是校本课程建设吗?如果是校本课程为何用"社团活动""第二课堂"等名称呢?我们也应认识到"社团活动""第二课堂"等与校本课程实施之间的区别,最核心的区别是组织形式不同,"社团活动"的组织主体是学生,教师一般只是起到辅助作用或者没有教师参与其中,而校本课程实施是以教师为主体参与开发的,基于一定的学校教育目标而对学生所进行的教育,带有明显的教育色彩。

六、校本课程评价指向的单是学生评价吗

经常有学校领导或老师谈到,对于不同于语文、数学、英语等课程的校本课程如何进行评价,如何评价课程实施的质量。当然在实践过程中,也有很多学校有很多创新之举,如档案袋法、成果展示法等。但笔者在这里要追问的是:其一,脱离了期末考试评价,特别是传统的笔试试卷评价法,我们没有其他更丰富的评价方式吗?其二,校本课程评价就是指向学生评价吗?是否关注课程质量本身的评价及对教师的实施评价?

七、校本课程建设跟一线教师没有关系吗

很多教师认为,自己是语文教师、数学教师或科学教师,专业定位告诉他们除了专业范畴以外,其他都不是自己的事情,也就是普遍的一线教师认为校本课程建设与自己没有关系。然而,真的是如此吗?事实上,在职称评聘文件中明确规定中级职称教师必须上校本课程,高级职称教师必须主导或参与校本课程开发。然而,现实中政策并没有切实执行。同时,过度学科化及过度关注课堂教学现实,导致忽视了学校教育的整体性,从而得出了教师与课程建设没有关系的判断。校本课程建设应然是每一位教师的根本需求之一,其要实现的是教师从教学到课程的转化,是从教教材到用教材的转化。那么校本课程建设对教师意味着什么?这也是本研究中要着力回答的问题。

八、校本课程开发是学科课程的补充吗

把校本课程开发等同于学科课程的补充的表现为:(1)把校本课程课时变为学科课程的作业时间或教学时间;(2)把校本课程开发变成学科习题集、学科拓展或学科活动实施。这样的认识窄化了校本课程,仍然是从教学层面来认识课程,而非从课程管理机制及课程构建的角度来认识。当然,校本课程开发与学科课程并不是对立的,而是有紧密联系的,如不同学科之间的跨界整合,如学科课程的校本化开发等。

九、校本课程是以多长时间为范畴的课程呢

经常有学校开发课程是按照一个学期或一个学年的容量来设计的,甚至有学校直接开发成一至六年级的课程。对课程时空范畴认识的窄化,限制了学校课程建设的多元性与丰富性。学校没有意识到课程时间呈现的多样性,如长距课程、短距课程、主题课程、阶段课程等。那么,如何在统一的课程建设中实现多时空的统整,实现学校教育的整体性,就需要不断深化和拓展对课程时空范畴的认识。

十、校本课程是与语文、数学、英语等学科并列的一门学科吗

从整体性呈现来说,前面所阐述的一些问题,实质是把校本课程等同于一门与语文、数学、英语等学科课程并列的一门学科,所以要开发教材、所以要专职教师。而更为直接的表达是在课程表中列出了语文、数学、英语、校本课程等课程的课表排

置。甚至有些教育行政部门直接规定或是英语、或是阅读、或是书法等项目为学校校本课程。凡此种种，都是对校本课程性质的错误认识，也是限制校本课程实践的核心障碍。

以上问题都是在一线实践中经常出现的问题。其反映的核心是，虽然实践领域对校本课程建设的认识在逐步深化，逐步意识到学校要开展相关研究及实践，但是对课程的认识误区，往往造成课程建设过程中令人啼笑皆非的现象的出现。为此，我们需要对课程建设进行重新审视，只有不断深化对学校课程建设的认识，方能让校本课程建设展现出绚丽的光彩。

第二章

课程审视:校本课程建设的多维观察

回溯是回头看,是寻根溯源,是知道来的方向和路径以及当下的状态;那么审视是省思与观察,是通过相应的理论与视角对历史发展可能及当前现实的切片观察。对校本课程建设进行审视是为了厘清问题的本质与可能性。基于此,本章分别从课程发展的视角审视课程发展中的内在紧张,从制度分析视角审视校本课程建设的制度阻抗与割裂,从学校特色发展视角审视校本课程建设的意蕴与偏差,从实践性变革视角审视校本课程建设的实践理路与误区,从复杂性理论视角审视校本课程建设的特质。要实现学校校本课程建设的深度变革,不能忽视理论的价值,也不能纯粹从实践生发理论,有效的变革应是理论与实践的交互生成。

第一节 校本课程建设的课程发展论审视

课程发展聚焦的是发展背后的文化性和民族性思维伦理下所导致的紧张问题。我国当前的课程发展相对较为混沌，重新审视我国目前的课程发展内在的理念与发展机制是新时期教育改革发展的必然要求。

一、当前我国课程发展的内在紧张

我国目前的课程建设中，存在某种程度的内在紧张是不争的事实。

（一）传统与现代课程体系的内在紧张

我国传统世俗教育主要以儒家文化传统为主，教育的主要内容在很大程度上指向文化、礼制、习俗和道统。这种课程指向的是一种人文化成和经世治国的理念，以传承道统和臆想教化天下，而对现代意义上的教育和科学技术发展理念上的进步存在着一种意识性的漠视。不断反复延伸和强化的文化意识造成了民族文化心理"道可道，非常道"的玄之又玄，以及"君子不器"的自我萎缩式的人格伟岸追求。现代学校教育的课程体系源自西方的科学知识和系统理念，以分科课程为基础，形成了系统性的关于自然、人、社会和关系的知识体系。这两种基于不同哲学理念发展出来的文化，必然造成文明意义上的潜在文化冲突，形成内在紧张。是全面抛弃传统迎接以西方现代进步主义为代表的科学，还是走全面的"保守路线"而坚守文化传统？抑或走融合传统与现代的中庸之路？这是我国现代化发展过程中应不断追问的话题。

（二）学科性知识与生活性知识的内在紧张

课程作为实现教育目的或教学目标的媒介之一，是课堂教学的有机组成部分。现代学校制度和班级授课制是基于西方资本主义时代为适应社会大众化教育需要而发展起来的，其实质是以学科性知识教育为主，侧重的是系统知识的传授，学生在教师讲授下掌握系统的人类经验，提升总结后形成知识体系。在知识呈几何倍数增长的信息时代，全面系统的知识掌握已经不可能，信息的获取需求也转化为对信息的获取途径和信息的选择与判断能力的需求。如果我们要对这个时代做一个判定的话,可称为一个"全息学习型社会",需要人类不断在自身的境遇中进行信息性学习,在现代科学知识的基础上重新构建行动指南和方案。可以预见的是,现代社会对人类全体或大部分的人群的生存和发展提出的期冀是生活性技能的获取,并指向一种人类自身幸福的生活。然而,从资本主义萌芽时代发展起来的学校教育制度和班级授课制在知识转型时代面前遭遇紧张,适合学科知识性需要的课程机制与生活性技能知识需要之间存在紧张关系。通常,我们会遭遇学校所学无所用的情况,一旦步入社会需要重新学习生活性知识,如与人交往、与人合作分享、应对社会复杂性的机智和智慧等。不管是自古的"百无一用是书生",还是新的"读书无用论",都反映了普遍意义上高深学科性知识的局限性,加之社会浮躁的成功取向,进一步反映了纯粹知识性学习的不足。

(三)空间有限制性与时间无限制性的内在紧张

不断涌现的社会发展需要,对人类的存在方式提出了挑战。为应对社会发展而出现的社会性需要,对现代学校教育内容体系提出了要求。随着知识的深化和膨胀,作为社会人类成长性需要的基础知识教育,在淘汰和更新上成为一种结构性负担。另外,解决因社会发展膨胀而衍生出来的问题,在教育中呈现为对教育目标和教育内容的增加。这必然造成课程的膨胀。从有限制性的课程与无限制性的知识膨胀在时空意义上造成课程的内在时空性紧张。

(四)课程有效性发展要求与低效性发展的内在紧张

教育教学的有效性是目前学术界和实践领域所热衷探讨的话题,是对当前教育无效或低效的反思,也是对人类发展的人文与伦理关怀。我们会经常反问:这样的课程意义何在?能带给受教育者什么样的效果?对于教育和社会的发展有什么样的效益?对于具有长期性收益的教育而言,这样的追问无疑是过于功利化的。然而,如果没有这样的追问,也将可能陷入一种无效性课程发展的恶性循环中。事实上,从课程的效果追问上来看,已经形成了对课程本身的作为事实性存在的抛弃。"道路就是让我们通达的东西,而且,它让我们通向那个由于与我们相关而伸向我们的东西。"[1]我们应当重新明确当前在这种发展背景上的内在紧张,指向作为独立多维存在的自身。

---

[1] 海德格尔.在通向语言的途中[M].孙周兴,译.北京:商务印书馆,2011:190.

二、造成我国课程发展内在紧张的原因

造成我国课程发展内在紧张的原因是多方面的,笔者认为主要存在以下几个方面。

(一)自然性:现代社会转型发展的一种自然生成

现代社会的发展形态是,在工业化发展中不断推进现代化进程。同时,社会的不同层次和形态也在发生从现代到后现代的转向,特别是思想形态上的后现代性已形成一定的理性力量,产生了一定的影响。正处于发展转型关键时期的我国社会,各种形态共存,呈现出了一定的社会趋势的内在紧张。社会发展形态的复杂性加剧,各种工业化、现代化急剧发展导致的弊端越发凸显,并影响着学校教育和学校课程发展。如应对安全问题,企图通过简单的开设安全教育课程来避免安全事故的发生,这种治标不治本的方式于社会安全并无实质性意义。同时将其单一地归结为教育问题或是教育中的课程设置和发展问题也是无意义的。如面对当前严峻的就业形势,开设就业指导课程,从某种程度上能够给学生一定的指导,但是并不能解决实质性问题,没有触及问题的实质。

(二)冲突性:传统与现代思维策略选择的冲突

当前我国社会存在传统与现代两种思维、两种文化心理模式的冲突。一方面,落后的社会发展现实促使人们在推进社会建设中迫切追寻西方的以文化理性主义、技术控制主义为代表的科学主义;另一方面,几千年的文化传承构成了根深蒂固的民族文化心理,人们企图在传统文化理念之下寻求一种新的民族文化自豪感,摆脱长期以来的发展挫败感并进而为现代发展的成功寻找文化之基。传统与现代的两种思维方式的内在紧张反映在课程上,造成了课程发展的内在紧张。

(三)控制性:效益循环增长的社会控制意识思维

马尔库塞说过:"一种恶性循环似乎的确是对一个社会恰当的形象化比喻,这个社会在其所产生、所包含的各种增长着的需要推动下,正在按照其自己预订的方向自我扩张和自我永恒化。"[1]在社会意识控制下,不管是个体还是群体意义上的行动都不能改变既定的因果关系。效益循环增长的意识理念渗透到社会的每个毛孔中,机制性机构无不凸显出社会控制的意识性思维。教育领域也不例外,在课程发展的层面上,在文化生成和商品化时代,权力在教育领域体现在作为"简单控制"已经不

---

[1]赫伯特·马尔库塞.单向度的人——发达工业社会意识形态研究[M].刘继,译.上海:上海译文出版社,1989:33.

可能,"而应当通过将控制融入工作结构之中来使权力'隐性化'"[①]。而这种通过"技术控制"和"官僚控制"来将权力意识和官僚形态渗透入社会普遍领域中,反映在课程上,便是控制了课程的形式和发展等。

第二节 校本课程建设的制度分析论审视

"制度是一个社会的游戏规则,更规范地说,它们是为决定人们的相互关系而人为设定的一些契约。"[②]制度是一个历史范畴、规则范畴、关系范畴,是一整套相对固定的价值标准和社会规范体系[③],其导向作用的发挥会受到多种因素的影响。在教育改革实践中,制度困境是指教育改革过程中"出现因制度设计或制度安排不当而引发教育利益紧张乃至冲突问题",即"由于制度因素对教育改革造成的制约现象"。从制度分析的要素看,主要包括制度目标、制度主体、制度实施工具、制度变迁路径和制度环境。[④]笔者将依托制度分析理论,对中小学校本课程建设的制度困境进行分析,以期能够在一定程度上剖析当前学校校本课程建设困境的内在机理,同时对课程变革的制度保障和整体性设计有所启发。

一、国家层面课程制度目标的模糊性

对于校本课程建设,我们需要以课程制度目标为主线进行国家课程制度变迁的历史回溯。

1996年原国家教委颁布的《全日制普通高级中学课程计划(试验)》规定:学校应该"合理设置本学校的任选课和活动课",这一部分占周总课时的20%~25%。这开启了我国部分课程决策权下放到学校的序幕。1999年6月颁布的《中共中央国务院关于深化教育改革全面推进素质教育的决定》第二部分第14条指出:"调整和改革课程体系、结构、内容,建立新的基础教育课程体系,试行国家课程、地方课程和学校课程。"我国由此开始构建"三级课程体系"。2000年教育部基础教育司制定的《全

---

① 迈克尔·W.阿普尔.教育与权力(第二版)[M].曲囡囡,等译.上海:华东师范大学出版社,2008:48.
② 道格拉斯·C.诺斯.制度、制度变迁与经济绩效[M].刘守英,译.上海:生活·读书·新知三联书店上海分店,1994:3.
③ 陈成文.社会学[M].长沙:湖南师范大学出版社,2005:345-346.
④ 刘福才,刘复兴.辨识我国教育改革的制度困境——基于要素分析的视角[J].济南大学学报(社会科学版),2014(3).

日制普通高级中学课程计划(试验修订稿)》规定:地方和学校安排的选修课占周课时累计数的10.8%～18.6%,同时学校还需要开发"综合实践活动"(占8.8%)课程。2001年6月教育部颁布的《基础教育课程改革纲要(试行)》明确指出:"改变课程管理过于集中的状况,实行国家、地方、学校三级课程管理,增强课程对地方、学校及学生的适应性。""学校在执行国家课程和地方课程的同时,应视当地社会、经济发展的具体情况,结合本校的传统和优势、学生的兴趣和需要,开发或选用适合本校的课程。"从中可以看出,校本课程建设的制度目标是模糊的。这必然会造成制度目标的落实困难。

二、地方层面课程政策的多变与暧昧

制度是一些具有规范意味的——实体的或非实体的——历史性存在物,它作为人与人、人与社会之间的中介,调整着相互之间的关系,以一种强制性的方式影响着人与社会的发展。[1]政策是实践制度目标的策略,是制度的工具。由此,作为工具的政策,"最基本特征就是充当人们处理社会问题、进行社会控制以及调整人们之间关系特别是利益关系的工具或手段"[2]。

地方教育行政部门的课程政策应指向落实国家课程制度和调和地方社会制度对改革制度的冲突与矛盾,然而事实上一些地方教育行政部门在推行教育政策的过程中,课程政策的不确定性及课程政策制定的强制性变迁致使校本课程建设的改革举步维艰。以某市教育局为例,2008年其出台的课程计划规定,每周校本课程安排2课时,其中一课时为指定班队活动。2009年,又规定,各学校要开设心理健康教育课,每两周一节,课时从综合或地方、学校课时中解决。大部分学校选择了从学校校本课程课时中进行安排,部分学校将其与地方课程进行整合。2009年又出台文件规定,小学低年级开设写字课,单独多增一节;中高年级建议开设写字校本课程。2013年新文件要求,中小学要开设阅读校本课程,每周至少1节。这些文件都对学校校本课程建设造成了极大的冲击。许多学校负责安排课程计划的教导主任纷纷抱怨不知校本课程该如何安排;还能坚守国家课程制度改革信念的学校,在校本课程建设上也统一开展阅读校本课程了;更多的学校面临制度与政策的矛盾冲突,纷纷抛弃了多样性校本课程的发展路径,学校校本课程开始走向寒冰期。

---

[1] 辛鸣.制度论——关于制度哲学的理论建构[M].北京:人民出版社,2005:51.

[2] 陈振明.公共政策学:政策分析的理论、方法和技术[M].北京:中国人民大学出版社,2004:6.

三、学校层面课程制度执行的选择性忽视与无奈

《基础教育课程改革纲要（试行）》中明确指出："实行国家、地方、学校三级课程管理。"所以，校本课程建设首先指向的是一种落实国家整体教育目标的管理机制，也赋予了学校对课程进行管理和建设、调整、实施的权力。但正如前文所述，校本课程建设改革属于强制性制度变迁，这样的制度变迁的特点包括："政府是制度变迁的主体；程序是自上而下的；具有存量革命的性质；改革的路径往往具有激进性质。"① 作为被接受方的制度主体，学校及学校教师在这场课程改革运动中处于制度执行者的位置。这必然导致课程改革执行力度问题和制度矛盾冲突中的实用主义利益的选择问题。

许多学校领导已经意识到校本课程建设对学校发展的重要性。但是，因为应试教育，大部分学校领导还是比较重视学生成绩，对语文、数学、英语等传统考试科目投入较多力量。一部分学校领导会真正将校本课程建设作为一个重要的事业来做，往往是关注面上的课程建设，较多是为了应付当前的教育督导部门和学校综合评价指标而做。另外，学校行政对校本课程的重视存在偏差，没有完全按照校本课程开发与实施的程序来执行，存在一些以校长个人意志推动校本课程建设的情况。

四、教师培养与评价制度和学校课程实践需求不对位

事实表明，有效的制度实践与制度变革主体的相关制度知识和专业知识水平相互关联。"制度安排选择集合受到社会科学知识储备的束缚。即使政府有心建立新制度安排以使制度从不均衡恢复到均衡，但由于社会科学知识不足，政府也不可能建立一个正确的制度安排。"从这个层面上来看，学校校本课程建设中的制度困境表现为教师培养与评价制度和学校课程实践需求不对位，直接影响了当前学校校本课程变革的实践水平。

第一，教师职前知识培养或专业知识框架中并没有纳入教师的课程能力。当前学校教师的来源有师范学校的毕业生和非师范专业毕业生。一方面，师范教育以"专业"培养为主，这种专业设置是基于学科知识体系来进行架构的，教师教育教学专业领域的知识与技能特别是课程能力并未纳入培养框架中。通过教师资格考试获取教师资格证的非师范专业毕业生更是缺乏相应的教师教育专业课程培养。而地方教育行政部门在教师招聘考试中也再一次忽视了对教师教育综合素养的考察，单以学科知识来审定，在前提预设中认为只要具备了一定的学历资格就具备相应的

---

① 刘福才，刘复兴.辨识我国教育改革的制度困境——基于要素分析的视角[J].济南大学学报（社会科学版），2014（3）.

教师教育专业知识与能力。这是一种错误的逻辑假设,造成了评价误区。

第二,教师职称评定没有严格执行有关参与校本课程建设的要求。教师职称评定关系教师群体的直接切身利益,是目前教育行政部门对教师群体的最有效、最直接的控制渠道。教师职称评定标准对教师职业发展选择具备唯一性的导向。然而,令人遗憾的是当前的教师职称评定还是以学科为主,定位于教师的固有专业发展水平,缺乏对教师综合教育教学能力的观照。如规定,教师必须发表自己所任教学科的学科论文,开展自己所任教学科的讲座及研讨课等,这无疑制造了学科壁垒,限制了教师探索综合课程的路径。另外,虽然有些地方的教师职称评定标准观照了校本课程建设问题,如某省《中小学教师职称评定条例》规定,参与评定正高级职称要"积极开设选修课程或开发地方、校本课程",参评高级职称要"积极开设选修课程或开发校本课程",参评一级职称要"在高水平教师的指导下,参与开设选修课程或开发校本课程"。然而,这样的条例并没有在具体的职称评定过程中得到落实。

第三,教师专业发展机构在教师专业发展路径设计中忽视了教师课程能力的培养。作为独具中国特色的教研制度,区域教研部门在对教师专业发展路径的设计上再一次忽视了教师校本课程开发与实施的能力。其表现为:(1)大部分地区,在教研部门的机构系列设计中没有从事校本课程开发与实施的教研人员或培训人员。(2)没有解决校本课程建设的行政空间,在利益选择背景下,对学校及教师没有吸引力。(3)作为自下而上的基于学生发展需求的教师教育信念没有可为的制度空间。(4)在教师专业发展的知识与能力培训上没有相应的常规培训途径。因此,学校校本课程建设就在传统应试教育弥散式威权中沦为制度空中楼阁,被潜在的制度和人治文化冲击得七零八落。

五、学校校本课程建设保障制度的缺失

学校校本课程制度变革的另一影响因素是制度环境。环境是能够确定变革系统及范畴的边界和约束条件,对制度变革的拓展形成制度壁垒。"制度环境是一系列用来建立生产、交换与分配的基本的政治、社会和法律基础规则。"在校本课程变革和独具特色社会治理制度文化背景下,我们所探讨的制度环境,往往是为推行制度实践而所涉及的制度保障问题。当前学校校本课程建设过程中保障制度的缺失主要表现为经费保障缺失、学校课程建设的行政评价缺失、专业评价缺失及专业引领保障缺失等。

第一,学校校本课程建设的经费保障制度的缺失。学校推进校本课程建设,不能只是依托学校的人力资源,校本课程建设的推进也不能只是停留于规划层面,其

必然涉及具体的课程开发、课程实施、课程资源建设等层面,这一切都需要有相应的经费保障作为支持。学校校本课程建设过程中的经费支持主要有以下几个方面:其一,课程资源建设的经费支持。在当前校本课程建设走向多样化的过程中,在基于学生发展需要的背景下,活动式、体验式、探究式、游戏式等的学习方式比传统知识性学习更需要一些相应的资源作为保障。其二,学校硬件条件建设的经费支持。如建设专用教室、功能室及其他硬件等。缺乏经费保障制度的校本课程开发与实施必然会成为无源之水、无本之木,在利益冲突的情况下,必然成为被抛弃的对象。

第二,学校课程建设中专业引领保障制度的缺失。基于当前师资培育中存在的种种不足,推进校本课程建设往往会需要和依托外部资源来完善,那么就必然需要对额外的附加工作给予一定的专业引领支持。处于生长期的校本课程建设往往更需要外部专家资源的指导与把握,只有这样,方能逐步保障整体性校本课程建设的推进。由此,作为制度反射的要求,必然要推进区域课程专家队伍的组建,在推进区域整体课程发展的同时,能够时时对学校校本课程建设进行专业指导和督导推进。

第三,学校课程建设的行政评价缺失和专业评价制度的缺失。推进学校课程变革是区域教育发展过程中应该整体把握的,不仅需要有制度要求、专业引领,还需要对学校课程变革实践的发展进程进行相应的督导与评价。特别是在当前我国的政治文化背景下,教育部门的行政评价导向和督导部门的专业评价对学校校本课程建设的有效推进起着至关重要的作用。当前的行政评价还处于引领和强调的层面,而督导部门的专业评价又没有从理论层面上更新并进行系统的发展性评价机制的设计,必然会弱化发展的可能性水平。由此,教育行政部门应将学校校本课程建设发展水平作为评价学校整体发展水平的关键节点,将校长的课程领导力和教师的校本课程开发与实施参与度、实践度等纳入考察范畴。教育督导部门应制定系统的学校校本课程建设的评价指标,将学校整体推进课程变革的发展水平作为对学校整体发展评价的基础性内容。

当前学校校本课程建设中存在的种种困境,是由多种因素造成的,是一个复杂社会背景下的复杂问题。本研究从制度分析层面出发探讨中小学校本课程建设的困境,期望从课程变革制度的设计、课程变革制度的管理、课程变革制度的实施与治理、课程变革制度的环境保障等方面来诠释可能的发展路径。

第三节 校本课程建设的学校特色视域

特色学校是指在独特的办学思想指导下,从本校的实际出发,经过长期的办学实践,形成独特、稳定的办学风格与优秀的办学成果,并形成被社会所公认的传统的学校。[1]特色学校建设过程中有许多可呈现的元素符号,如学校文化、学校环境等。但从学生的发展出发,特色学校显性呈现的载体必然是课程,其中校本课程是最可为的空间。因此,我们必然要探究如何发挥校本课程的内在价值,让教师与学生得以通过校本课程实现自由个性、探究精神与创造知识的目标,使教育得以暂时性走出"制度性课程"的困境,并将校本课程的精神贯穿于整个国家课程框架内,使国家课程、地方课程、校本课程融为一体,相得益彰。为此,我们可以认为特色学校建设中的校本课程路径是校本课程特色化建设。

然而,当前学校校本课程特色化建设过程中出现盲目追求特色,追求与众不同的问题。部分学校为了凸显自己跟其他学校的不同,为了形成自己学校的独特文化而进行校本课程开发,或是全力推进某个特色项目,或是开发所谓的特色教材,或是聚焦于特色地域文化或特色的课程资源等。实质上这些校本课程与学校教育并无多大关系,或与学生的发展并没有直接关系。

当前小学校本课程特色化建设过程中存在的种种问题,其原因是多方面的,既有理念认识、认知取向和实践定位的问题,也有具体的实践路径问题。

一、特色课程的认识偏差

特色学校或学校特色建设在当前的教育研究和教育实践中是热度较高的一个领域。学界在不断探讨学术术语或领域内涵外延的学理争论,而实践领域中的学校往往聚焦于增加学校间区分度的"特色",如特色项目、特色课程、特色文化等。当前普遍存在一种认识,即将学校校本课程开发等同于学校特色活动创建,因此学校为了特色创建去寻找一些偏门、冷门的"文化"来开发成校本课程。这里的问题是校本课程开发既不是满足学生需求,也不是基于学校整体发展规划的,而是基于一种社会政治观念下的课程盲动,由此产生学校老师的消极应对及学生的不感兴趣。另外,一个校本课程开发项目包打天下,一个学校一个校本课程的思路在当前的学校校本课程开发中是最为普遍的现象。学校对学校教师、学校环境、学生、社会资源等

---

[1] 胡方,龚春燕.做好特色学校发展规划[J].人民教育,2009(2).

的差异性和多样性缺乏认识,在多种因素作用下,忽视了这种多样化资源的运用。特色学校创建的特色课程认识偏差,反映的是内在的认知逻辑的缺失和对特色课程生成机制认识的模糊。

二、特色项目的行政意志

在认知偏差的基础上,不同的学校在课程领导过程中,出现了课程建设的行政意志。校本课程的开发过程中,学校选择什么样的课程资源,定位什么样的理念,就会开设什么样的校本课程。由此,行政领导的价值选择成了学校校本课程开发的行为选择。有行政领导喜欢篮球,篮球校本课程就成了学校特色项目或特色课程;有行政领导喜欢足球,那么足球就弥散了整个校园。这反映的是校本课程开发过程中民主机制的缺失,教师并没有获得更多的课程自主权和学校文化或办学理念建设的参与权。有这样的现象,一个行政领导调动后,会将其在原先学校做的校本课程带到另外一个学校去实施,强力推行自己的课程理念。

三、特色追求的功利主义

当前校本课程特色化建设呈现出狂飙式突进或运动式推进,一夜之间到处生成特色课程,开发特色课程,表现出特色追求过程中的功利主义。这种功利主义主要表现为:(1)功利的政绩主义。一些学校为了突出管理能力或领导能力,又或者是为了凸显学校的名牌追求,就进行盲目选择,缺乏对学校办学历史、办学理念、办学资源、教育教学主体及办学环境等的综合考量。这样思维下的特色课程必然缺失生命的扎根基础。(2)极端的拿来主义思维。一些学校盲目追寻所谓的特色文化资源、特色的地域资源,以某一知识的逻辑构建出知识性的课程,或者是直接沿用它域课程,这样的课程也就没有了学校自身的特色基础。(3)竞争机制下的功利主义。一个学校做了某一特色项目课程,另一学校就坚决不做。同时,当不同学校选择同样的特色项目时,有时候就衍生了某一特色课程是谁的特色的争论或者是谁更强的问题。实质上,这种争论是毫无意义的,缺失了对学校特色化校本课程内在生成机制的认识。

四、特色路径的策略缺失

造成这些现象的另一个核心原因是特色课程建设路径上的策略缺失,其实质既有认识上的偏差,也有实践中的急功近利。主要表现为:(1)特色课程建设背后理念生成的缺失或策略单一。特色课程的着力点是学校的理念和具体境遇。而许多学校在特色课程生成的背后考量的是成效、名誉或独特性，而非基于学校办学理念的生成落实路径、课程的输出路径或课程建设过程中的行动路径等。(2)课程建设的构建逻辑的策略缺失。通常在现实中广泛被采用的构建方式是知识的逻辑，而忽视了基于学生素养发展的逻辑、课程活动载体的逻辑和课程实施评价的输出逻辑等，从而限制了课程构建策略的多元化。(3)课程实践方式的策略缺失。多数学校或者多数教师在谈到课程实施的时候必然会纠结于课时问题和课程归属问题。这些都表明学校在具体课程实践过程中陷入了思维局限，没有突破传统的认识，局限于教学认识，而非教育认识，在路径构建中表现为策略缺失。

第四节　校本课程建设的实践性发展分析

学理思考日渐完善的过程中，应同时观照实践场域中的具体行为，剖析学校层面上的校本课程开发实践，观照理念渗透和技术实践中的困境，以便为学校实践行为提供反思可能性。

一、实践性发展的问题审视

作为区域校本课程开发与实施管理的负责人，笔者从众多校本课程开发实例出发，通过比较分析、理论观照，认为目前小学校本课程开发的困境主要有以下几个方面。

(一)是什么：概念理解偏差

对于什么是校本课程，什么是校本课程开发，从现实实践层面来看存在着认识偏差：(1)将学生兴趣小组活动、课外活动、社团活动等等同于校本课程。(2)将学校校本课程开发等同于学校特色活动创建。(3)将实践操作的过程等同于校本课程开发的过程。在不断实验探索中去追寻校本课程体系的完善，而忽视了校本课程本身开发的内在程序与规范，将理念设计过程转化为实践操作过程来替代开发行为。(4)一个校本课程开发项目包打天下。学校的师生统一力量在一个领域做，将一个领域做到极致是一种管理或行政上的考量，忽视了学校教育的特殊规律。

(二)谁的课程:课程民主缺位

在学校校本课程开发过程中,学校校本课程往往是行政领导要开设的课程,行政领导的价值选择决定了校本课程开发的行为选择。(1)校本课程建设民主机制缺位。国家明确提出实行国家、地方、学校三级课程管理机制,然而实际上,学校课程管理及开发实施上的时间与空间缺失,造成了课程时空问题。一线教师普遍缺乏对课程和校本课程的认识和高位的开发实践能力。(2)行政领导课程领导力过度发挥。行政领导具有课程领导权利,需要对学校课程进行统领、规划、顶层设计及课程决策,由此衍生了校本课程成为领导的课程,行政领导的喜好和对校本课程的理解就变成了学校整体的课程行为。领导力在于引领导向,而不在于具体规划。校本课程不能忽视的是对学校学生的需求评估和学校教师团体的积极参与,学生和教师才是课程开发的主体。

(三)为了什么:忽视价值审视

价值审视依然是我们学校教育最为紧迫也是最为热门的话题。在这样的认识基础上,我们必须对学校校本课程开发进行价值审视,即叩问校本课程是为了什么。(1)为了学生的需求吗?似乎大家都会认为是基于学生的需要,而实质上在课程决策和行动中没有让学生发出自己的声音。学生和家长在实质课程决策上并没有选择权。(2)为了社会的需求吗?现实中极度缺失的公民教育始终没有进入学校校本课程开发的视野中,很多校本课程只是在虚拟的社会层级背景下探寻学生的共同发展,实质上忽视了同一片蓝天下学生的共同规约与要求。(3)为了学生的个性化发展吗?公办学校教育是社会良知、正义的最后底线,学校教育应该指向的是所有学生的共同基础教育,为每个孩子的可能性发展提供发展可能。现实是学校开设一些特色的特殊的课程挂名校本(如器乐、舞蹈、竞技体育等),从众多学生中选择一部分学生来参与学习,而其他学生成了落选者。学校教育本质在于为每一个学生的个性化发展提供可能性,我们却忽视了这个要求,忽视了对学生整体的社群发展下的能力、素养结构的思考。

(四)如何行动:开发技术障碍

当前学校校本课程开发另一个显著问题是作为校本课程开发主体的教师团队在校本课程开发技术或具体操作水平上的薄弱。表现为:(1)校本课程开发团队的建设与组成单一。学校校本课程开发中往往只关注自己学校的力量,较少整合社区资源,与家长、课程专家等来协同进行。(2)开发程序不完善。在没有进行完整的课程设计的基础上,即在课程纲要没有出来或者缺乏系统的论证的情况下便开始着手实施。(3)具体的课程设计比较盲目。没有按照一定的课程开发模式进行课程决策,往往对课程目标、课程经验选择、课程实施办法及课程评价等课程要素较为模糊,影响了课程的有效性。(4)所进行的课程开发往往发展成一门知识性课程,忽视了实践化、活动化、游戏化及关注学生生活经验等课程取向。在课程开发行动上的缺失与困惑,实质上是缺乏校本课程开发技术。校本课程实施中存在的诸多问题的根源也可以追溯到课程开发技术层面上的不足。课程开发技术的障碍是目前学校校本课程开发遇到的主要问题。

二、对存在问题的归因分析

当前学校校本课程建设中的诸多问题,有其多方面原因,主要表现为以下几点。

(一)缺乏系统的认识理解

在理论与实践二元对立的观念中,中小学教育行动者总是拒斥理论的学习钻研,在许多问题的认识上直接导向如何行动,而在理论关怀上较少深入剖析。由此,在学校校本课程开发过程中,习惯了基于灌装知识及案例知识获得的情况下,必然缺失我们的基本判断,造成对校本课程开发的片面理解。模仿是一种有效的学习方式,但绝不是一种高级的学习方式。在校本课程开发过程中一定程度的模仿是必要的,但是任何称之为课程的事物都要基于知识与技能的内在逻辑、学生的认知发展水平、现实存在的生活场域情境体验等。缺乏系统的认识理解,会导致对校本课程开发基本概念内涵的忽视,导致对校本课程开发资源整合运用的茫然,导致对校本课程开发程序的不重视,导致对校本课程开发价值取向的认识偏差,导致对校本课程开发定位、行动的本末倒置。

(二)缺乏顶层设计与规划

基础学校教育的重要功能是为孩子的终身发展提供基础或者说是促成学生适应社会发展需求的共同价值取向,以及满足学生的个性化发展。一是培养所有学生共同发展的基础,笔者称之为信息时代的公民素养,应侧重基于社会契约精神下的社会基本生活能力和社会交往关系处理能力的养成。二是促进学生的个性化发展,尊重学生的个性差异。为此,学校校本课程建设的价值取向应有明确的定位,应结合学校的办学理念、培养旨趣,与学校的其他课程、活动及文化建设进行统一的规划,在学校课程的顶层设计前提下逐步生成或培育契合学校自身办学哲学或思想的校本课程。如"博雅"校本课程开发是基于学校的博雅培养理念,"尊重"校本课程开发是基于学校尊重的办学理念。我们并不排斥将校本课程作为特色学校创建的一个重要领域,但是缺乏顶层设计及整体规划的课程体系建设,会导致课程体系的混杂。在不同的定位中不断地折腾,反而会失去应有的教育价值。另外,从校本课程开发层面来说,学校不应该有什么资源就开发什么样的课程,喜欢什么课程就开设什么课程。顶层设计与规划的价值在于依据学生的智能体系,或者以现代社会学生需要发展的能力体系来进行设计,从而为学生提供全方位全景式的教育影响。

(三)缺乏研究与技术培训

学校校本课程开发中存在的诸多问题还在于开发过程中缺乏研究和技术培训。学校校本课程开发过程中存在的问题,有这么两个观念可以审视其得失:(1)校本课程开发是一个基于研究的行动过程。将开发过程与实施行动过程进行分解,开发是研究的过程,实施是课程行动与课程管理问题。只有具备完备的课程开发过程,才能保障课程的质量,也才能保障实施的效度。忽视研究的过程,将开发行为与课程实施管理行为一起进行是行不通的。(2)校本课程开发是一个需要技术保障的过程。系统的课程开发涉及学生评估、课程论、教学论等领域,这些知识都需要进行学习培训。如果连基本的操作程序、开发依据及课程要素都不清晰,何以有高质量的校本课程呢?校本课程开发技术培训的缺失是当前校本课程开发遇到种种障碍的主要因素之一。

(四)功利导向的价值取向

功利主义似乎是我们当前社会常见的一个问题。在校本课程开发中,功利主义的价值取向对于课程的设计与规划是致命的,影响也是深远的,是违背校本课程基本精神的。(1)倾向于艺体类校本课程的开发。从严格意义上来说,目前许多学校存在的艺体类校本课程不能属于校本课程,因为它们大多是为了培养艺体苗子,关注的是学生技能的掌握,依赖于有艺体特长的教师资源,且大多是基于技能的掌握学习按照训练的模式来进行。这样的校本课程背离了校本课程精神。(2)急于实施。特别是有些开设多样化校本课程的学校,往往只有一个课程名字和倾向,缺乏完整的课程规划和课程纲要,企图在课程实践中来逐渐摸索完善。这是不负责的行为和急功近利的做法。(3)流于形式,为了课程而课程。有些学校为了应对评估评价而进行课程开发,实质上只有材料而没有实施行为,违背了基本的价值取向。

第五节 校本课程建设的复杂性理论视域

复杂性思想观点和方法是对传统经典科学的简单化思维的批判,将人的认知思维带到了一个更广泛和丰富的框架中。复杂性思想涉及的核心概念是非线性、不可预测性、事物的相互作用或相互关联、自组织系统、混沌的边缘(秩序的边缘)、社会激发者和复杂的适应性强的体系。复杂性理论揭示了教育改革的复杂性,对当下的教育改革者和教育研究者有深远影响。

一、复杂性理论概述

复杂性理论是20世纪末兴起的一种以倡导复杂性思维方式,研究复杂系统的交叉学科,是对传统的以"还原论""决定论"为特征的"简单性"思维的拓展和包容。其主要代表人物有埃德加·莫兰、阿若、盖尔曼及沃菲尔德等。当前,复杂性的概念已进入了许多科学研究领域,对当前的科学研究及思维方式产生了巨大的影响。

传统的经典科学的思维方式是建立在"有序""分割"和"理性"的基础上的,而复杂性理论是对这种经典科学的思维方式的批判。首先,复杂性理论从现代的科学证明中发现传统科学中认为过去任何的无序性都是可以被认知的是一个伪命题,认为应当承认无序性的真实存在,"有序和无序的概念应该停止彼此绝对的相互排斥"[1]。其次,传统的科学认为要认识一个事物或现象,就要将其分割为简单的要素,这样的原则就增加了科学领域里的专业化并导致学科的过度分化,不能实现系统的思维方式,从而造成对整体世界缺乏认知。复杂性理论提出要将分割性和不可分割性相结合,彼此交流。最后,复杂性理论对传统科学的绝对理性主义提出了批判,认为我们"虽然不能免除'归纳—演绎—同一性'的逻辑,但是它也不能构成绝对的证明和确定性的工具"[2],从而提出了两重性逻辑思维方式。

那什么是复杂性呢?埃德加·莫兰在《复杂性思想导论》中提出,所谓复杂的东西不能用一个关键词来概括,不能归结为一条规律,也不能划归为一个简单的思想。[3]也就是说复杂性不能用简单的方式来加以确定并取代简单性的东西,它是广泛存在于我们存在的世界之中的。现代信息论、控制论、系统论的老三论,加上被称为"自我的—依靠环境的—组织"的自组织,构成了复杂性理论的基础。同时,复杂

---

[1] 黄志成.西方教育思想的轨迹——国际教育思潮纵览[M].上海:华东师范大学出版社,2008:430.
[2] 黄志成.西方教育思想的轨迹——国际教育思潮纵览[M].上海:华东师范大学出版社,2008:431.
[3] 埃德加·莫兰.复杂性思想导论[M].陈一壮,译.上海:华东师范大学出版社,2008.

性理论遵循了两重性逻辑、回归和全息的原则,从而构建了整个复杂性理论系统,为我们提供了一个比传统科学的"有序""分割"和"逻辑"更为广泛而丰富的观察认知现象及事物的思维方式和框架,也为我们产生了复杂性方法论,包括有序性和无序性的交合,复杂、动态、开放的理性主义,确定性和不确定性并存的两重性逻辑思维方式等。

二、复杂性教育思想简述

复杂性教育思想主要是指以复杂性思想观点和方法为背景或是运用复杂性思维和方法对教育问题进行研究而形成的关于教育问题和教育改革的一系列思想观点。在教育领域内的影响主要是将复杂性理论作为一种思维方式、研究方法和范式。其主要代表人物是埃德加·莫兰和迈克尔·富兰。

埃德加·莫兰以复杂性思想观点和方法为背景提出了未来教育的七个关键原则:警惕知识中的盲点、确切的知识的原则、教授人类的全面本性、教授地球的本征、迎战不确定性、教授相互理解和人类伦理学。而迈克尔·富兰以复杂性视角来透视教育变革,认为教育变革应具备一种新的思维方式,即通过一定的方式使教育系统成为一个学习型组织,使之对待变革就像正常工作的一部分一样,使变革不是与最新的政策相关,而是成为一种生活方式。进而富兰指出了教育变革过程的复杂性,提出了要通过成长以及在变化多样的环境中建立更多的联系并不断地改进和完善的发展性观点。同时,富兰从更深层次上探究了体制的复杂性,认为"体制"是无法人为"管理"的,改革的开展很少能够根据我们自己的意愿展开,并提出了"可持续性"的教育体制构想。

三、复杂性理论视域下的校本课程建设

虽然当前复杂性理论在教育领域的运用主要呈现在教育变革领域,但是从当前的教育变革趋势来看,广泛的社会影响对教育变革的影响不仅是全局性的、宏观性的、宏大叙事性的,而且已经渗透到了教育因子的方方面面。基础教育学校课程建设领域发展的迟滞和深度发展的混沌状态呈现了一定的复杂性。为此,笔者希望通过借助复杂性理论来审视校本课程建设。

(一)校本课程建设愿景的混合性

课程愿景反映的是课程建设的期待,是学生、学校、家长、社会及教师等多方利益共同体协商的结果。国家课程反映的是国家或社会意志,而校本课程作为学校层

面的办学哲学体现,在愿景上更多呈现了混合性的特点。社会意志是基础,家长意志是选择,学校意志是教育立场,教师意志是专业自主权,学生意志是根本。学生意志的核心表达是学生发展的多元智能的现实。为此,校本课程建设愿景需要多方协商,并经过多元主体立场的课程审议后方能确定。这就必然出现课程愿景建设的复杂性现实,出现课程愿景的多元多维多视域的混合需求。

(二)校本课程建设规划的整体性

当前许多学校把校本课程建设等同于校本课程开发,以具体的一门或一类课程的要素呈现为实践旨趣,凸显了教材化、形式化或政绩化的特点,从而忽视了学校课程建设的内在价值,使课程建设沦为课程开发的技术与行为。对整体的课程建设在学校教育系统中的功能与价值的理念审视不足,从而陷入了学校课程建设的泥淖中。于学校而言,校本课程建设要关注的是发展规划和推进的整体性,应将课程开发的实际实践权利还给教师与学生。校本课程除了本身是一个独立的自组织系统以外,更是学校整体课程建设中不可或缺的部分,由此需要对校本课程建设从学校整体课程规划的角度来进行规划建设,从而形成自组织系统,对学校整体课程系统产生综合性影响。

(三)校本课程建设发展的不确定性

追求确定性或者试图寻找到教育发展的本质规律一直以来都是学者苦苦研究的命题。从广泛的意义上看,教育是存在一些独特的普遍性规律的。但就具体情境来说,确定性始终是伴随着不确定性而存在,其根源是教育发展中作为对象的人时刻处在多元变化中,而教育与社会的高度关联性也决定了其不确定性。回到校本课程建设来说,这种不确定性在校本课程发展中尤为突出。其原因主要有:(1)校本课程发展的灵活性。校本课程是基于不同情境下的学生需要而开展的,并不存在或者说很难确切存在一门校本课程是具有全员价值的。(2)校本课程建设的资源关联性。相对于国家课程和地方课程,学校校本课程的开发与实施与学校的课程资源关联度更高,随着资源的变化,课程发展也会随之变化。(3)校本课程建设的机制稳定性弱。其产生的逻辑是整体的调整与转换远远慢于个体的调整与转换。

(四)校本课程建设环境的开放性

开放性是当前社会的主要特征之一,开放才能产生包容,才能激荡出创新动力与新生态。当前社会发展的现实告诉我们,忽视了开放或敌视开放,必然会失去发展的内在动力。学校教育在社会激荡中处于巨大的开放性环境下,教育改革或课程改革成了主流的话语表征。就以学校校本课程建设而言,环境的开放性是复杂性理论视域下的校本课程建设的核心表达之一。其表现为:(1)校本课程建设打破了学校固有学科与管理边界,促进的是跨学科、跨领域、跨团队的校内多向互动共生,其指向的是基于教师专业发展共同体合作共赢的新生态。(2)校本课程建设中突破学校教育的围墙,走出学校办学和引进社区或社会资源办学,特别是引进校外课程资源,能够极大地促进校本课程的多样性,从而为学生提供更多的发展和选择空间。(3)校本课程建设环境的开放性还呈现为互动或交往方式的流动性与多变性,多元主体与多样的表征方式决定了环境互动方式的复杂性。这种开放性保持了校本课程建设的灵活度和开放度,同时也造成了建设的复杂度。

(五)校本课程建设呈现的非平衡性

平衡性一直是我们所构想出来的认识世界的一个核心指标,和谐是我们对社会发展一直以来的期待。实质上,社会的发展属性决定了稳固和谐或平衡是动态的和谐、动态的平衡。校本课程建设呈现的非平衡性取决于:(1)校本课程自组织系统发展中的非同步性。这源于规划的理想程度与实践的复杂程度很难达成一致,如果真能达成一致,所谓的规划也就失去了愿景或引领的价值。(2)校本课程建设取向选择中的社会利益权重不均等性。理想的状态是在一个事物的多元影响因素中,各种权重形成一个稳定的关联结构,从而保证多方利益主体都实现各自的愿景,但真实的实践中必然存在因权力关系配比不同而造成不平衡的现象。(3)课程受益主体在不同发展阶段的发展需求的不对等性。人的发展会因发展水平的差异和年龄层次而出现不同的社会心理与文化心理需要,必然会出现交叉影响,从而导致课程建设呈现非平衡性。

(六)校本课程建设运行的非线性

从一定程度上来说,线性思维是传统认识世界的一种简化模型,对于简单事物的认识具有一定的意义。其核心体现为单向度的过程认识、指向二元对立的思维割裂、高结构化的固化表征。这样的线性思维并不能更深层次认识校本课程建设运行中的多维关系。非线性表达是指向多维度、多视域、多层级、多交互式的网络化运行机制。主要表现为:(1)校本课程建设运行主体的多层级。不同主体在课程建设的运行中皆有各自的规则和路径,从而形成良性的互动网络。(2)校本课程建设运行过程的多交互性。不同主体路径在具体发生的场域中将产生网络化的交互过程,从而使自组织系统实现多维度的交互影响,促进系统的自改进机制。(3)多视域的相互作用。可以促使校本课程建设在不同审视视角中形成较好的发展进程,规避权力的泛化和实践的偏差。

　　复杂性理论对于认识当下的教育改革或者说课程改革具有重要的启发价值。复杂性理论视角下的校本课程建设,指向的是促进校本课程建设的良性发展,促进对课程建设本身认识的深化,从而避免学校课程建设的简单粗暴,也避免课程建设流于形式或浮于表面。当然,笔者在这里只是抛砖引玉,期待更多的学界同仁进行深度的解剖与理论重建。

第三章

课程愿景：校本课程建设的理论重构

"愿景"是一个内涵丰富而又富有争议的概念。笔者认为愿景是根据现有的信息条件对未来图景的期待与预测。学校课程愿景就是从学校当前课程发展态势出发对未来课程途径的期待与预测。在本章中，笔者分别从课程发展重构的理论策略、课程建设的理论转向及课程建设实践的跨界行动三个层面探讨学校课程建设的理论重构。

第一节　学校课程发展理念的重构

教育是推进人类群体自我认知发展及文明延续的重要方式。在教育中确立什么样的理念、思维方式,必然导致不同的发展结果。通过对当前学校课程建设中存在的种种现象进行不同层面的分析,我们会发现问题的核心是学校课程发展的理念出了偏差。为了更好地促进学校课程发展,笔者认为应秉持以下几个课程发展的理念。

一、重构课程伦理文化:指向关怀

教育与社会的发展状态和伦理形态息息相关。探讨课程伦理文化,应基于的背景是社会发展的伦理。从人的视角出发构建的自然世界、社会世界与精神世界,互相激荡出了多彩的、复杂的社会。这种社会的基础某种程度上是因为人的需要。马斯洛需求层次理论指出了人类社会的规律。这样的需要还需引发对发展的伦理思考。那么社会发展的伦理应该是什么呢?笔者认为竞争是人类社会发展的核心动力之一。而过度的竞争实质是追求更为微观性的满足,致使社会需要的满足成为一种无智慧的内在痛苦。这种发展认知伦理反映在教育领域中,具体的课程发展上,表现为课程发展的内在需要性紧张,生成途径缺乏。我们需要反身正视现代社会的需要认知方式,对现代社会人类生存的方式进行合理性分析与辩证,从而基于批判发展的路径,从思维原则及思维伦理上对发展的伦理文化进行探讨。

从发展的意义上来说,对课程发展路经的重构,是指向关怀的重构。(1)关怀生长。生长是人的本来状态。学校课程发展的第一关怀是人的生长,即课程建设的第一要素是个体性,而非社会性或者其他。(2)关怀生活。人是什么?人是过去一切的总和,人是生活的全部。学校课程发展应关怀人的生活。"生活即教育",不应过度迷恋于教育为未来生活做准备,而应首先关注当下。这应成为课程资源发展的核心追求。(3)关怀生命。有生命方有教育的存在,我们应当摒弃为了所谓的成功而忽视对生命个体的精神关怀和自然关怀。(4)关怀关系。人是社会关系的总和。关系也即伦理,本质应当是有所为有所不为。学校课程发展中应当秉持这种关系存在的根本,回应社会的伦理变化。

二、重构课程发展逻辑：指向范式

发展理念重构策略应在生活伦理发展意义上探讨，体现伦理关怀的理念。现代社会的发展往往是基于效益循环增长理念。在循环中，实现所谓的"自我扩张和自我永恒化"[1]。这种循环发展的效益目的理念，事实上并没有明确社会的发展伦理是什么，对于整体人类的意义追寻无启发性。作为意识性世界主体的人类，在面对效益恶性循环增长所导致的对人类生命的废弃与自我无限化扩张时，存在着一种意识形态的、潜在的思维控制，其所导致的结果是我们甚至不知道个体作为人的意义存在的必然性实在。库恩在《必要的张力》中这样论述"范式"："无论是这条索引的搜集者、无论是我自己都不会真的相信，这许多歧义就会使问题陷于绝境。但确实需要加以澄清。靠这个词本身又不足以澄清。其实，不管'范式'在本书中有多少用法，还是可以分成两个集合，各有名称，可分别讨论。"[2]在一定的意义上，可以明确的是，"人类发展伦理意义"的这一哲学命题，指向的是人类整体伦理关怀。这一趋向，让我们省思的是发展的范式。社会发展趋势必然反映到学校课程领域。那么，这样的哲学命题的探讨，在课程领域就表现为课程发展范式的探讨。

在这里需要继续明确的是如何规避并解构课程设置的无限与时空的有限之间的内在紧张和文化潜在冲突，如何在知识性需要和技能性需要的相对紧张中，实现课程发展的社会性指向，并进而简化和弱化现代课程的知识性倾向。这是指向学校课程发展逻辑的取向范式，此其一。其二，指向发展逻辑的目标范式。推动课程发展的社会属性，从而达到课程面向人类整体发展意义上的伦理关怀，以践行和促使人类获得整体的幸福为指向。其三，指向课程发展逻辑的过程范式，也可以称为行动范式。在实践当中，人们往往把具体的工作等同于专业的行动过程。在事件中消解了学校课程发展的逻辑，强化了事件的工作过程，而弱化了专业行动的过程。这导致了学校课程发展专业性的消解。推动学校课程发展的逻辑范式，就是要不断推动形成基于学科课程专业发展的过程范式，从而形成学校自身课程发展的独特风景。

三、重构课程发展思维：指向简约

往往简单的事物背后蕴涵着一个复杂的自组织系统。面对社会现实，面对课程发展的实际情况，应寻求一种简约的理念。现代社会的认知开始从"简单性范式"走

---

[1] 赫伯特·马尔库塞.单向度的人——发达工业社会意识形态研究[M].刘继,译.上海：上海译文出版社,1989：33.

[2] 托马斯·S.库恩.必要的张力[M].纪树立,范岱年,罗慧生,等译.福州：福建人民出版社,1981：290.

向"复杂性范式"。但这并不意味着,指向人类幸福伦理关怀的思维形式也趋向复杂。事实上,作为认知范式的复杂性思想在更进一步认知真理时走的是一种简约和谐路径。以此为基础,在现代课程发展过程中,要注重在紧张冲突中实现有效的融合。应时性的、急功近利的、缺乏指向未来发展可能性和人类整体发展可能性的现代课程发展现实,要求我们从理念上认知简约还原的思想。

从这样的基础出发,我们实质上是在对课程发展思维进行探讨。(1)简约而不简单。课程建设不是简易的、原始的、割裂的,而是基于"复杂性思维"对复杂事物的抽象性处理。在操作过程中应把握住课程发展的结构,通过更上位的概念来消解具体的课程化过程,摆脱知识性、技能性等逻辑束缚。(2)简约而不失立场。不少课程研究者热衷于探讨普世价值,似乎有了普世价值就是对本质的回归。正如哲人所言,越是民族的,才越是世界的。简约的发展思维更是在坚定的立场中生发。由此,应基于民族文化和民族心理的根基,关怀文化传统的内在合理性,有效调节呈现方式,从而将学生从现代课程现实中解放出来,实现学生人类伦理关怀意义上的智慧生成。

四、重构课程发展取向:指向整合

当前,在专业发展背景下的多元整合趋势,对于社会融合与协同提出了新的要求,以系统观、自组织理念来诠释社会逐步成为主流。学校课程领域应体现这种整体关怀伦理下的多元融合,解构分科课程理念,转向课程整合。一些研究者认为,我国当前课程改革没有实现对分科课程(即对实质性存在的分科课程的理念基础)进行重构。妄图在传统科学的立场上实现方式途径的转变,必然导致改革的不理想。

从现代社会的发展现实和未来的发展可能性来看,走向整合的课程发展路径是必然的选择。(1)目标的整合。目标是导向,决定了课程发展的为与不为。目标整合可以从人的素养发展角度、事的逻辑发展角度及行动的过程发展角度来进行。(2)资源的整合。不同的资源可以达成同一个目标,即条条大路通罗马。我们应回归到对不同资源的本质上来思考人成长的多元整合,从而实现多样化课程资源的同一时空实践,从而保障课程发展的效益。(3)组织的整合。程序正义往往比结果正义更重要,因为不同的组织过程,不同的组织手段,会导致不同的结果。把组织看成是一种策略表达,那么它就是多元策略的整合发展问题了。(4)诠释的整合。于今天的教育而言,实践很重要,是一种真正的实然状态。但在课程发展过程中,对实践进行正确的、有效的、合理的诠释,是推动整体学科课程发展的核心,也能够在实践中不断矫正课程发展观念的偏差。甚至,我们有时候可以极端地提出,于目前的实践而言,诠释的整合比实践的整合更具现实意义。

概言之,课程发展问题不仅是教育领域中的技术发展和手段问题,不只指向教育的有效性,更重要的是要破解教育领域中社会效益论的教育性焦虑,秉持人类整体伦理关怀的理念,从根本上对课程建设进行社会性和历史性的解读与反思批判。

第二节 校本课程建设的理论转向

校本课程在基础教育实践界伴随着新课改的深入实践,取得了一些成就,成了基础教育改革的重要领域,也被实践界意识到是促进基础教育内涵式发展的重要载体。但同时也面临一些问题,如课程价值的过度工具理性、课程实施的知识魅惑、课程文化的成人表达、课程内容的文艺倾向、课程规划的现实割裂等。

探讨课程建设问题,从哲学意蕴上说,探讨的是人与知识的关系问题。由此,基于当下的信息时代背景,传统的"知识就是力量"的知识观于今天看来,应该转向如何更好地建构认知世界的方式和资讯时代下的信息处理能力。这里并不是说知识已经不重要,而是说信息不等于知识,在不断追求人的主体性的过程中,信息处理和认知模式成了人发展的主体需求。基于此,笔者对当前中小学校本课程建设的理论进行省思和实践批判,以期对深化认识和促进实践有所启示。

一、课程价值观的转变:从工具理性转向解放理性

工具理性是法兰克福学派理论体系中的一个重要概念,是指追求工具或者手段的有效性,追求的是事物的重大功用价值,其本质是通过功利计算的方法来达到手段或工具的价值化最大。工具理性在现实生活中的直接反映是物质或金钱等成了人们行动或追求的直接目标,对于工业化时期发展起来的工具理性探求走向了极端,从而使手段成为目的,而忽视了理念上的探讨过程及人本主义精神的复归。在基础教育校本课程建设中表现为注重校本课程的外在价值,缺少理念上的审思。校本课程开发成了学校或教师机械采取固定技术、方法,进行不同内容选择的程序性技术,成了统一化、划一化、模式化的"特色"教材、读物、读本、知识手册、题库或练习

册的编写。这不过是增加了另一种反"校本"的形式而已,也增加了教师和学生的负担,甚至导向基于政绩主义思维下的反校本价值追求。

对学校校本课程的建设应该指向的是对工具技术主义的反思,对校本课程建设本质属性的回归。由此,必然需要明确几个基本追求:(1)校本课程开发并非中立,并非形式主义、工具价值取向,而是教师课程意识的觉醒与学生探究精神的复归。教师课程意识的觉醒是对传统教师作为"知识搬运工""学生学习的压迫者"的反叛,是对教师专业性和学生成长引领者的基本要求。然而,这样一个目标在校本课程建设中并没有得到有效的关注,校本课程在工具技术主义指导下,在教育行政力量和无处不在的隐性制度文化影响下成为新的反"校本"手段。由此,应当明确,校本课程开发即教师的行动研究。(2)校本课程并非传授知识,而是师生合作探究、创造知识。(3)"校本课程"的本体价值在于促进课程民主化进程,是要张扬教师的课程自主权,促使教师从教教材到用教材的转变,是要促进教师的专长发展,从而为学生的不同发展需要和多样化的发展可能性提供尽可能多的发展资源。为此,在校本课程建设中教师要强化解放理性,即追求教师的课程意识自觉发展,学生的自由、自我实现。

二、课程文化的旨趣:从成人文化转向儿童文化

从校本课程的文化旨趣来看,存在着分别以成人文化和儿童文化为核心的两种形态。从历史发展的层面来看,世界上第一个发现"儿童"的人是卢梭,他在《爱弥儿》一书中指出:"在人生的秩序中,童年有它的地位;应当把成人看作成人,把孩子看作孩子。"这才确立了儿童的地位,形成了儿童文化与成人文化的并立。儿童文化是"一种以儿童自己的思想和行为来决定其价值和标准的文化,它基本上是一种口语文化"[1]。口语文化是通过声音和具体形象来表达的。声音具有直接地生理地刺入身体和感觉的功能,因此口语文化的感觉方式迥异于书面文化,它把世界作为一个有机整体,并动用所有的感官来知觉,属于一种视觉、听觉和动觉思维的方式。[2]儿童文化是诗性的、游戏的、童话的(或神话的)、梦想的、艺术的,是好奇的、探索的,是从本能的无意识的逐步迈向意识的,是历史沉积的因而是复苏的。[3]而成人文化是指"建立在成年人规定的价值、理念和标准之上的,是一种文字性的、抽象的文化"[4]。成人文化"以抽象性的词语符号来代替事物,走的是一条分析性的、不断分化

---

[1] 边霞.儿童文化与成人文化[J].学前教育研究,2001(3).
[2] 边霞.儿童文化与成人文化[J].学前教育研究,2001(3).
[3] 刘晓东.论儿童文化——兼论儿童文化与成人文化的互补互哺关系[J].华东师范大学学报(教育科学版),2005(2).
[4] 边霞.儿童文化与成人文化[J].学前教育研究,2001(3).

和专门化的路线,事物与事物之间被划分出清晰的界限,理性的思维习惯使身体的直接知觉感受与对象相隔离"[①]。

当前校本课程建设的成人文化体现为以下几点。(1)课程目标、课程内容、课程评价等都是以成人文化为导向的,将成人的文化视角灌输给学生。比如成人文化世界认为传统文化的传承很有必要,因此要在学校开设中医药校本课程、传统文化校本课程等,就是这方面的体现。(2)课程设计虽然名义上是以学生为中心,但是学生并没有成为课程设计的参与者,而是被动接受成人认定的儿童文化课程。名义上是基于儿童文化设计的,但是设计者都是成人,孩子根本就没有在实际的课程实践中获得参与课程设计与开发的权利。正如蒙台梭利所说:"孩子在成人世界遭到压制。"[②]

在新的校本课程实践中,应强调和实现基于成人文化的校本课程向基于儿童文化的校本课程建设转变。这样的转变应体现为:(1)学生拥有参与学校校本课程建设,特别是参与校本课程设计和规划的权利。(2)在课程设计中应基于学生文化的"诗性的、游戏的、童话的(或神话的)、梦想的、艺术的"等特征来设计课程的内在结构和课程实践方式,让校本课程建设凸显出促进学生生命化发展的特质。(3)校本课程建设的儿童文化取向应基于促进培育学生的好奇心,让学生在探究性学习中获得发展,避免为了考试、为了适应未来的社会生活而做准备的价值取向。

三、课程内容的设计:从偏文艺到面向多元智能

纵观当前现实,学校校本课程建设呈现出了以促进学生人文素养发展的偏文艺的倾向,如闽南童谣校本课程、陶笛校本课程、阅读校本课程、书法校本课程、文明礼仪校本课程、国画校本课程、红十字文化校本课程等。当然,应当认识到的是这些校本课程在一定程度上能够促进人的发展,都是有效的课程资源。但更应该认识到当前社会存在的问题不仅仅有人文精神、社会规范的缺失,更有科技创新能力的薄弱和动手实践能力的不足。另外,每个人发展过程中所具有的天赋更是存在巨大的差异。多元智能理论告诉我们,每个人在不同领域的智力发展水平有所不同,这就需要针对不同的情况来因材施教,在促使个人的天赋得到完美发展的同时,也促进个人其他薄弱智能的发展。由此,在中小学校本课程建设中,应促使校本课程实现多元化发展,为每个孩子的不同发展可能提供尽可能多的课程资源,为孩子的未来潜

[①] 边霞.儿童文化与成人文化[J].学前教育研究,2001(3).

[②] 玛利亚·蒙台梭利.发现孩子[M].胡纯玉,译.北京:中国发展出版社.2006:4.

能发展种下一颗颗种子。因此,校本课程建设应指向包括人文类校本课程、科技创新类校本课程、艺体类校本课程、社会实践类校本课程、自我发展类校本课程的多样化设计。

四、课程实施方式的拓展:从知识传授式转向活动探究式

知识是推动人类社会发展的源泉,是人类社会生活所应具备的必要条件。知识经济已然成为推动社会发展的主导力量。但必须清醒地认识到知识与信息是有本质区别的,资讯时代对学校教育人的发展更多地转向了对信息获取、信息分析、信息判断和信息创造的要求上。

反观当前校本课程的内容设计和课程呈现,知识性学习成了主体。知识成了校本课程开发和实施的主要目标,如保护动物校本课程、齐鲁文化校本课程等等。当然,校本课程建设不反对知识的获取或资讯的获得,但是,校本课程建设的主要目的不是为了获取知识,准确地说,是不单纯指向描述性知识和规范性知识,而是应在校本课程实践行动中,把知识变为一种行动,调动我们的心理倾向,解决令人困惑的问题,进而考虑我们自身与我们所栖息的生活世界之间的关系。为了达到这样的目标,我们当前的校本课程设计与课堂实践应转向活动式校本课程。这种活动式校本课程应指向以下几个方面:(1)指向学生发展意愿、思维、技能、素养发展。(2)指向探究式的校本课程,将生硬的知识学习转化为学生探究性学习,让学生掌握的不仅是知识,还有发现知识的方法。(3)指向体验式的校本课程,促使学生在体验中获得感性的经验,促使学生在体验中发现生活的智慧,促使学生在体验中发现学习的快乐。(4)指向游戏式的校本课程。游戏是儿童成长的重要媒介,儿童通过游戏活动获取社会生活的基本形式,在游戏中获取规则意识,在游戏中学会交往与合作,在游戏中建构对社会的基本认识。(5)指向综合融通式的校本课程。校本课程建设不是为了让学生增加一门额外的课程,而是让学生学会综合运用知识。

五、课程规划的思维:从割裂式转向一体化

学科课程是当前基础教育课程结构中的主要形态,学科化产生的结果是不断强化学科边界和树立学科边界,而这样的结果必然产生割裂式的思维。逆向反馈到基础教育课程变革中表现为不断增加学生的课程门类,而缺少课程的整合。这样的情况无疑割裂了学校校本课程与其他课程的联系与融通。因此,割裂式课程建设思维和割裂式校本课程建设事实上制约了学校校本课程建设的推进。

反思这种事实，我们应该重新认识学校校本课程建设与学校课程体系的关系。学校教育的基本使命是促进学生的发展，在学校课程体系中呈现为学生核心素养的发展。学校所具有的各个课程都应指向促进学生核心素养的发展，只是不同课程在促进学生不同核心素养发展上有不同的侧重点。另外，作为学校对课程开发与实践的管理权利，校本课程建设首先指向的是学校对学校课程发展的整体规划、设计、实施与管理。由此出发，校本课程的建设路径应指向一体化的、统整的、整合的校本课程形态。校本课程建设的一体化建设应体现在以下几个方面：（1）校本课程建设与国家课程的一体化。充分运用地方和学校资源来补充国家课程的不足和促进国家课程的多样化实施，也即国家课程的校本课程创生与实施。（2）校本课程建设与学校特色课程的一体化。通过特色校本课程的建设来促进学校的特色发展。（3）校本课程建设与学科课程整合的一体化。通过跨学科、跨领域的课程整合来提高课程实施的有效性，避免课程资源的浪费。（4）校本课程建设与地方文化的一体化。有效地通过地方文化资源的再开发使之符合学校教育培养学生素养的要求，既丰富校本课程资源，又促进地方文化的创新性传承。（5）校本课程建设与学校环境建设的一体化。可以通过学校环境建设来推动隐性校本课程建设，使之成为校本课程实践的一个载体或补充。

总而言之，校本课程建设体现的是学校和教师、学生通过课程互动来实现学校育人目标和教师课程意识的觉醒，从而促进学生的自主发展。

六、课程表征的多元：从单一性转向多样化

从当前学校实践来看，校本课程建设成了一门次于语文、数学、英语、科学等学科的课程。学校的行动实践中，开设了一门称为"校本课程"的课程。从课程资源来源上分析，有基于校长的爱好，有基于学校个别教师的特长，有基于所谓的特色学校建设，有基于地域文化传承的需要；从实践形式上来看，主要表现为一周一课时的校本课程课，一门课程包打天下。而这些所谓校本课程都没有将学生立场置于第一位，成了为需要而需要的课程，手段成了目的。因此可以说，当前基础教育中校本课程的基本呈现是单一性校本课程应对了课程改革的设计。

推进校本课程建设，必然要对学校课程整体形态进行价值澄清。（1）校本课程首先指向的是一种课程管理机制，是学校对课程的管理权利。在此意义上，校本课程建设必然强调学校对课程进行整体的规划与设计。（2）校本课程建设的内涵包括两个方面："国家课程"与"地方课程"的校本化实施与创生和学校开设的校本课程实践

与创生。要探讨的是如何将国家课程、地方课程校本化的课程与学校课程融为一体。(3)校本课程建设是基于学校的办学理念和目标,基于学校教师资源,为学生个性化发展而开设的多样性的、选修性的校本课程。(4)校本课程建设指向是基于学生个性化发展的多样性课程。在基础教育阶段,不仅为孩子的教育历程奠定基础,更为孩子的终身学习奠定基础。由此,校本课程建设应把关注点放在基于学校办学理念与目标、教师及学生发展需要的通识性、螺旋上升的阶梯式课程和基于学生个性化发展的选修课程上。

处于社会变革转型期的教育,在推动学校课程变革过程中,必然要承担更重的社会价值追求。从推动学校校本课程建设的层面来看,应彻底转变原有的学校校本课程建设形式,从而推动学校课程建设的跨越式发展。

第三节 校本课程建设实践的跨界行动[①]

在实际的实践过程中,校本课程建设受多种因素的干扰,存在诸多病症。对此,笔者认为推进基础教育校本课程建设要打破八个"边界"。

一、校本课程建设认识上要打破学科边界

我国基础教育一直以来主要是以学科教学为主,偏重学科的知识结构的完整性,在学科整合或综合学科、跨学科教学等层面较为薄弱,加之受教育评价机制的影响,学科壁垒成了当前推进学校整体课程变革的最大障碍。学科课程虽然有助于学生逐步建立起较为系统的知识结构,但是在促进学生多元化发展和跨领域学习研究等方面,已经难以满足社会的发展需求。由此,校本课程建设不应是为了让学生多一个学科的知识或技能,而应是引导学生走向知识和技能的多元整合运用,从而导向教育创新。

打破校本课程建设的学科边界,实质是突破学科壁垒,实现不同育人资源的共同作用,实现育人资源在不同方面的统一,从而实现育人资源的多元开发,超越简单叠加的效果。课程整合的理解与实践可以推动基础教育学校已有课程的整合。包

[①] 本节部分内容为与陈国勇合作完成。

括单一学科课程内容的整合、跨学科的整合和多元学科的整合；从整合的程度来分析，可以分为相关课程整合、广域课程整合、跨学科课程整合和超越学科课程整合等。课程整合可以从基于学科知识的整合、基于生活经验的整合和基于学习者综合素养发展的整合三个方面来努力。(1)基于学科知识的整合。例如语文、班队、思品、综合实践活动等课程都会涉及许多关于家乡文化的内容，那么可以以家乡文化为主题，构建"爱我家乡"的项目课程。(2)基于学习者生活经验的课程整合。如对于气候变化和环境认识上，四季的变化给学习者带来丰富的生活体验，那么可以围绕四季变化，结合学科课程的相关内容，构建四季课程。(3)基于学习者综合素养发展的课程整合。不同学科中都有阅读的发展需要，如语文中的非连续性阅读和数学中的阅读存在较多交叉，那么可以以语文为主开发培育学生非连续性阅读能力的专题性课程。

二、校本课程建设主体上要打破教师边界

与当前学校学科课程相对应的是学校教师的学科专业化，教师的学科专业化有助于教师学科知识的结构化、系统化和专业化，对于提升学生的学科专业素养有一定的价值。然而，这种学科专业化致使教师在综合素养上有所偏颇，对于学生的全面发展缺乏深刻的认识和协同作用。学校教师是推进基础教育校本课程建设的主体，教师的个性和发展水平往往决定了学校校本课程建设的水平。因此，打破教师的学科专业边界是推进学校课程建设的重要举措。

欲打破教师边界，可以从以下方面来着手：(1)转变教师培养的理念和实践，以教师的专长发展理论为导向，培育教师的专长，促使教师一专多能。(2)通过组建校本课程建设团队，整合不同学科背景和不同专长的教师，促使多人承担校本课程开发与实施。(3)通过多方合作，促进教师特长的系统化发展，从而在系统化过程中形成校本课程建设的资源。

三、校本课程建设对象上要打破学生边界

校本课程建设的关联主体，也即校本课程建设的第一利益对象是学生。学校教育系统是一个复杂的自组织系统，而学校教育教学系统的复杂性源于人生长发展的复杂性、教育本体的复杂性。当前学校教育的基本机制是班级授课制下的学科知识教育和组织制度体验渗透，这种机制忽视了学生发展的复杂性和多元个性化。新课程改革所提出的校本课程建设正是要打破这样的工具理性主义下的学科课程理

念。崔允漷教授认为,校本课程是指学校在保证国家和地方课程的基本质量的前提下,通过对本校学生的需求进行科学评估,充分利用当地社区和学校的课程资源而开发的多样性的、可供学生选择的课程。[①]可见,学校校本课程建设必须要打破当前学校教育机制下的学生边界。

打破学生边界的校本课程建设实践应有以下认识:(1)校本课程建设应基于学生的多元智能发展,促进学生的个性化发展和潜能开发,由此,打破学生边界首先要破解的是对学生的系统化认识。(2)打破当前的班级授课制的形式,让学生流动起来,让学生有课程选择的权利。(3)打破学生年段的限制,通过不同年段层次学生的交往实现同类资源的发展和差异资源的育人价值。(4)打破学生发展的边界,对学生发展的定位不应过早走进专业化发展的陷阱中,应为学生提供多种发展可能并引导学生进行多种发展可能的多样化选择。

四、校本课程建设内容上要打破思维边界

校本课程建设中最为重要的一个要素是课程资源的选择,也就是课程内容的定位。笔者认为在学校教育当中,在进行校本课程建设的过程中,内容选择上要关注不同形式的育人价值,充分考虑育人价值的多样性。当前在校本课程建设的内容选择上主要表现为三种情况:第一种是基于学科或领域知识的内在逻辑进行构建。这种方式致使课程变成知识课程,忽视了校本课程建设本身所包含的丰富的活动所蕴含的育人价值,如有的学校所开发的国防教育校本课程、知识产权校本课程。第二种是基于技能形成的逻辑进行构建。这种形式将校本课程实践变成了技能训练,忽视了课程所蕴含的多样化发展目标,如一些篮球校本课程、足球校本课程。第三种是基于混杂的泛化的材料进行构建。这种形式弱化了课程的育人价值,使课程内容变成了资源的堆砌,如一些经典诵读校本课程。

校本课程与学科课程虽然在育人价值上是统一的,但是在逻辑学理和实践路径上有所差别。我们并不完全反对现有的几种构建逻辑,但是可以在内容构建上打破思维边界,实现更广泛的育人目标。(1)打破线性的思维边界,以多元思维来进行校本课程内容的构建,在课程内容选择上要关注不同的学生群体的发展。(2)打破二元对立的思维边界,以复杂性思维来探索校本课程内容的整合路径,实现跨种类、跨领域、跨学科的统整。(3)打破单向度的思维边界,关注校本课程内容的实践取向,实现校本课程内容的多向度关联、多层次整合。(4)打破内容本体的思维边界,以学生思

---

① 崔允漷.校本课程开发:理论与实践[M].北京:教育科学出版社,2000:132.

维发展或方法获得为取向,来实现混合型的课程内容构建。打破校本课程内容上的思维边界,实质是对内容生成方式、内容选择、内容组织和内容实践取向的技术观照,是课程组织观的集中体现。

五、校本课程建设时间上要打破课时边界

许多学校在推进校本课程落实中总是会谈到校本课程实施的课时在哪里的话题,认为没有完整的课时就没有办法实施。这是一种错误的认识,我们应该认识到学校教育的一切行为都属于广义课程的范畴。要更有效地推进学校校本课程建设,实现更多元化路径的校本课程系统,就必须打破时间边界。

欲打破校本课程建设的时间边界,可以从以下几个方面着手。(1)打破一节课四十分钟的时间边界。虽然当前学校课程的主要时间结构是四十分钟,但是并不意味着所有课程的开发都要按四十分钟来构建,可以是十分钟的仪式性活动课程,可以是二十分钟的游戏活动课程,可以是超过四十分钟的连续性课程。(2)打破一门课程一个学期或一个学年的时间边界。校本课程的开发可以根据课程本身的性质与属性来多维地选择实施的时间段,可以是短期的三五天课程,也可以是阶段课程,或者是多年长期课程。(3)打破校本课程一定要有课时保障的时间边界。我们应该认识到学校课程的实施并不只是在割裂出来的一节节课上,还有更广阔的纵深,应涵盖学生在校生活的所有时间,也应关联到学生的校外生活。还应认识到校本课程的实施并不是多一门学科课程,不是与学科课程并列或对立的,校本课程的实施可以在学科课程当中寻求多元整合,实现学科课程与校本课程的互补。

六、校本课程建设空间上要打破围墙边界

课程按照不同的划分维度,有不同的划分方法,如分科课程与综合课程、学科课程与活动课程、正式课程和非正式课程、显性课程与隐性课程。在日常语境中,我们所理解的课程往往是学校课表中列出的课程,即在课堂中实施的课程,而并没有意识到学生在校的日常生活也是课程的一部分,我们必须打破课程建设的空间边界。

打破学校校本课程建设的围墙边界实质是拓展对课程的认识,深化对学生学习的认识和对教育影响的多维整合的认识。打破围墙边界,实现无墙化教育,应从以下维度来实现:(1)打破教室的围墙边界,实现学生的跨班级、跨年段、跨专用教室和学习空间的学习。(2)重构学校的潜在课程,拓展非正式学习空间的教育影响,通过学校环境、学校活动、学校制度、学校精神等来发展隐性课程。(3)打破学校的围墙边界,广泛吸收优质的家长资源、社区资源等来丰富学校校本课程资源。

七、校本课程建设评价上要打破发展边界

课程评价是课程建设的一个重要环节。在具体的实践过程中,我们经常遇到许多学校管理者和教师反映对没有考试成绩要求的校本课程如何实施评价的问题。这实质上是窄化了对课程评价的认识。在课程实施过程中,确实需要对课程进行评价。然而评价什么、如何评价等问题对课程建设本身的意义是不同的。我们应该认识到,校本课程的评价就是运用科学的方法对校本课程开发的过程及实施过程进行历程性的质量监控,它是一个持续的、动态化的、多方位的进程,其最终指向是通过价值判断来促进课程质量的提升。

由此,在学校课程建设意义上的课程评价应有更广阔的视野,应该打破课程建设是简单的促进学生发展的认识边界。(1)课程评价的突破应指向促进课程整体设计质量的提升。(2)课程评价的突破应指向课程开发质量的发展。(3)课程评价的突破应指向教师课程意识的不断觉醒和课程建设能力的不断提升。(4)课程评价的突破应指向学生多元的发展。课程评价要打破学生发展的边界,是从课程实践的哲学观层面来认识的,是对课程关联性的多维认识,是对过程实践哲学的回应。

八、校本课程建设取向上要打破文化边界

学校文化,从关系思维出发,可以分为校内文化和校外文化;从文化形态上,可以分为显性文化和潜在文化;从文化表现上,可以分为物质文化、制度文化和精神文化。课程专家施瓦布认为,课程是由教师、学生、教材和环境四个要素构成的,这四个要素间持续的相互作用构成实践性课程的基本内涵。这里所谈的环境从学校整体层面来看就是学校文化。学校教育的本质是学校教育者基于一定教育理念和教育目标对学生施加善的影响的全部要素的总和。但当下的学校文化建设与学校整体的课程建设特别是校本课程建设存在着边界,没有有效地实现联动发展。其表现为:(1)学校文化建设与课程建设的关系不清。(2)学校文化建设处于混沌状态,缺乏主题性。(3)学校文化建设固化,不能很好地跟学校的整体课程建设形成互动共生关系。

突破文化的边界实质是基于学校整体的课程建设理念进行文化重组。同时,打破文化边界,可以以新的文化视角来审视学校在文化传承中的作用与价值,可以审视校外多样化文化,特别是域内文化的学校教育功能和育人价值。其一,围绕学校育人目标,实现学校物质文化和校本课程建设的统一,促使学校育人目标在学校环境文化建设和课程落实中的双向统一,形成教育合力。其二,破解学校的制度文化,

为学校课程建设所需的多方主体和课程资源提供制度保障,特别是突破学校教师的校本培训和评价机制,促使教师成为学校课程建设的主体,使其拥有充分的课程自主权,进而激发教师课程领导和课程开发的积极性。其三,发挥学校文化建设的教育功能,促进校本课程建设和实施在学校文化建设上延伸,提升学校课程建设与实施的教育实时性和长效影响。其四,把握好校外文化与学校课程资源建设的关系,使域内文化充分发挥育人价值,成为校本教育资源。

推进基础教育学校校本课程建设是一个系统工程,是围绕当前的课程改革不断深化的过程,是时代赋予的教育整体转型期的学校整体变革不可分割的一部分。校本课程建设需要总体设计,更需要在专项推进过程中实现重点突破,不断发掘推进变革的理念和策略。同时在实践的基础上,不断引发新的变革基础。

第四章

课程规划：校本课程建设的顶层设计

校本课程建设规划又称为校本课程建设的顶层设计。学校课程建设中，课程建设规划与课程纲要编制是最为核心的两项内容。学校开展课程规划是当前国家课程、地方课程、校本课程三级课程管理政策变革的要求，同时也是学校实现办学理念和办学追求的反映，两者共同推进了学校课程规划的开展。在本章中，笔者围绕校本课程建设规划探讨了校本课程建设规划的概念、开展规划的原则、规划的功能及当前规划中存在的问题，进而探讨了校本课程建设规划方案的内容、编制技术及一份好的规划方案的特点，最后阐明了规划的实践路径及策略。

第一节　校本课程建设规划概述

校本课程建设中,课程建设规划与课程纲要是最为核心的两项内容。学校开展课程规划是当前国家课程、地方课程、校本课程三级课程管理政策变革的要求,同时也是学校实现办学理念和办学追求的反映,两者共同推进了学校课程规划的开展。因此,进行课程规划是当前学校教育变革的应然之举。然而,在具体的实践中,课程规划并没有真正进入学校教育的视野中,在多数的学校课程建设中处于被遗忘的状态。为此,需要重新进行学校课程规划,并开展有效实践。

一、校本课程建设规划的定义

要了解校本课程建设规划的具体指向,首先得了解什么是课程规划。校本课程建设规划是学校课程规划的下位概念。

(一)学校课程规划

学校课程规划是新课程改革以后才被学者正式提出并进行深入研究的,在我国教学话语系统向课程话语系统转换的过程中,课程规划作为课程改革的一项核心举措,正逐步被学界和实践领域所接受。然而,因为对课程规划的研究还不够深入,也还较为缺乏成熟性的实践,所以当前对学校课程规划还缺乏较为统一的认识,不同的学者各自从不同的课程理论视角和实践取向对其进行了界定。主要有以下代表性观点。

靳玉乐、董小平从学校整体课程改革层面上提出,学校课程规划是学校以本校为基础,对学校课程(包括国家课程、地方课程和校本课程)的设计、实施与评价等进行整体设计和安排,其实质是学校课程的校本化过程。[1]

和学新、乌焕焕强调了课程规划的过程与内容,认为学校课程规划是学校课程从理想到现实的方略谋划过程,包括学校课程发展愿景的确立、学校课程方案的整体设计以及学校课程方案的实施与保障等。[2]他们认为,课程规划是学校课程愿景

---

[1] 靳玉乐,董小平.论学校课程的规划与实施[J].西南大学学报(社会科学版),2007(5).
[2] 和学新,乌焕焕.学校课程规划:动力、向度与路径[J].中国教育学刊,2011(2).

和学校实际之间不断调适的过程,需要通过建立课程规划组织、研究学校课程的问题与发展方向、拟订学校课程规划草案、多方征求意见来实现。[1]

车丽娜从学校课程内容的取向上对其进行了界定,认为学校课程规划首先是对学校层面三级课程的资源整合,彰显学校课程的总体价值目标和办学特色,其次是对学习领域的统筹安排,澄清学科教学目标和基本任务,最后是对课堂教学的整体设计,完善教学方案,提升课堂教学质量。[2]

总而言之,学校课程规划包括了学校所有课程的整体设计,涵盖了课程设计与课程的教学实施过程,应贯穿学校教育的全程。

(二)校本课程建设规划

基于以上认识,这里所谈的校本课程建设是校本课程的开发与实施,也就是说校本课程建设是学校课程规划的一个组成部分。这样的校本课程建设也可以说是学校本位课程建设。

科恩布兰斯指出,学校本位的课程规划应该是脉络化的,即不只局限于课程计划的制订,而是为课程变革而规划,即营造支援性条件或脉络,建立改革的能量。也就是说,不能把校本课程规划方案简单地理解为"课程规划或设计的产品"或具体的课程文件,而应充分考虑方案的生成性与"进行时"。它应该是兼顾过程和结果的某种课程活动[3],还需考虑到计划变动的空间。

台湾学者吴培源等认为,学校本位课程的内涵至少应包括课程目标、条件背景、内容组成、教学计划、配套措施。[4]

吴刚平认为学校层面的校本课程方案大体上要描述以下内容:开发校本课程的基本依据、校本课程的总体目标、校本课程的大致结构、校本课程的实施安排、校本课程的管理与评价细则。[5]

韩艳梅从校本课程建设规划方案的内容视角出发,基于如何更好地提升课程规划的有效性,提出课程规划方案的内容框架主要包括六部分:背景分析、课程目标、

---

[1] 和学新,乌焕焕.学校课程规划:动力、向度与路径[J].中国教育学刊,2011(2).

[2] 车丽娜.论学校课程规划的基本向度[J].西北师大学报(社会科学版),2015(4).

[3] 郑东辉.什么样的课程方案评价是好的评价[J].当代教育科学,2011(16).

[4] 吴培源,等.梅林小学学校本位课程整合规划与运作之行动研究——以"教材内容"与"教学活动"为例[J].嘉义大学通识学报,2005(3).

[5] 吴刚平.开设校本课程的若干认识问题探讨[J].教育科学论坛,2006(1).

课程结构、课程设置、课程实施、课程管理与评价。[1]

崔允漷、周文叶、岑俐、杨向东等认为校本课程规划是学校整体性思考本校校本课程建设相关问题的过程,也是后续校本课程开发、实施等相关活动的路线图或指南针。向上,校本课程规划是学校整体课程规划的一部分,是针对三类课程中的校本课程进行的具体规划;向下,校本课程规划有利于统整学校所开设和即将开设的所有校本课程,每门校本课程都在校本课程规划的范围内,规划对具体的校本课程开发具有指导性。校本课程规划所形成的文本(即校本课程建设规划方案)的质量是学校校本课程规划质量的重要部分。[2]

在文献研究和实践研究的基础上,笔者认为校本课程建设规划应有以下几重意蕴:(1)是学校校本课程建设的整体性思考与设计,也可以说是校本课程建设的顶层设计;(2)是学校整体课程规划的一个组成部分;(3)包括从背景分析到课程实践反馈改进的全程;(4)是一个过程,其核心是学校校本课程建设规划方案。

二、校本课程建设规划的原则

校本课程建设规划是一个专业的系统工程,也是一个课程实践的行动研究过程。在进行规划时,需要遵循一定的原则。有学者认为校本课程规划需要遵循统一性、合理性、民主性和可行性原则[3],也有其他的表述如科学性、可用性等[4]。笔者大体认同已有的相关研究观点。

(一)政策性原则

学校校本课程建设是基于国家课程改革政策的规定,在制订规划的过程中必须符合国家的政策规定,不能超出国家的政策范畴。首先,校本课程建设是国家课程改革的一部分,是必须开展的学校教育行动;其次,国家课程改革方案对校本课程课时及实施等方面有明确规定,不能人为压缩或侵吞校本课程课时;最后,校本课程是以学校为本的课程管理机制,是对国家课程管理、地方课程管理的补充。

---

[1]韩艳梅.如何使学校课程从局部零敲碎打转向整体系统设计——学校课程计划的框架及实践分析[J].基础教育课程,2013(10).

[2]崔允漷,周文叶,岑俐,杨向东.校本课程规划:短板何在——基于Z市初中校本课程规划方案的分析[J].教育研究,2016(10).

[3]陈鑫.中小学学校课程方案评价指标体系的构建[D].济南:山东师范大学,2014:12.

[4]林一钢.校本课程方案评价研究[D].上海:华东师范大学,2003:17.

(二)民主性原则

民主性原则是指学校课程规划必须源于学校课程发展的实际,是学校全体教师及广泛相关主体参与的结果。学校课程规划不是校长的规划,不是学校管理团队的规划,也不是少数教师的规划,而是全体相关者的规划。学校课程规划应是学校教师课程领导的结果,是学校师生的共同心声。缺乏教师广泛参与的方案,即使方案再完美,对学校课程建设改进作用再大,也难以获得教师的广泛理解与支持,在实践中教师的执行力度也将打折扣。

(三)合理性原则

合理性是学校校本课程规划行动的本质要求之一,如果缺失合理性,那么课程规划就是异想天开,缺乏实践基础。德国课程论专家克劳斯·韦斯法伦认为,学校课程的构建必须符合五个合理性,即依据法律规范的合理性、依据规范思想的合理性、依据教育学说的合理性、依据联系生活现实的合理性、依据规范平衡的合理性。由此,学校课程规划过程必须符合学校实际情况,必须符合校本课程建设政策,必须符合学校所在地文化及学生个性发展需要,必须体现学校办学发展需要,必须符合课程理论及学校教育教学规律。一切超过合理程度的课程规划都将成为无源之水、无本之木,终究会在实践中被抛弃。

(四)可行性原则

校本课程建设规划的制订是最终指导学校的校本课程建设实践行动的。要发挥具体的作用,真实地促进学校教育的改变,就必须将课程规划付诸实践。在规划制订过程中,应进行可行性分析。可行性分析是对一个设计好的课程改革方案在理论上进行分析论证,以确认该项改革在现实中是可行的。从本质上说,可行性分析可以看作是对愿望与效果、需要与可能之间相互关系的一种验证。[①]

(五)开放性原则

校本课程建设规划的开放性原则是指规划的动态性、生成性、发展性和系统性等要求。(1)校本课程建设规划不是一经制订就一成不变的,而是随着学校教育形势的变化逐步调整和改进的。(2)校本课程建设规划的过程有既定的进程,同时也是开放的,是多方力量及资源整合的过程。规划的科学性是唯一指向,可以根据实践本身的复杂性来调整行动的具体过程。(3)校本课程建设规划的人员构成是开放的。

---

①陈玉琨,等.课程改革与课程评价[M].北京:教育科学出版社,2001:89.

虽然主体是学校,是以学校为本的,但是可以广泛吸纳家长、社区代表等相关群体参与,也应当充分借助课程专家的力量来提升课程规划的科学性。(4)预期的理想性与规划实践的复杂性冲突,也要求规划实践要保持开放性。

三、校本课程建设规划的功能

进行校本课程建设规划是学校推进校本课程建设质量保障所需,同时也因为其对学校课程发展具有重要的功能。

(一)强化校本课程建设的领导力

基于课程理解的课程领导是当前的主流课程话语。课程领导是课程领导者发挥影响力和信赖权威,促进成员彼此合作,落实课程发展的行为和历程。黄显华认为课程领导者要以觉知教师的课程意识为核心,以建构合作、对话、反思、慎思的学校文化为途径,以提高学生的学习成效为目标。[1]课程领导力就是课程建设主体进行课程领导的素养与能力。进行学校校本课程建设规划是一个系统工程,是从宏观视野对校本课程进行的顶层设计。同时,全体教师都参与校本课程建设规划,可以促进教师对学校校本课程的整体理解,从而在实践中更好地把握校本课程实践,进而基于共同的课程愿景,促进实践中的课程领导力的实现。

(二)提高校本课程建设的整体性

学校校本课程建设的初衷在于"增强课程对地方、学校及学生的适应性"。学校主体有"开发或选用适合本校的课程"的权利和义务。校本课程建设的依据是"结合本校的传统和优势、学生的兴趣和需要"。校本课程建设的实践旨趣是提供可供学生选择的多样化校本课程。校本课程建设的本质属性决定了学校推进校本课程建设规划的复杂性、整体性。规划作为一项系统的工程,能够促使学校从整体上把握和审视学校校本课程建设的发展需要和发展愿景,从而提高整体性。

(三)增强校本课程建设的科学性

校本课程建设规划方案的制定过程需要遵循政策性、合理性、可行性、民主性等原则,实质是要求对规划的进程和规划结果进行监控和评估,在不断的多方论证与审议中来实现符合学校发展需要的规划。监控、评估、论证与审议能够促进校本课程建设的科学性。没有规范的规划程序和进程设计,就没有严谨的课程规划,从而

---

[1] 黄显华,朱嘉颖,等.课程领导与校本课程发展[M].北京:教育科学出版社,2005:8.

也就没有课程建设的科学性。规划是预期与期待，是课程建设的蓝图与实践进程的行动指南，按照规划进行校本课程建设，能够避免校本课程建设的随意性。

(四)促使办学理念与办学特色落地

学校办学理念及办学特色等不能停留在口号层面，要具体落到实处，从而促进学生的发展。当前许多学校的办学理念、办学特色等要么浮于表面，为了理念而理念，为了文化而文化，要么从学校环境文化及教师行为等层面来着手落实。我们不能否认这是理念与特色所形成的学校文化的价值，但是笔者认为这样的落地方式是不够的。校本课程建设是落实学校办学理念与特色的重要载体之一，通过课程能够很好地实现其实践转化。实质上，校本课程建设规划的核心要义就是要基于学校的办学理念、追求与特色，通过民主化的方式确定课程愿景。学校办学理念、追求与特色是进行校本课程建设规划的底色，只有围绕特色办学理念来进行的校本课程建设，才能够有效保障特色落地。如果缺失规划的过程，企图通过单一的特色课程来实现学校办学理念、追求与特色是远远不够的。

四、当前校本课程建设规划存在的问题

从学校校本课程建设实践来看，当前校本课程建设规划还存在不少问题。

(一)无校本课程建设规划

虽然校本课程建设规划对学校校本课程建设具有重要意义，但是现实中还是存在一些学校对学校校本课程建设无动于衷，甚至是极度排斥，在观念上认为学科教学，特别是考试学科的教学才是重要的。这样的学校往往只有某一门或表面上的校本课程实施方案，只是对某一课程的目标、内容及实施要求等进行了规定，没有严格意义上的课程建设规划，也就没有相应的课程建设组织与课程发展愿景。

(二)校本课程建设规划是少数人的意志

一些学校意识到规范的校本课程建设需要有规划方案，需要有校本课程建设的发展愿景及发展期待，也组织人员进行了规划方案的编制。但是他们的课程规划不重视吸纳广大教师群体、家长群体及课程专家的意见和建议。课程规划成了校长的意志，成了学校行政领导团队的意志，甚至个别学校是个别执笔人的意志。同时，在规划形成后也缺乏课程规划的审议及讨论，没有一个多方征询建议及论证的过程。这样的规划是缺乏群众基础的，是难以获得教师的理解与支持的。

(三)校本课程建设规划的空心化

当然,一些学校也制定了从文本要素来看比较完善的校本课程建设规划方案,有背景分析、有学校办学理念、有课程总目标,还有课程分目标、课程门类及设置、实施保障等。但这些文本纯粹为了规划而规划,缺乏实践的考量,缺乏课程规划的合理性及可行性,往往成了纸面上的课程规划文本,并没有在实践中有效实施,也无法指导具体的实践。这些便是学校校本课程建设规划中的空心化现象。

(四)校本课程建设规划的关联度低

校本课程建设规划中的各要素是有内在逻辑联系的,但是一些学校的课程规划方案各要素之间关联度低,有将各要素拼凑在一起的嫌疑。课程规划背景分析是盘点学校课程建设的资源及可能性,是为学校课程愿景的提出奠定基础;而课程愿景是跟学校的办学理念及办学哲学有必然联系的,是办学理念在校本课程建设层面的反映;课程愿景的行为表征是课程目标,是对课程促进学生发展的程度的明确,是指向学生发展的预期;课程结构与设置是课程目标实现的载体,是为了实现学生的发展而选择的课程经验与组织方式;课程实施与评价是课程的行动方案,是课程实践方式的预设;课程实施保障是对如何有效地推进课程规划进程及课程实现的组织、制度及资源的准备与预计,体现课程规划的可行性问题。当然具体的课程规划过程中还有更多的内在逻辑联系,只有充分关注规划各要素之间的联系,方能提升课程规划的质量。

第二节 校本课程建设规划方案的编制

教育是一项有目的、有计划的活动,校本课程开发首先必须体现它的计划性。就学校层面而言,开发校本课程的第一步就是学校应组织校内外的专业力量,在国家课程计划的框架内制定校本课程建设规划方案。

一、校本课程建设规划方案的内涵

关于什么是学校校本课程建设规划方案,当前没有一个一致的说法。当前已有的研究主要集中在关于什么是学校课程规划及学校课程规划方案,关于校本课程规划方案的研究较少。笔者认为校本课程建设是学校整体课程建设的一个组成部分，在学校课程变革的初期，应考虑如何有效地推进校本课程建设为学校整体的课程建设奠定基础。为此，不宜过早地对学校所有课程进行课程规划与建设，宜先将校本课程建设单列出来进行实践并做系统性推进。从这个意义上说，学校校本课程建设规划是学校课程规划的一个组成部分。那什么是校本课程建设规划方案呢？基于前文对校本课程建设规划的认识，笔者认为学校校本课程建设规划方案具有以下几个方面的特质。

学校进行校本课程建设规划的行动产品是校本课程建设规划方案。校本课程建设规划方案是学校校本课程建设的第一核心要义。

学校校本课程建设规划方案是学校整体性地规划学校校本课程体系并以书面形式确定下来的纲领性文件。

学校校本课程建设规划方案是学校课程建设体系的一部分，是对学校校本课程建设的总体设计的概略性描述，整体规划学校校本课程建设的相关内容。

学校校本课程建设规划方案是学校校本课程建设的前提与依据，其质量与水平直接决定着学校校本课程建设的质量与实施水平。

学校校本课程规划建设方案是由校本课程建设从宏观到微观等不同层次内容构成的自组织系统，涉及学校校本课程建设的方方面面。

学校校本课程建设规划方案主要包括校本课程建设背景的分析、学校课程愿景的确定、学校校本课程目标体系设计、校本课程的课程架构方案或设置方案、校本课程开发方案、校本课程实施方案、校本课程评价方案、校本课程教研方案及校本课程保障方案等。

二、校本课程建设规划方案的要素

基于以上对学校校本课程建设规划方案的认识，笔者认为规划方案的文本呈现中应当有以下要素。

要素一：学校校本课程发展背景分析。方案中需详细分析学校发展以及课程发展的传统、优势与面临的困难，通过对学校校本课程建设相关因素的分析来增强校本课程建设规划方案的现实性与可行性。

要素二：学校办学理念与办学特色分析。办学理念要回答的是学校的教育哲学、学校的文化建设追求及学校的教育情怀等，实质是回答学校要培养什么样的人的问题。而办学特色是指学校在办学过程中积淀下来的区别于其他学校的、较为稳定的倾向性风格或学校文化，也是学校精神的核心体现。

要素三：学校课程愿景与指导思想。学校课程愿景就是从学校当前课程发展态势出发对未来课程途径的期待与预测。明确愿景的过程就是课程愿景的确立过程。指导思想是指学校校本课程建设所依据的原则，所秉承的理念，是学校课程愿景的进一步具体化，是校本课程建设总体目标确立及课程体系构建的依据。

要素四：校本课程建设的总体目标。依据国家、地方教育主管部门的指导性文件和学校的育人目标、学生的需求以及学校的传统与优势，经集体审议，确定校本课程的总体目标。

要素五：校本课程建设的整体课程框架结构。校本课程的结构是校本课程规划方案的核心内容，包括围绕目标设计的课程门类、门数及归属，以及课程诠释。

要素六：校本课程建设的开发设计。校本课程开发设计主要体现为对校本课程开发的追求、过程及组织方式的说明。其核心体现是课程纲要的开发。课程纲要完整地呈现了课程的各种要素，包括课程目标、学生分析、学习主题或活动安排、相应课时以及评价建议等。

要素七：校本课程建设的实施设计。课程实施方案主要关注学校课程资源的开发与利用、学校排课与学生选课指导、课程实施的组织形式与进程、资源保障以及课程实施评价设计等。

要素八：校本课程建设的评价设计。课程评价方案主要关注课程开发的不同阶段与过程的评价，包括评价标准、评价内容、评价方式等。

要素九：校本课程建设的教研设计。校本教研方案主要关注对学校课程实施的反思，包括课题的拟订、教研团队的组织等。

要素十：校本课程建设的保障设计。即明确组织、制度、人力、物力和财力等各方面的保障措施，确保校本课程的顺利实施。

三、校本课程建设规划方案的实践旨趣

基于以上对学校校本课程建设规划方案各要素的认识，笔者认为各个要素的设计需要依据一定的技术与方法。

（一）校本课程建设发展背景分析技术

校本课程建设背景分析是指对学校发展现状的分析，主要对象是学校进行课程建设具备的资源，如条件性资源和非条件性资源，内部资源与外部资源，人力资源（教师、家长、社区成员、专业人员等）与非人力资源（财力、物力、时间、空间与信息）等。这样的分析是建立在对课程政策的分析之上的。笔者认为可以利用学校发展

的SWOT(态势)分析及教师专业发展的FAPO分析工具进行分析。

所谓SWOT分析,就是将与研究对象密切相关的各种主要内部优势因素(Strengths)、弱点因素(Weaknesses)、机会因素(Opportunities)和威胁因素(Threats),通过调查罗列出来,并依照一定的次序按矩阵形式排列起来,然后运用系统分析的思想,把各种因素相互匹配起来加以分析,从中得出一系列相应的结论。分析中,要着力解决三个基本而关键的问题[1]:

(1)我们的优势与劣势是什么?学校之外存在哪些发展的机会与威胁?

(2)哪些人和事有助于发展?哪些人和事可能不利于发展?如教师的经验、利益相关者的承诺、资源供应等。

(3)什么人或事是最重要的、最急需改变的?

教师是学校校本课程建设的主要承担者,也是校本课程建设的核心资源,了解学校教师发展状况有助于整体认识学校校本课程建设的发展可能。学校课程规划者可以利用教师发展状况分析工具——FAPO(即Feeling、Attention、Promoting、Organization四个英文单词第一个字母的组合)来分析教师在学校内的生存际遇和内心体验,以便了解本校教师的专业发展状况,并为学校课程规划提供相关依据。[2]

(二)学校课程愿景与指导思想的确立

愿景是根据现有的信息对未来图景的期待与预测。学校课程愿景渗透了学校的基本价值,正是这些价值指引着学校的课程规划及实施。正如弗雷斯特·W.帕克和格伦·哈斯所指出的:"价值渗透在做出的每一课程决策之中,从规划课程到班级中实施课程。"学校课程愿景是学校课程规划的长远性和方向性的保证。校本课程建设的愿景和指导思想体现学校校本课程建设的核心追求和精神向往,是学校课程文化及课程哲学的表达,对课程建设起依据作用。提炼共同愿景要注意以下几点:

(1)共同愿景由个人愿景汇聚而成。

(2)系统思考是建立共同愿景的重要支撑。

(3)愿景的提炼与表述要清晰明确、坚定有力、激情生动、令人信服,但不能堆砌华丽辞藻。

(三)校本课程建设总体课程目标设计取向

校本课程目标的设计不能太过狭窄,也不宜过多关注知识性目标,而应关注校

---

[1]钟启泉.新课程师资培训精要[M].北京:北京大学出版社,2002:10-16.

[2]骆玲芳,崔允漷.学校课程规划与实施[M].上海:华东师范大学出版社,2006:203-211.

本课程的综合性、实践性、体验性、游戏性等特质来设计技能性目标、情感态度价值观目标及方法性目标等。比兹利根据学校应有的职能将课程目标框定为六个方面:个人义务感、良好的伦理观念和积极的社会态度;社会责任感;自我价值;分析和思维能力;研究能力;创造能力。[①]邢至晖、韩立芬认为校本课程建设中的目标设计可以分为行为性目标、生成性目标和表现性目标。行为性目标是以具体的、可操作的行为的形式加以陈述的课程目标,它指明课程与教学过程结束后学生身上所应发生的行为变化,其中包含行为主体、行为动词、行为条件和表现程度四个要素。生成性目标是在教育情境之中随着教育过程的展开而自然生成的课程目标,它是问题解决的结果,是人的经验生长的内在要求。表现性目标是指学生在教育情境中的种种"际遇"——每一个学生个性化的创造性表现。[②]学者更多关注了具体某一门类课程的目标设计,关注了具体性的目标,而对学校校本课程建设的总体课程目标设计缺乏关注。笔者经研究认为,总体课程目标应关注以下几个维度。

(1)目标设计。总体目标的设计应从社会发展需要、学生发展需要、学生生活经验及社会经验、课程经验和学校的办学追求与精神气质等层面来确定。

(2)愿景的具体表达。课程愿景是基于学校发展背景分析而确立的,是学校课程追求的核心表达。课程开发及课程实践指向课程愿景的实现。为此,课程目标应是课程愿景的过程及结果的具体实践性表达,应是学校办学理念的具体分解。

(3)目标的统一性。校本课程建设总体目标的表达应与学生整体发展目标一致,不能超越也不能背离国家教育政策中对学生发展目标的规定。如当前我国所提出的学生发展核心目标应是课程建设总体目标的指导性文件。

(4)学生发展规律。多元智能理论表明人的智能发展是多元的,不同的人,其智能发展倾向是不同的。为此,在目标设计中除了要关注发展的统一性外,还要关注不同学生的个性化发展需要,从而设置多元化的发展目标。

(5)定位的统领性。校本课程建设的总体目标设计不同于某一门校本课程的目标,是具体课程目标的上位概念。由此,总体课程目标设计应能够统领学校所有校本课程的课程目标。这样的目标是统领性的而不是具体化的,是整体性的而不是割裂式的,是多元的而不是单一的,是宏观的而不是微观的。

(四)校本课程建设的整体课程框架类型

校本课程建设的整体课程框架是学校课程愿景的反映,也是课程实践现实的表

[①]汪霞.课程设计的几个基本问题[J].教育理论与实践,2001(11).

[②]邢至晖,韩立芬.特色课程开发的7项核心技术[M].上海:华东师范大学出版社,2013:58.

达。笔者认为当前主要有以下几种整体课程框架。

1. 载体中心式课程框架

载体中心式课程框架关注了校本课程框架的内容选择层面，并通过提取文化载体的核心要素来构建课程，促使学生形成通识性的在地文化体验，并辅以拓展性的文化课程，强化学生的文化体验与文化实践。

如福建省厦门何厝小学依据其学校办学历史提出了崇尚本真、本位、本色教育理念的崇本教育，选取了在地文化的非遗项目来构建学校的校本课程框架体系。

年级	必修课程	类别	选修课程
一	逗阵长大	国家级非遗项目	宋江阵
二	"偶"遇	省级非遗项目	皮影
			古琴
三	剪纸	国家级非遗项目	舞狮
四	生活秀绣	省级非遗项目	中式糕点
			武术
五	乐陶陶	省级非遗项目	民族大鼓
六	茶趣	国家级非遗项目	闽南童谣

2. 特色化式课程框架

特色化式课程框架所追求的核心是探索学校特色办学理念如何在校本课程建设中落地扎根。

如厦门市园南小学提出"让绿意点亮生命"的办学理念，倡导生命化教育，围绕"像榕树一样蓬勃生长"的学生发展特质，构建扎根型课程、拔节型课程、伸展型课程，并通过构建榕文化通识校本课程及围绕绿榕人文、绿榕艺术、绿榕健体、绿榕科技四个维度构建校本选修课程，很好地体现了学校的特色办学理念及学校的独特教育资源。

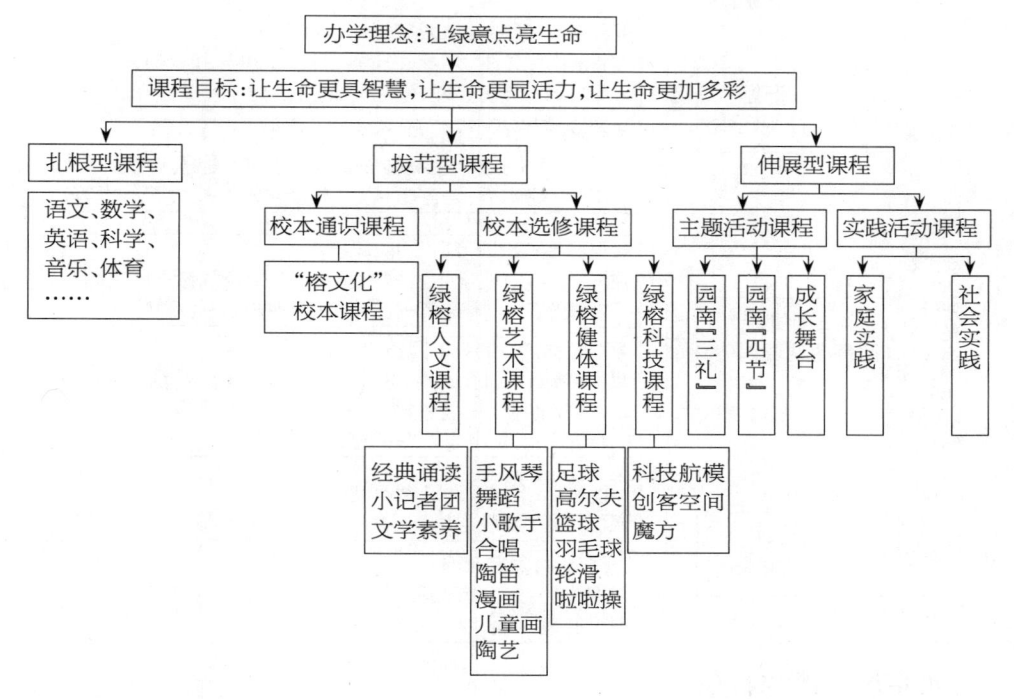

```
                        办学理念:让绿意点亮生命
            课程目标:让生命更具智慧,让生命更显活力,让生命更加多彩

   扎根型课程              拔节型课程                    伸展型课程

  语文、数学、      校本通识课程   校本选修课程    主题活动课程    实践活动课程
  英语、科学、
  音乐、体育        "榕文化"    绿  绿  绿  绿   园   园   成   家   社
  ……              校本课程    榕  榕  榕  榕   南   南   长   庭   会
                            人  艺  健  科   "   "   舞   实   实
                            文  术  体  技   三   四   台   践   践
                            课  课  课  课   礼   节
                            程  程  程  程   "   "

                          经典诵读  手风琴  足球    科技航模
                          小记者团  舞蹈    高尔夫  创客空间
                          文学素养  小歌手  篮球    魔方
                                  合唱    羽毛球
                                  陶笛    轮滑
                                  漫画    啦啦操
                                  儿童画
                                  陶艺
```

3.台阶式课程框架

台阶式课程框架关注课程的发展性,通过设计逐层递进发展的课程,体现出课程对学生阶段发展的作用与价值。

厦门市松柏小学在多年的校本课程建设中不断追求对学校独特的校本课程建设文化的培育。在对校本课程发展的调整与创生过程中,逐步形成了具有松柏小学特质的"三层六阶"式特色课程结构体系。

目标：绿色阳光健康的松柏少年

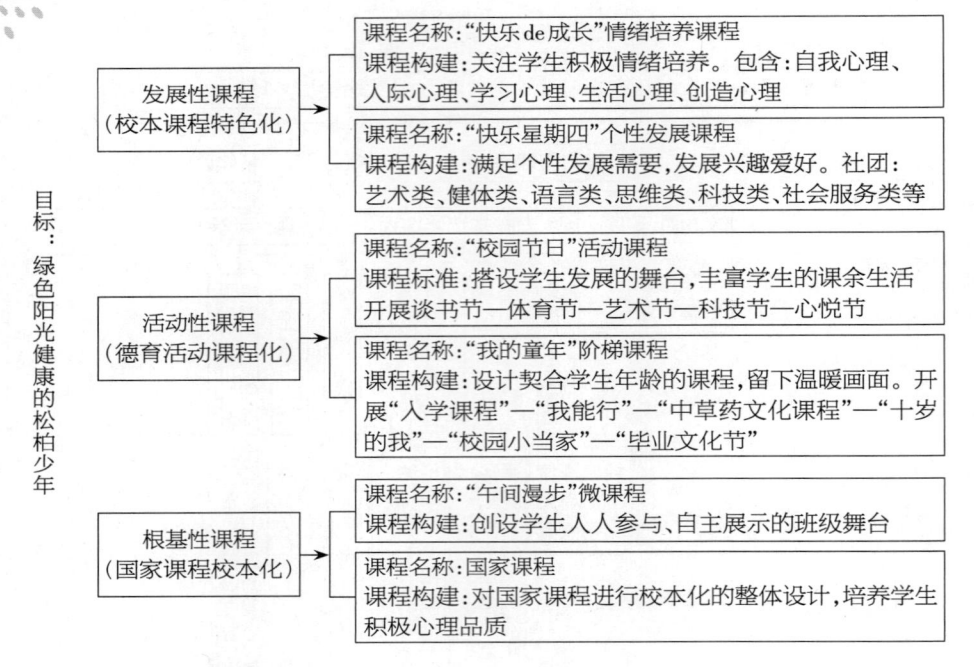

- 发展性课程（校本课程特色化）
  - 课程名称:"快乐de成长"情绪培养课程
    课程构建:关注学生积极情绪培养。包含:自我心理、人际心理、学习心理、生活心理、创造心理
  - 课程名称:"快乐星期四"个性发展课程
    课程构建:满足个性发展需要,发展兴趣爱好。社团:艺术类、健体类、语言类、思维类、科技类、社会服务类等

- 活动性课程（德育活动课程化）
  - 课程名称:"校园节日"活动课程
    课程标准:搭设学生发展的舞台,丰富学生的课余生活开展谈书节—体育节—艺术节—科技节—心悦节
  - 课程名称:"我的童年"阶梯课程
    课程构建:设计契合学生年龄的课程,留下温暖画面。开展"入学课程"—"我能行"—"中草药文化课程"—"十岁的我"—"校园小当家"—"毕业文化节"

- 根基性课程（国家课程校本化）
  - 课程名称:"午间漫步"微课程
    课程构建:创设学生人人参与、自主展示的班级舞台
  - 课程名称:国家课程
    课程构建:对国家课程进行校本化的整体设计,培养学生积极心理品质

4.拓展式课程框架

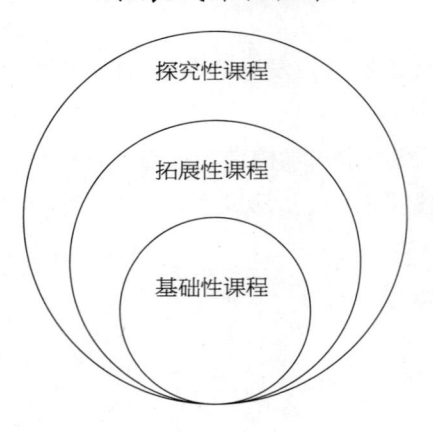

（同心圆图：探究性课程 → 拓展性课程 → 基础性课程）

拓展式课程框架是由基础性课程、拓展性课程及探究性课程构成的课程体系。这是目前正在实验并探索的一种课程结构。基础性课程是旨在为学生打好学科基础的国家课程门类。拓展性课程是在基础课程的基础上加入一些有联系的知识内容,让学生能够站在更高的视野看待自己已经学习的知识,认识这些知识反映的现象。探究性课程旨在引导学生对某个现象进行深入挖掘,在获得知识的同时学会探究世界的方法。

5.平台式课程框架

平台式课程框架是指学校按照一定的学校发展特色,将所开发的系列课程通过统一的平台来呈现。

厦门市瑞景小学正在探索的校园新传媒校本课程体系就是基于学校已有的丰富的校园传媒开发传媒本位课程、延展课程和融通课程。

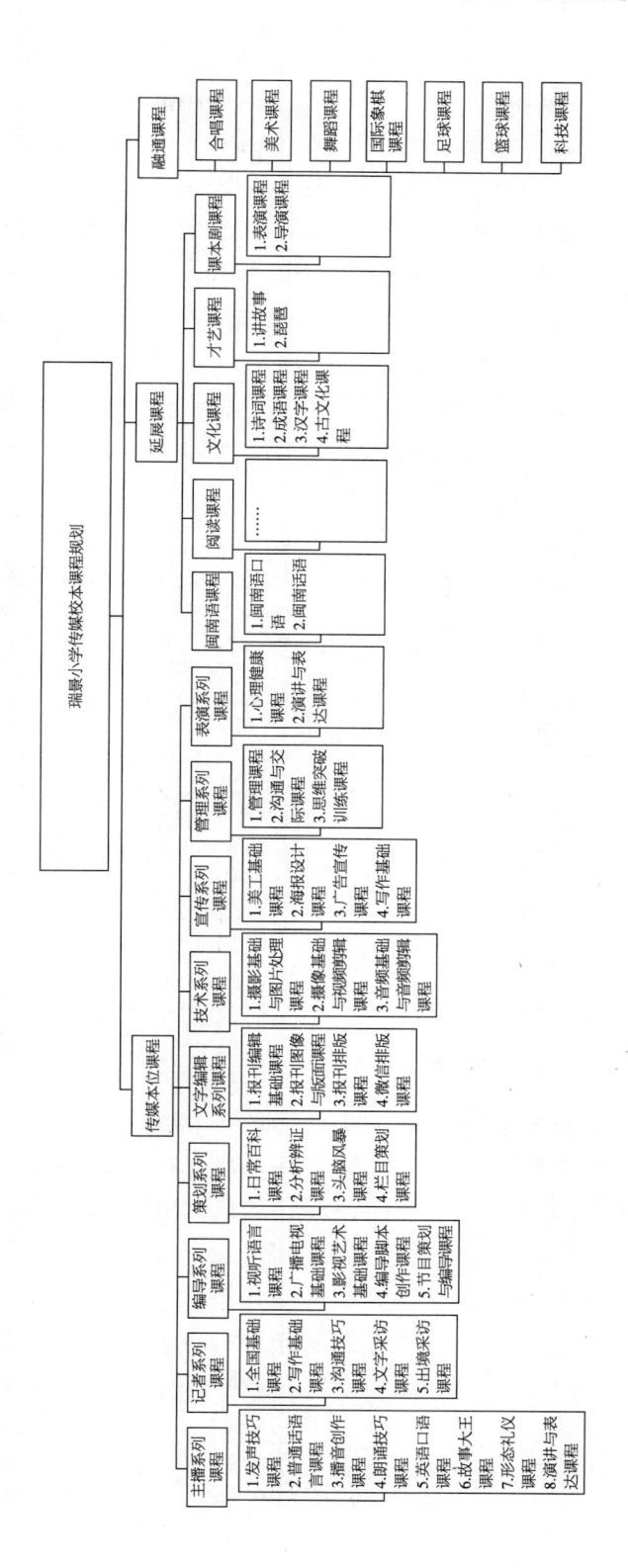

第四章　课程规划:校本课程建设的顶层设计　077

瑞景小学传媒校本课程规划

传媒本位课程

主播系列课程
1. 发声技巧课程
2. 普通话语言课程
3. 播音创作课程
4. 朗诵技巧课程
5. 英语口语课程
6. 故事大王课程
7. 形态礼仪课程
8. 演讲与表达课程

记者系列课程
1. 全国基础课程
2. 写作基础课程
3. 沟通技巧课程
4. 文字采访课程
5. 出境采访课程

编导系列课程
1. 视听语言课程
2. 广播电视基础课程
3. 影视艺术基础课程
4. 编导脚本创作课程
5. 节目策划与编导课程

策划系列课程
1. 日常百科课程
2. 分析辨证课程
3. 头脑风暴课程
4. 栏目策划课程

文字编辑系列课程
1. 报刊编辑基础课程
2. 报刊图像与版面课程
3. 报刊排版课程
4. 微信编辑课程

技术系列课程
1. 摄影基础与图片处理课程
2. 摄像基础与视频剪辑课程
3. 音频基础与音频剪辑课程

宣传系列课程
1. 美工基础课程
2. 海报设计课程
3. 广告宣传课程
4. 写作基础课程

管理系列课程
1. 管理课程
2. 沟通与交际课程
3. 思维突破训练课程

表演系列课程
1. 心理健康课程
2. 演讲与表达课程

延展课程

闽南语系列课程
1. 闽南语口语
2. 闽南话语

阅读课程
……

文化课程
1. 诗词课程
2. 成语课程
3. 汉字文化课程
4. 古文化课程

才艺课程
1. 讲故事
2. 琵琶

课本剧课程
1. 表演课程
2. 导演课程

融通课程
- 合唱课程
- 美术课程
- 舞蹈课程
- 国际象棋课程
- 足球课程
- 篮球课程
- 科技课程

6.交叉式课程框架

所谓交叉式课程框架是指在课程规划实践中,学校往往较少使用单一的课程框架方式,而是对多种构建方式组合运用。这是由课程实践的复杂性及实践的过程性所决定的。这并不是说交叉式就是最先进的方式,而是表达出一种实践的不同取向,是否合适、合理主要取决于规划框架构建的逻辑性、科学性及可行性。

如厦门市思明第二实验小学所构建的智慧课程体系,就是采用了这种交叉式的课程框架结构。

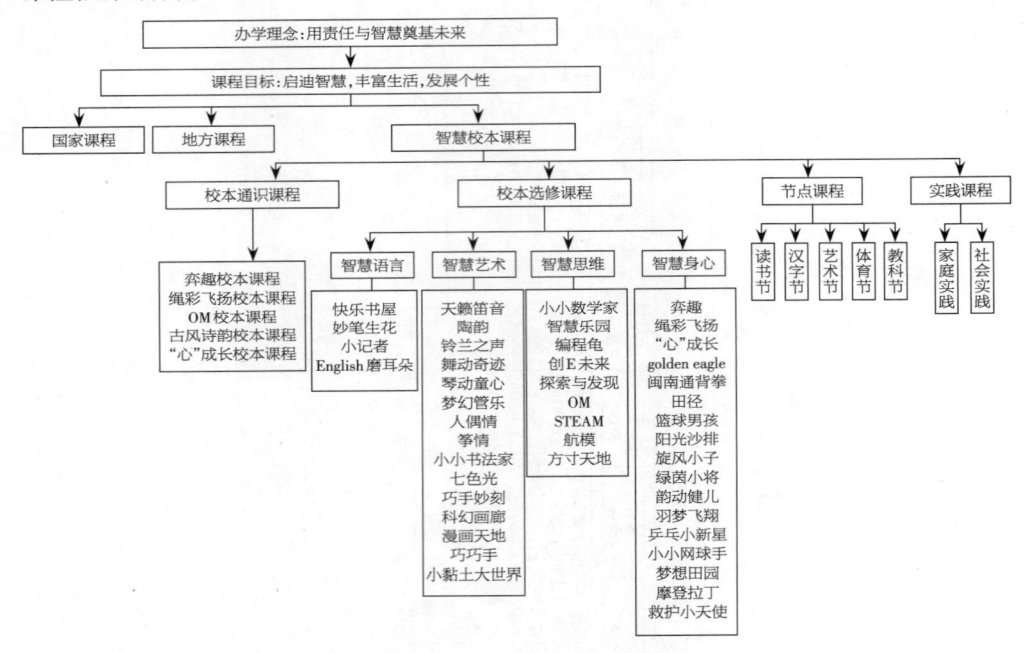

```
办学理念:用责任与智慧奠基未来
            │
课程目标:启迪智慧,丰富生活,发展个性
    │        │         │
 国家课程  地方课程   智慧校本课程
                   ┌─────┬─────┬─────┬─────┐
                校本通识  校本选修  节点课程  实践课程
                  课程    课程
                         ┌───┬───┬───┬───┐    ┌─┬─┬─┬─┐   ┌─┬─┐
                       智慧  智慧 智慧 智慧   读 汉 艺 体 教  家 社
                       语言  艺术 思维 身心   书 字 术 育 科  庭 会
                                              节 节 节 节 节  实 实
                                                              践 践
```

校本通识课程:弈趣校本课程、绳彩飞扬校本课程、OM校本课程、古风诗韵校本课程、"心"成长校本课程

智慧语言:快乐书屋、妙笔生花、小记者、English磨耳朵

智慧艺术:天籁笛音、陶韵、铃兰之声、舞动奇迹、琴动童心、梦幻管乐、人偶情、筝情、小小书法家、七色光、巧手妙刻、科幻画廊、漫画天地、巧巧手、小黏土大世界

智慧思维:小小数学家、智慧乐园、编程龟、创E未来、探索与发现、OM、STEAM、航模、方寸天地

智慧身心:弈趣、绳彩飞扬、"心"成长、golden eagle、闽南通背拳、田径、篮球男孩、阳光沙排、旋风小子、绿茵小将、韵动健儿、羽梦飞翔、乒乓小新星、小小网球手、梦想田园、摩登拉丁、救护小天使

(五)校本课程建设的实施方案

校本课程建设规划方案中的实施方案,从狭义上来说,是指对学校课程资源的开发与利用、学校排课与学生选课指导、课程实施的组织形式与进程等方面进行的设计。从广义的层面上来说,实施方案中还应包括校本课程开发设计方案、校本课程实施方案、校本课程评价方案等。实施方案的设计应当符合"SMART"条件。所谓的"SMART"条件是指:[①]

Specific(具体),各个部门的课程方案必须详细阐述:要达到的目标(学校整体目标、各个部门目标)、任务(具体说明为达到目标各个部门必须采取的行动)、实施

[①]陈建华.作为发展过程的学校发展规划[J].教育发展研究,2004(11).

行动、监控和检查所需的时间,成本(教职员工所花的时间、经费和物质资源、培训成本)。

Measurable(量化),方案中的每一项目标和行动都应包括清晰的成功标准。标准可以是学期的标准和年度的标准,也可以是整个三至五年规划时期的标准。标准尽可能是量化的,同时标准应当具有挑战性并且经过努力可以实现。

Agreed and Achievable(各方认同、可实现),学校课程规划的制订是学校成员一起探讨的结果,确定后,应向学校教师公布,并通过大大小小的会议,不断讨论方案的进展,不断督促教师把工作重心放在学校课程发展规划的落实上。

Realistic and Relevant(真实、联系学校实际),各项行动方案的制订要建立在对学校传统、现状及所处的环境等客观、全面分析的基础上。

Timed(确定时限),确定每项方案完成的具体时限。

(六)校本课程建设的保障机制

校本课程建设规划中的保障机制,是对如何更好地实施课程规划及进行校本课程建设实践的组织、制度、管理、措施等方面的预期与设计。保障机制是规划方案的重要组成部分,是课程建设质量的重要保障。此外,保障机制也是对方案及实践过程的监控与评估。

四、校本课程建设规划方案的特点

从学校层面的课程实践来看,一份好的校本课程建设规划方案应具备整体性、个性化、逻辑性、全体性及发展性五个特质。

(一)整体性

校本课程建设规划方案的整体性要求是指学校课程建设规划是一个系统性的过程,是对校本课程建设全程的预期性的、描述性的、纲领性的指导文件。其主要表现为:(1)方案需要体现校本课程建设的相关内容的整体性规划;(2)方案在内容维度上是完整的,应涵盖校本课程建设的所有要素;(3)方案是校本课程建设系统的一个组成部分,必须从课程建设的全部来审视并规划校本课程建设规划方案。

(二)个性化

个性化是指学校校本课程建设规划方案是为每一个不同学校所量身定做的,体现了学校特色,是学校教育哲学、学生需求及学校课程资源的独特体现。这种个性化表现为：(1)学校发展境遇的独特性。虽然学校教育在整体层面上的发展性是一致的，但是学校的发展历史、现实境遇有着独特属性，这些决定了课程规划方案的个性化特质。(2)校本课程建设规划方案是每个学校独特的课程实践过程的反映，它不能"一案多用"，"你抄我来我抄他"，每所学校要为自己"量身定做"课程方案。(3)学生整体层面上的发展趋向是一致的，但是个体化时代人的发展要在求同上求异，也就是要促进学生的个性化发展。(4)学校校本课程规划方案是学校特色办学理念及办学追求的核心体现，不同的学校有不同的精神气质，有不同的教育切入视角，因此也就造就了个性化的价值追求。

(三)逻辑性

学校校本课程建设规划是基于学校、为了学校、用于学校的，是一个综合考虑多种因素基础上的整体性系统工程。逻辑性要求规划方案是有质量保障的，是真实有效的，是有用的，是能够指导校本课程实践的。体现为：(1)方案中各要素之间要有内在联系，具有层层递进的逻辑关系。(2)方案编制的过程是有既定的程序的。学校要对校本课程的实施进行追踪评价，不断修正、完善甚至是重新研制。要建立自身规范的整改措施，明确修改完善的程序。

(四)全体性

全体性是指校本课程建设规划方案是学校教育相关群体所有人的规划，不是个别人的规划，要体现全体人员的课程建设意志。(1)校本课程建设规划方案的编制者不是一个人或几个人，而是一个课程团队。(2)校本课程建设规划方案的编制具有过程的全体性、程序的正义性和参与的全体性。(3)规划是全体教师的规划，是能够为全体服务的，是为全体参与人员所能理解与使用的。如果是不好用的，是广大教师所不能理解的，那么规划的存在意义和功能就会大打折扣。

(五)发展性

校本课程建设规划是一个系统的工程，是一个逐次推进的过程。这决定了规划的发展性特质。(1)规划不是一蹴而就的，是在校本课程建设行动过程中不断丰富和完善的。(2)校本课程建设规划方案应有对所面临的所有相关事件及问题的预期解决方案。(3)所编制的规划不是一成不变的，而应该是根据学校校本课程建设进程及环境、条件的改变，不断修正改进的。因此规划的编制要有与时俱进的理念，随着学生的变化、时代的进步、教育的要求而不断改进，不能一劳永逸。

第三节　校本课程建设规划的实践路径

前两节分别阐述了什么是校本课程建设规划、规划的功能及原则,探讨了规划的核心表达——校本课程规划方案的编制等,基本阐明了校本课程建设规划的基本理论与逻辑。那么,在学校教育实践中,应该按照什么样的路径来进行校本课程建设的规划呢?

一、建立组织,定民主

校本课程规划组织是为统筹规划校本课程建设的一系列活动而设置的专业组织。完善的组织机构是制订高质量校本课程规划的基本保障。校本课程建设是学校教育民主进程的表达,其推进的组织不同于学校的行政领导团队。校本课程规划组织成员应通过自荐或推荐等方式民主产生。学校应该选取具有课程规划能力和协调能力的人员。

校本课程建设规划组织产生后,由学校行政领导赋予课程建设规划权,确立组织的团队机制及组织的运作程序。规划组织可以根据课程规划的不同发展阶段和不同技术需求而分设不同的团队,核心是以团队合作的方式来推进。同时,要建立充分民主的研讨协商机制,避免课程规划成为少数人的意志,也要确立规划推进的程序,保证程序的正义性,避免为了规划而规划,避免脱离学校的基础。

二、分析研讨,立基础

校本课程规划组织针对规划目的确立适当的分析对象,主要包括学校发展背景分析、学校办学理念与办学特色分析、学校课程愿景与指导思想的分析。应把握的策略及要求是:(1)用科学的方法进行分析,如SWOT分析、历史分析、理论分析等。适当的方法能够保障分析的科学性和全面性。(2)用问题聚焦策略来定内容。课程建设是一项复杂的工程,涉及学校教育的方方面面,如果不能有效聚焦问题,就容易泛化,导致分析的有效性降低。如校本课程建设规划分析与学校课程建设规划分析是不同的,校本课程建设是学校课程建设的组成部分,但又是一个相对独立的自组织系统。(3)愿景确立的程序性原则。学校课程愿景的确立应充分尊重每一个个体的意愿。首先,发动每一个个体提出自己的课程愿景;其次,通过教师团队协商小组的课程愿景;再次,小组的课程愿景交流与汇报,增进对课程愿景的认识与理解,进一步明晰不同群体的课程愿景;紧接着,对课程愿景的小组进行整合,基于各组代表的协商确立课程愿景的群体性方案;最后,校本课程建设规划组织确定出学校课程愿景并发布,征询意见。

三、拟定规划,凝共识

确立了课程规划的基础,也有了充分研讨后,就需初步拟定校本课程规划,形成共识。在这个过程中,需要完成的工作有:校本课程建设背景分析、学校课程愿景确定、学校校本课程目标体系设计、校本课程的课程架构方案或设置方案、校本课程开发方案、校本课程实施方案、校本课程评价方案、校本课程教研方案及校本课程保障方案等。其策略应有:(1)转变理念。校本课程建设规划是专业的行动,应转变组织的认识观念与话语系统,从教学话语系统转向课程管理乃至课程领导与课程理解的话语系统。(2)加强规划组织的课程领导力。这样的课程领导力体现在对整体的宏观把握,要求具有全局意识,应能够进行规划文本的整体表达。(3)提升教师的课程专业发展水平。规划文本的编制有特定的技术要求,这与学科课程理解及学科课程教学实践有本质的区别,没有教师的课程意识觉醒及课程专业水平的提升,规划的质量就难以得到有效的保障。

四、多方论证,消异议

规划的编制主要由校本课程建设规划组织完成,为此还应多方征询,广泛征求意见,以求获得更多的理解与支持。这是校本课程建设规划能够在实践中有效实施的保证。首先,规划组织应对所有相关利益群体进行课程解读与诠释。其次,通过自由组合的方式,各相关群体进行课程协商,对规划的合理性与可行性进行讨论,并向规划组织提出修改意见。最后,在初步修正的基础上,召开论证会或听证会,保证课程规划的全体共识的达成,消除课程理解的隔阂。在这一过程中,要特别关注教师群体和课程专家群体。(1)教师是课程规划的具体执行者。教师具有丰富的课程实践经验,通过座谈会、征询会、研讨会等形式,广泛征询教师群体的意见,有助于提升课程规划的可行性,同时也能够充分吸收教师的创生性实践智慧,丰富校本课程规划的学校特色。(2)寻求课程专业力量的支持。大量的实践表明,多数学校教师往往所做的理论思考是基于个人的经验与习惯,缺乏一定的理论知识,所以有较大的局限性。在现实中,也容易出现一些为了理论而理论的现象。同时,我国的课程改革还处于起步阶段,学校及教师的课程认识还不够深入,进行独立的高质量的校本课程建设规划还有一定难度。因此,应充分借助多方力量,以保证课程规划的科学性。

五、调整改进,求完善

社会环境处在巨大的转型变革时期,学校教育的现实境遇也在不断地发展变化,同时随着学校教育教学变革的深入,随着对学生研究的深入、对课程认识的不断深化,学校课程建设将处于一个持续发展变化的状态中。为此,不可能一次性制订出一个没有缺点的、可以一成不变一直使用的校本课程建设规划。校本课程建设规划也只是阶段性的规划,需要随着课程改革的推进,不断地进行螺旋式上升或者是推翻重来。同时,校本课程建设规划本身就是一个持续进行的过程,是一个专业的教师课程行动研究的过程,是社会民主化进程在校本课程领域的体现。这种本质属性决定了校本课程建设规划的制订是不断调整改进,不断追求完善的过程。

对校本课程建设规划的实践路径的认识既来自于对课程规划的本质属性的认识,也来自于对学校教育实践经验的提炼。校本课程建设规划的实践路径不是绝对的,也不是确定的,而是动态生成的。

第五章

课程管理：校本课程建设的有效保障

　　推进学校校本课程建设需要相应的课程管理机制来有效保障。然而，在实践中，教学管理一直是话语的主导，课程管理话语系统还没有得到有效构建。学校校本课程建设缺乏管理保障，致使学校课程建设举步维艰。为此，在本章中，笔者在简要介绍学校校本课程建设管理的基础上，探讨了校本课程建设管理中应秉持的公平正义理论、公平与效率理论及人本主义理论，并对学校管理者进行校本课程建设的理念进行分析，提出行政背景下的校本课程建设管理的实践策略。当前的课程管理理念有向课程领导发展的趋势，在校本课程建设中也出现了从管理到领导的实践转向。因此，笔者在探讨了课程领导的内涵、特点及内容的基础上，提出了课程领导的实践路径，以期对学校有所启示。

第一节　校本课程建设管理概述

为了贯彻落实国家《基础教育课程改革纲要(试行)》提出的"改变课程管理过于集中的状况,实行国家、地方、学校三级课程管理,增强课程对地方、学校及学生的适应性"的要求,规范学校对校本课程的实施,促进全体学生个性发展,提高校本课程教育教学的质量,急需对学校校本课程建设进行有效的管理。

一、校本课程建设管理的概念澄清

要对校本课程建设管理的概念进行澄清,首先要对校本课程、管理两个概念有所了解。校本课程及校本课程建设的概念在前文中已经明确过了。对于什么是"管理",不同的学者、不同的理论流派、不同的学科有不同的认识。本研究从研究立场出发,强调管理的过程性、系统性,为此将管理理解为为实现某一时期、某一领域或某一阶段所要达成的预期目标,对某个体系所有资源条件等进行计划、组织、指挥、协调和控制的过程。

关于什么是课程管理,相关界定较多,主要的类型有:(1)把课程管理理解为教学管理。如张圻福认为课程管理广义讲是指学校对教学工作实施管理,是学校管理者遵循教学规律,行使管理职能,对教学活动各因素进行合理组合,使教学活动有序高效地进行,从而完成教学计划和教学大纲规定的教育、教学任务。①(2)把课程管理理解为课程编制的过程。如钟启泉认为课程管理是系统地处理编制技法和人、物条件的相互关系,以教育目标为准绳,加以组织的一连串活动的总称。②顾明远提出课程管理是对课程编订、实施、评价的组织、领导、监督和检查。③廖哲勋指出课程管理是在一定社会条件下,有领导、有组织地协调人、物与课程的关系,指挥课程建设与课程实施,使之达到预定目标的过程。④(3)把课程理解为课程工程。如有学者指出"'课程工程'也可译为'课程管理',大部分有关课程研究的书刊中指的是课程

---

① 张圻福.大学课程论[M].南京:江苏教育出版社,1992:231.
② 钟启泉.现代课程论[M].上海:上海教育出版社,1989:367.
③ 顾明远.教育大辞典(第1卷)[M].上海:上海教育出版社,1990:201.
④ 廖哲勋.课程学[M].武汉:华中师范大学出版社,1991:328.

的规划、研究和改进,所以课程工程的产品就是课程标准和教材"。[1](4)把课程管理理解为一种权利行为。如斯塔克把课程管理界定为为确保成功地进行课程的编制、协调、实施、支持、评价和改进而履行的责任和行使的权利。(5)从综合视角来定位课程管理。如张相学认为课程管理是由自上而下的多个利益相关者构成的课程责权主体,本着"课程共有"与"权责分享"的原则,对从课程编制、课程实施到课程评价的整个过程以及其中的相关因素与条件进行的全面管理的活动,其直接目标是充分发挥自身管理功能,最终目的是促进学生主动而全面地发展。如冯生尧认为课程管理是指在学校层面,围绕学校的课程开展所进行的一系列的管理措施,包括学校课程的设置、各年级课程的安排、教学用书的选配、教学实践的分配、教学计划的设定、教学人员的选配、教学目标的预设、教学过程的检测、教学结果的评价、教学方式的评定、教学人员的培训、教学环境和教学设备的更新等等。[2]

基于文献的梳理,笔者认为课程管理的定义应含有几个特征:(1)应认识到学校课程管理是我国基础教育课程管理的组成部分;(2)课程管理不仅仅是指学科教学管理,还包括学校课程实践行为过程的管理;(3)过程管理可以分为课程分析、课程决策及课程实施等;(4)课程编制是学校课程管理的核心内容。

从描述性定义的方式出发,笔者认为校本课程建设管理是指学校依据学校的办学需求、学生发展需要及资源分析等方面所做出课程决策——课程愿景,并综合运用多方面资源进行课程规划,并有效采取多种方式实施并评价、调整改进的过程。

二、校本课程建设管理的目标与原则

基于上文对校本课程建设管理的认识,笔者认为推进学校课程建设的终极目标无疑是促进学生更好地发展,为学生提供更多更丰富的发展可能。然而从课程建设管理的本体来看,其目标是为了提升学校课程开发的质量,是为了更好地促进学校的课程实践。由此,在推进校本课程建设管理中应遵循以下原则。

(1)有规划。学校校本课程建设不是随意性行为,不是一时脑热的冲动性举措,而是一个系统的行为过程。为此,课程管理就要规范课程建设的过程,第一步是制定课程规划。

(2)有目标。有目标也可以称为有愿景,指学校进行课程建设过程中要体现学校的办学理念。既然推进学校课程建设是过程行为,那么必然要设定阶段性目标和

---

[1] 陈侠.课程论[M].北京:人民教育出版社,1989:18.
[2] 冯生尧.小学课程设计与评价[M].北京:教育科学出版社,2016:298.

终结性目标。

（3）有内容。校本课程建设不能停留在规划及愿景的层面，需要通过具体的载体来呈现，这样的载体必须是真实的、可行的、符合学生发展需要的、符合教育教学活动规律的。

（4）有组织。校本课程建设不只是校长的行为，也不只是个别教师的行为，而是学校的整体性行为，是需要通过多元化的组织形式来具体推进和落实的。这里的组织包含管理推进的组织和课程开发实践的教师协作共同体等。

（5）有指导。校本课程建设是复杂的教育实践，复杂性不仅体现在实践行动的过程中，也包含了课程本身的复杂性。因此要充分整合多方教育资源来指导学校的课程建设实践。

（6）有课时。虽然从广义的校本课程意义上来说，潜在的校本课程也是课程建设的重要组成部分，但是显性课程表征才是主体，为此开发的课程终究需要在课堂中来落实。为此，需要为校本课程的课堂实践提供一定的课时保障，否则就会使之成为方案上的校本课程建设，意义就不大了。

（7）人人有去处。人人有去处是指每位学生都有课程可以选择和学习。因此，在校本课程建设中绝不能针对一部分学生需要进行课程开发，也不能针对个别群体进行课程开发，而应指向全体学生，凸显出不同学生的发展需求。

三、校本课程建设管理的内容

从校本课程建设的本体意义来看，校本课程建设主要包括校本课程规划、校本课程决策、校本课程开发、校本课程实施、校本课程保障、校本课程评价等方面。为此，校本课程建设管理的内容应包括以下几个方面。

（1）校本课程建设规划管理。学校要制订校本课程实施规划，进行需求评估调查、制订纲要、培训教师等准备性工作，制订学校校本课程建设的发展愿景。

（2）校本课程建设的目标管理。依据学校的办学理念、学生的发展需求和教师资源情况等制订学校校本课程建设的规划方案，对学校校本课程的发展进行顶层设计。依据学生发展的年龄特征及核心素养的培育目标，协同国家课程及地方课程，明确学校校本课程中学生的具体发展目标，制订出可测量、可评价的目标体系。

（3）校本课程开发管理。校本课程开发管理就是对校本课程开发过程采取有效的措施，对课程开发的过程进行有效的节点式监督与改进，主要包括需求调查、资源评估、方案确定、课程审议、教师研训、组织和实施、评价与改善、动态调整几个阶段。对课程开发关键节点的管理，有助于开发高质量的校本课程。

(4)校本课程实施管理。其一，要把握好学校课程实施的节点。笔者认为，校本课程实施中主要有课程开发申报、审议、选课、上课、研课等几个过程，要做好每个环节每个节点的管理。其二，在校本课程实施中，应根据有关的课程文件，正确处理好国家课程、地方课程、校本课程三者的关系，保证校本课程开足开好，充分发挥校本课程的育人功能。其三，把握好校本课程实施中的课堂教学管理。校本课程在实施过程中要充分体现学生学习活动的自主性、探索性、创新性，学习方式的活动性、实践性、综合性，教学过程的情境性、合作性、建构性，教授方式的灵活性、针对性、创造性。

(5)校本课程建设资源管理。其一，校本课程师资管理。教师资源是学校进行校本课程建设的核心资源。为此，有条件的学校要配备专职教师，兼职教师任课要相对稳定，任教年级应相对集中。学校要把教师参与校本课程开发的情况纳入教师专业化成长管理中，在评优评先等考核工作中予以体现。其二，校本课程教学资源管理。校本课程建设不提倡编写教材，但不反对把一些开发成熟的校本课程编写成教材，没有教材的校本课程均要编写课程纲要。可为教师选用教学指导用书，可为学生提供必要的操作材料或活动器材，不要求学生购买人手一册的教科书或资料。

(6)校本课程评价管理。要建立和完善课程评价制度。每学年必须审定一次校本课程，并对教师的开发、实施工作进行评估，以不断改进校本课程的建设工作。学生的相应学习情况评价要纳入学生管理档案。

(7)校本课程建设的管理措施建设。有效推进学校校本课程建设的管理是提升校本课程建设质量的核心保障，需要在管理过程中提供一些必要的课程管理措施。为此，笔者认为管理措施的建设至少应具备以下几个条件：职责分工、建章立制、过程督导、绩效考核、奖励与惩处。通过一定的举措来推进，方能促使校本课程建设落到实处，方能不断积蓄课程改革的力量。

四、校本课程建设管理的组织与制度

校本课程建设管理的组织建设主要包括：

(1)成立学校校本课程建设委员会。成立以校长为组长的校本课程开发领导小组，负责校本课程开发的组织与管理工作。其职责包括：负责校本课程核心教师团队组建；负责校本课程申报、评审、奖励；负责建立校本课程档案袋；负责建立校本课程资源库；负责成立校本课程工作室；负责组织校本课程专题研讨会；负责组织教师合作学习或校本教研。

（2）成立校本课程审议小组。学校课程审议小组一般由校长、教导主任、教师代表、专家等人员构成，有条件的也可以邀请家长代表和社区相关人士参加。课程审议小组主要职能是制订学校课程开发过程中的决策、制度，审议校本课程方案、纲要，检查与督导校本课程方案执行、实施情况等。

（3）课程管理与研发中心。其主要职责是执行校本课程的方案、制订好学年及学期教学进度，检查、评估全校校本课程的教学工作，落实各项课程管理措施。

（4）教研组。教研组主要是制订教学研究活动计划和学生活动计划；对教师教学活动进行指导，确保完成校本课程管理的各项任务；及时反映课程实施中出现的问题及教师的教学需求；研究学生的实际情况，为课程管理提供依据。

校本课程建设的制度建设应包括：

（1）研讨制度。每学期期初、期末召开各课程研发团队的交流研讨会，平日通过校园网络平台，实现资源的汇集、整理、交流与分享，确保成员互动和教研实效性。

（2）培训制度。每学期教导处制订教师校本培训计划，将课程理论学习、教改实践、信息技术运用作为教师专业发展的必修项目。让老师们"走出去"，把专家"请进来"，通过前沿的各级各类培训，让老师们拓宽视野、丰富体验，给老师们带来更多思想营养。

（3）考评制度。以态度、能力、合作、创新、成效为评价依据，把团队评价和教师个体评价相结合，建立对教师实行物质奖励和精神奖励的考评制度。

（4）经费保障制度。学校加大对教学仪器设备、图书资料等硬件建设的资金投入，强化在日常管理中的使用率，提高使用效益，满足课程实施的需要。开辟课程实施专项经费。对校本教材的编制，社团活动的竞赛，专家指导引领，课程特色项目的评比，课程改革创新实践教学展示，家长、社区资源的利用等，都提供经费，确保学校课程建设持续发展。

五、当前学校校本课程建设管理中存在的问题

虽然新课程改革已经推进了十几年，但是关于课程的系列话语体系并没有深入学校教育场域。从国家课程、地方课程、学校课程的三级课程管理机制出发，当前学校的课程管理中存在不少问题。本研究主要探讨的是学校校本课程建设管理方面的问题。

（一）校本课程建设管理意识淡薄

当前，在既定的学校教育制度框架下，大多数学校进行了多年的校本课程建设

的实践。但是其对校本课程建设管理意识淡薄,缺乏整体的课程规划,即校本课程实践仅仅是少部分人的事情,甚至有些学校从学科化教学管理出发,直接将校本课程作为一门所谓的学科,由专门的老师来负责上这门课程,由"专职教师"来承担校本课程建设的一切。这样的课程意识对于校本课程的实践落实来说是无益的,甚至是有害的。

(二)课程管理制度与组织建设缺失

从当前学校校本课程建设的现实来看,管理制度的缺失和组织的形式化是一个显著问题。首先,已有的制度规定并没有得到重视和有效的落实,如在职称评定中有要求教师要进行校本课程开发或校本课程实施的规定,但是这一条件在评职称过程中,被直接忽视了。其次,有文本上的校本课程建设委员会或校本课程审议小组,但是这样的组织并没有发挥真正的作用,学校的课程权利与学校行政团队的职能统一化,将教师、学生、家长等多数课程利益相关主体排除在课程组织之外。最后,学校课程管理制度并没有成为学校管理制度的一部分。没有制度保障和组织保障的校本课程建设实践必然不受重视,也必然会走向形式化。

(三)学校课程管理局限于教学管理层面

从当前已有的校本课程建设管理上来看,存在以下几个方面的问题:(1)局限于教学管理层面,关注了教师的课堂教学、学生的学习评价和文本呈现,没有对校本课程建设的系统过程进行管理。(2)鲜有学校真正以学校教师为主体来进行课程建设,多依赖于校外课程资源,往往有教学过程而无文本、无程序化及规范性管理。(3)校本课程建设成为学校教学管理部门一个无足轻重的事务性工作。(4)话语体系混乱,许多学校将学生兴趣小组、学生社团、第二课堂等称为校本课程。

(四)课程管理人员的素质不高

从课程管理人员构成来看,目前学校实践中的校本课程管理主要涉及课程领导小组或校本课程建设委员会和教学管理部门。以校长为核心的课程建设委员会往往只是在行政上负责,并不参与具体的校本课程管理过程。而实际进行管理的教学部门,往往缺乏相应的课程管理培训,甚至没有相应的课程概念,无法有力地进行课程管理。他们仅凭教学经验安排课时、安排师资、检查落实情况、检查是否有过程性材料等,缺乏真正的有质量的管理。

(五)课程文化建设意识淡漠

学校校本课程建设是学校课程建设的组成部分,是当前推进学校课程变革的重要载体。校本课程建设是一个系统工程,也是一个不断发展演进的过程。其不断走向深度变革的核心是教师课程意识的觉醒,是所有教师共同参与校本课程建设。然而,当前许多学校不重视学校课程文化的营造,还停留在应试文化、学科教学文化中。对课程文化建设的淡漠直接导致校本课程建设无法深入发展,深度变革也成了无源之水、无本之木,致使校本课程建设流于形式,浮于表面。

第二节 校本课程建设管理的理论基础

管理是为了更好地发展,是为了提升实践过程的效率,也是为了实践过程本身的改进。前文已经阐明学校校本课程建设管理的概念、目标、原则、内容及组织等,同时也从现实层面分析了当前学校校本课程建设管理存在的问题。那么要解决这些问题就首先要思考,该秉持什么样的理念来指导实践行动。笔者认为推进学校校本课程建设管理应以下列管理理论为基础。

一、公平正义理论

约翰·罗尔斯是20世纪美国乃至西方思想界最重要的哲学家之一。1971年,他出版了系统论述正义理论的专著《正义论》,较为系统地提出了其"作为公平的正义"理论思想。

罗尔斯的"作为公平的正义"理论包含两个不同层次的原则:

第一原则,所有人都享有和其他人同样的与基本自由体系相类似的权利和自由,即平等自由原则。[1]罗尔斯的平等自由原则规定,"每个人都同等地拥有一种最广泛的基本自由体系,亦即一个人的自由只要不凌驾于别人的类似自由体系,或者说,只要他在扩大自己享有的自由的同时没有使别人的那份自由缩小,那么,这个人就可以享有这份自由。"[2]"平等自由原则只是要求那些确定基本自由的制度规范能

---

[1]约翰·罗尔斯.正义论[M].何包钢,何怀宏,廖申白,译.北京:中国社会出版社,1999:76.
[2]郑哲.罗尔斯正义理论与中国社会公平正义[D].延边:延边大学,2005:11.

够平等地适用于每一个人,也就是说,在这些规范面前人人平等。"[1]平等自由原则确立的是在既定的制度规范面前,制度规范确立的基本权利能够平等适用于每一个人,即强调了制度规范确立的平等性。

第二原则,机会的公正平等和差别原则。首先,机会的公正平等原则,罗尔斯认为:"机会的公正平等原则是指社会地位和经济利益的不平等必须满足地位和职务向所有人开放的限制条件,也就是说,各种地位和职务不仅要在一种形式的意义上向所有人开放,而且应使所有人都有平等的机会去得到它们。"[2]其作用是为了能够实现"无标准,有程序"的"纯粹的程序公正"。其次,差别原则,其内在含义"不是要'损有余以补不足',而是既要'增有余',也要'补不足',重点放在'补不足'上。"[3]罗尔斯认为差别原则是:在为实现社会公平正义的最终目的,在第一正义原则和机会的公正平等原则无法做到使最少受惠者通过自身努力获得较多的利益的现实情况下,应该确定一个能够使他们实现这一目标的原则。实质是"通过突出最少受惠者的特殊地位来消除'对所有人有利'的次序原则的不确定性"[4]。罗尔斯正义理论是建立在社会具有互惠互利的合作体系基础上的,他的正义原则所要求的不是对天赋较高或家庭背景较好者利益的剥夺,而只是对天赋较低或家庭背景较差者利益的一种补偿,是根据天赋并非应得的观点而要求天分较高者给予天分较低者一定的帮助。[5]

罗尔斯的公平正义理论对推进我国教育的公平正义具有重要启示意义,在学校校本课程建设管理过程中也应关注公平与正义问题。首先,应保障并推进课程建设的民主化,实现课程决策主体的多元化,从而保障课程相关主体在参与权、决策权上的公平。其次,要保障课程建设管理过程中的程序正义。课程建设过程要基于严谨的、科学的程序来推进。再次,学校课程建设不是领导意志,也不是少数人的专利和义务,是学校所有老师共同的责任和义务,所有老师都应该参与其中。最后,通过多样化选修性校本课程来促进课程的多重表征,为所有有发展可能的学生提供适当的课程。

---

[1] 郑哲.罗尔斯正义理论与中国社会公平正义[D].延边:延边大学,2005:11.
[2] 约翰·罗尔斯.正义论[M].何包钢,何怀宏,廖申白,译.北京:中国社会出版社,1999:101.
[3] 何怀宏.公平的正义——解读罗尔斯《正义论》[M].济南:山东人民出版社,2002:79.
[4] 郑哲.罗尔斯正义理论与中国社会公平正义[D].延边:延边大学,2005:14.
[5] 郑哲.罗尔斯正义理论与中国社会公平正义[D].延边:延边大学,2005:14.

二、公平与效率理论

关于公平与效率的讨论是一个经久不衰的话题,教育公平与效率也是教育发展中的永恒主题,教育发展的时期不同,矛盾的主要方面是不一样的,侧重点也不同。

关于教育公平与教育效率的关系,学者们做过许多相关研究。归结起来看,主要有教育效率优先论、教育公平优先论和教育效率与教育公平同等发展论。教育公平与教育效率的冲突,主要体现在"教育发展战略和宏观教育资源配置上,它要回答教育资源配置的准则和优先顺序,如何使之发挥更大的社会和经济效益"[1]。由此,我们可以得出一个结论:教育公平与效率的关系本质上是一个教育平等问题。正如褚宏启教授认为的,"教育公平与教育效率的关系实质上就是'教育资源配置的平等原则、差异原则和补偿原则'与'教育对于个人发展与国家发展的贡献率'之间的关系"[2]。在教育发展过程中,特别是在现阶段的教育发展过程中,我们应该明确"教育公平与教育效率是两个相互联系的、同等重要的教育改革与发展目标。政府的教育政策目标应该是双重的,即公平与效率兼顾"[3]。因此,教育公平和教育效率是当前教育发展中的双重目标,不存在教育公平优先或教育效率优先的问题,同时不应把它们作为对立的范畴来探讨,从而为不公平与效率低下做支撑。当然,在不同的教育层次和发展阶段,所关注点和要求也是不同的,我们不能简单地等同视之,而应该在具体问题上做具体探讨。

从教育发展的目标上来看,教育公平和教育效率的提升都是教育发展过程中的重要目标,具有独立的价值。在本研究中,基于教育关怀,笔者认为应将教育公平作为独立的发展目标。当然,公平的表征是多样化的,需要通过严谨的程序设计来保证公平的实现,然而为结果的公平而忽视程序的正义,必然会导致过程的复杂性和新的不公平出现及效率的低下。如课程审议是很好的方式,但是课程审议对课程审议组织的群体性要求较高,而且耗时长,会降低课程实践的效率。所以也应把握好公平与效率的平衡。

三、人本管理理论

人本管理思想中的人本精神是自古以来就存在的,如中国古代儒家讲究的修身养性,道家讲究的天人合一、天道即人道。西方人本主义思想起源于古希腊,其显著

---

[1] 杨东平.教育公平三题:公平与效率、公平与自由、公平与优秀[J].教育发展研究,2008(9).
[2] 褚宏启.教育公平与教育效率:教育改革与发展的双重目标[J].教育研究,2008(6).
[3] 褚宏启.教育公平与教育效率:教育改革与发展的双重目标[J].教育研究,2008(6).

特点是强调自由、平等。在经历了中世纪长期宗教统治之后,文艺复兴时期资产阶级人文主义和人本主义得到复苏,其在背弃神本思想下所提出的人本思想"具有强调人的理想、要求个性自由平等以及顺乎人的自然本性等特点",是要"夺回人权"。①现代人本学说起源于费尔巴哈的哲学学说,是关于人的学说,被称为新哲学或未来哲学。其人本观为:自然只在时间上是第一性的实体,而在地位上并不是第一性的;人在时间上是第二性的感性实体,在地位上则是第一性的。②

现代人本管理思想产生于20世纪30年代的西方,其根源是西方的人本思想的"以人为本""以人为中心"和西方的人本主义心理学。而人本管理思想在教育领域的应用始于20世纪60至70年代的美国,是在人本主义心理学的基础上形成的一种管理思想,其核心是"以人为本"。

人本管理就是一种把"人"作为管理活动的核心和组织最重要的资源,把组织全体成员作为管理的主体,围绕着如何充分利用和开发组织人力资源,实现组织目标和组织成员个人目标的管理理论和管理实践活动的总称。③人本管理是以人为本的管理,是与"物化管理"相对应的概念。有的学者将人本管理概括为 3P 管理,即从管理对象角度看,是 of the people(人的管理);从管理主体角度看,是 by the people(依靠人的管理);从管理目的角度看,是 for the people(为了人的管理)。也有学者将人本管理分为五个层次:情感管理、民主管理、自主管理、人才管理和文化管理。总而言之,人本管理就是把人作为管理的主要对象和管理的最重要资源,尊重人的价值,全面开发人力资源,以谋求人的全面自由发展为最终目的的管理。

由此,在当前时代背景下人本管理的核心理念或内涵是:(1)通过强调人在管理中的主导地位以及调动人的主动性、积极性和创造性的核心思想,将资源中的人回归到人。(2)通过以人为本的管理活动,追求组织高效运转进而实现组织目标,以此来锻炼人的意志、脑力、智力和体力,通过竞争性的生产经营活动,达到完善人的意识和品格,提高人的智力,增强人的体力的目的,使人获得超越于生存需要的、更为全面的自由发展。④

从本研究来看,实践人本化管理是教育行动或课程实践的应然之义。在课程建设中要充分以人为本,以学生为本,以教师为本。

---

① 孙建.人本管理研究[D].上海:复旦大学,2003:19.
② 顾燕.教师人本管理的理论与实践研究——以上海市西林中学的实践探索为例[D].上海:上海师范大学,2008:12.
③ 兰邦华.人本管理——以人为本的管理艺术[M].广州:广东经济出版社,2000:8.
④ 顾燕.教师人本管理的理论与实践研究——以上海市西林中学的实践探索为例[D].上海:上海师范大学,2008.18—19.

第三节　校本课程建设管理中的管理者意识

改革推进学校课程建设,目的是促进教师课程意识的觉醒和学生的个性化发展。由此,要完成让学校教育从教学管理走向课程管理,乃至课程领导和课程经营的发展路径。这其中的关键是促进教师课程意识的觉醒。首先要培育的是学校管理者的课程意识。基于实践性认知来看,课程意识应是基于教师对学校教育课程系统的认知,进而转化为一种实践的倾向性选择,指向教师能够在日常教育教学实践中自觉从基于教学转向基于课程的教育实践信念、知识、选择与判断。因此,从推进学校教育校本课程建设的现实需要来看,学校教育管理者应有核心课程意识、学科课程意识、课程领导意识、课程管理意识、课程统整意识。

一、应有核心课程意识

什么是核心课程呢?简单来说,核心课程就是学校教育系统中指向学生培养的所有课程体系中最为核心、指向全体学生共同发展取向的那部分课程。核心课程所要回答的是所有在校的受教育者都要学习或接受的"共同知识核心(the common-core of knowledge)"或者说共同核心素养是什么。基于此思考,课程专家泰勒将学校课程体系分为:共同核心课程(common core),所有学习者都必须学习的课程;边缘课程(peripheral subjects),根据学生之间的差异、环境条件的差异以及教育目标的差异而设置的有针对性的课程。从课程理论发展史来看,关于核心课程的取向主要有社会取向的、经验取向的、学科取向的和混合取向的四种核心课程观。社会取向的核心课程观的课程设计基于学生自身生活发展需要和社会发展的共同需要,指向的是作为社会公民的共同底线,体现为社会中心的教育观。经验取向的核心课程观是以学生的感觉需要、学生的兴趣和学生本身发展过程中的经验作为设计的逻辑起点,体现为儿童中心的教育观。学科取向的核心课程观是期望把人类社会发展过程中产生的"文化精粹"或"经典名著"置于课程体系的核心,其课程的哲学基础是要素主义和永恒主义,重视人类社会经验知识和科学知识的教育价值。混合取向的核心课程观的课程设计应体现儿童与社会之间、儿童与学科之间、学科与社会之间本质上的内在统一,在统一中追求实践理性和解放理性,最终解放儿童的主体性,生成儿童的健全人格。[①]这几种核心课程取向不仅反映在课程理论和实践的发展历史进程

---

① 张华.论核心课程[J].外国教育资料,2000(9).

中，在现实层面上也交织存在着，反映了教育发展过程中的钟摆现象。从当前的教育发展来看，我们学校教育的核心课程旨趣应追寻的是混合取向的核心课程观，这种取向"符合时代精神的发展趋势，理应成为核心课程的当代追求"[①]。

基于以上的认识，我们所强调的学校教育管理者应有核心课程意识，追求的旨趣应有：第一，应把握好国家的教育方针、目标，了解国家基础教育的课程发展目标，再充分理解《基础教育课程改革纲要（试行）》的要求，研究落实培育学生核心素养的基本框架。第二，核心课程意识应有重新架构学校课程的意识，处理好学校核心课程与边缘课程的关系，认清核心课程与边缘课程在培育学生素养上的边界及其内在的、有机的关系。第三，应有核心课程不是固定不变的意识。不同取向的核心课程其追求是不同的，不同的社会历史发展阶段中学习者的适应程度也是不同的，因此要在不同的社会背景、文化需要和学生成长的差异下，对核心课程的发展取向进行变通和拓展。

二、应有学科课程意识

学科课程也被称为分科课程，是"以知识的逻辑为基础，根据一定的价值标准，从不同的知识领域选择一定的知识内容，将所选出的知识组织为学科"[②]。"学科课程知识的呈现，包括用书写的文字符号呈现的课程知识、用言语表达来呈现的课程知识和用动手操作演示呈现的课程知识。"[③]由此，高度学科化、专业化取向的学科课程所产生的学科化模式在知识专业化发展进程中愈发得到加强，虽然社会科学技术的发展已经指向跨学科、跨领域发展的趋势。学科化产生的结果是不断强化学科边界，而这样的结果必然产生割裂式的思维。这严重制约了学校课程建设的推进。

由此，我们在推进学校课程建设的过程中，应追求的学科课程意识是：明确学科育人价值的核心及其主要育人路径。如语文课程应把握好其基本特点是"工具性与人文性的统一"，是要重点"培养语感，发展思维，掌握学习语文的基本方法，使他们具有适应实际需要的识字写字能力、阅读能力、写作能力、口语交际能力，正确地理解和运用祖国语文；提高学生的思想道德修养和审美情趣等"。不同的学科课程在培育学生的核心素养上存在共性，也存在着学科课程之间育人价值的独特性。由此，学科课程意识强调以下内容：（1）应明确学科课程对学生发展核心素养的实践路

[①] 张华.课程与教学论[M].上海：上海教育出版社，2000:270-271.
[②] 彭虹斌.学科课程的理论基础与组织原理[J].湖南师范大学教育科学学报，2007(4).
[③] 赵迎春.论学科课程知识的呈现与建构[J].教育探索，2011(8).

径和学科课程在培育学生核心素养方面的独特价值。(2)应明确学科课程的组织原理及知识架构方式。学科课程的架构基础是学生整体发展的核心素养培育,具体的组织原理是以知识为基础,按照学科知识的内在规律来组织,其实质是知识的内在逻辑规律。(3)学科课程的实施意识应转变。在具体学科课程的实践过程中,不能基于文本或教材而教学,应该学会基于学科课程的育人目标,重新组织课程资源。(4)学科课程意识还应关注不同学科课程之间的融通,不应在基础教育阶段过于强调学科课程之间的界限,将学科课程的核心素养培育目标分裂开来,造成学科之间的隔阂。

三、应有课程领导意识

就当前的学术研究来看,课程领导还没有一个定论。阿兰·A.格拉索恩认为课程领导所发挥的功能在于使学校的体系及学校能达成增进学生学习品质的目标。钟启泉从学校课程发展的整体层面出发,认为当前学校课程发展应从课程管理转向课程领导,从而提出课程领导是"从经营或是领导的功能出发,强调诉诸自身的创意和创造力,自律、自主地驱动组织本身运行,把日常的课程实践活动作为自身的东西加以自主、创造性地实施"[①]。从课程领导的内涵来看,课程领导包括对课程开发技术的领导和对课程文化的领导。王利通过综述已有相关研究,认为课程领导的内涵主要有:学校愿景的建立;国家、地方、学校课程的连接;学校课程的管理与发展(包括学校课程决策机构的设立、课程小组的协调和运作,以及课程设计、实施和评价方面事宜的运作);教师专业发展的倡导与规划;学生学习的评估和监控;学校组织结构的重组与再造;学校文化的变革与重塑;学校支持系统的统筹和发展与资源的争取和支持;社会参与和公共关系的发展。[②]很明显,这样的课程领导内涵是把学校作为一个整体的课程系统来进行论述,某种意义上将学校的系统管理等同于课程领导。

笔者认为,在培育学校管理者的课程领导意识时,应强调的是:(1)学校管理者的学校课程整体规划意识。学校领导者不能认为自己只是行政领导,还应能够对学校的课程建设进行规划,能够依据学校的办学理念、学生的实际发展水平和学校教师情况等展开课程建设的规划,引领学校课程建设的整体发展。在目前的许多学校中,推动学校课程建设只是一种潜意识的、少数学校领导的意志,大部分领导置身课程建设之外,甚至出现与课程建设行动相违背的行为,阻碍学校课程建设的推进。

[①] 钟启泉.从课程管理到课程领导[J].全球教育展望,2002(12).

[②] 王利.课程领导研究述评[J].教育学报,2006(3).

(2)学校管理者应有课程开发能力。学校管理者要领导学校的课程建设,就必须有足够的能力对学校教师的课程开发进行指导,引领推动教师课程意识的觉醒,提升课程开发的品质。在此过程中要促使学校管理者与学校教师成为学校课程开发过程中的平等协商的团队共同体,为教师提供足够的规范化课程开发的技术保障。(3)应有课程资源建设的领导意识。在学校课程建设过程中,教师是最为重要的课程资源,因此引领教师的专业发展是课程资源建设的核心所在。学校管理者要通过规划、设计、提供支持保障等方式引领教师课程意识的觉醒,提升课程开发能力、课程实施能力等,引领教师专长发展。同时,对课程资源建设的领导还体现在对学校环境、制度、精神等文化建设层面,关注学校潜在课程的建设。而各种课程实施的硬件需求也应立足高位的课程规划,实现多元化发展。(4)应有构建民主管理机制的意识。课程变革必然要求转变学校的整体管理机制,应强调一种权力分享的、合作的关系,让教师能够自主地参与到课程变革发展的过程中来,让教师有能力参与课程发展变革。总而言之,目前学校课程建设还处于起步阶段,学校管理者是否具有课程领导意识,能否对学校教师的课程意识觉醒起引领作用,能否构建出学校课程发展的民主管理氛围,直接影响着学校课程变革发展水平的高低。

四、应有课程管理意识

推动学校校本课程建设的发展,学校管理者要有课程管理意识。传统学校教育强调教学管理,即围绕着课程教学的成效来开展教师培训、落实教学目标、进行教学评价、教学研究等。新课程改革推动了学校整体办学思路的变革,需要学校管理者的日常管理实践从教学管理转向课程管理。以廖哲勋为代表的学者认为课程管理从本质上来说,是指"在一定的社会条件下,有领导、有组织地协调人、物资和课程的关系,开展课程建设与课程实施,并使之达到预定目标的过程"[①]。贾非进一步提出,"课程管理应属于教育行政的范围,是教育行政部门和教育工作者的重要的管理活动"[②]。学校课程变革进程中管理者的课程管理意识应包括课程评价管理意识、课程实施管理意识、课程演进管理意识、课程保障服务意识等。

从实践层面来看:(1)要能够对学校课程建设的规划、国家课程校本化实施、学校教师开发的校本课程、课程落实情况等进行评价论证。没有经过论证的课程不宜凭借经验或感觉而开设,应对课程设计的逻辑起点、学生的发展水平、社会需要等进

[①] 廖哲勋.课程学[M].武汉:华中师范大学出版社,1991:203-206.

[②] 贾非.世界课程管理模式的主流与趋势——兼谈我国高中课程改革的困境与对策[J].外国教育研究,1994(6).

行系统研究。(2)课程实施的管理意识是学校管理者能够对学校课程实践的过程进行监控,提升课程实施的忠实取向,在实践中探索课程实施所反映的课程问题与转变路径。(3)学校管理者要有课程不是固定不变的意识,特别是要警惕在学校校本课程建设过程中,对一些已经不符合发展需要的传统课程紧抓不放,对已经系统化、结构化的课程不愿意调整转变等意识。(4)学校管理者应有课程保障服务意识。学校的课程建设是一个系统工程,是学校教育的核心,所以学校的第一要义是要能够为课程建设提供保障。

五、应有课程统整意识

学校管理者在推进新课程建设的过程中,应有课程统整意识,目标指向学校课程资源的整合利用,实现教育目标的多元融通。课程统整是"经由课程设计的统整,以达成经验的统整、知识的统整和社会的统整",或者称之为"课程统整的四个向度"。[1]课程统整的类型有:"一是关系改善型统整,即尊重既有课程系统的相关学科或课程间的关系优化;二是体系创新型统整,即领悟课程要求、遵从课程方向,根据自主需要而创造设计出新的课程体系,这种新的课程体系可能是局部的改造,也可能是全方位的变革。"[2]学校所具有的各个课程都应指向促进学生核心素养的发展,只是不同课程在促进学生不同核心素养发展上有不同的侧重点。学校校本课程的建设路径应指向一体化的、统整的、整合的课程形态。

学校课程建设中的课程统整取向包括:(1)学校课程建设与国家课程的统整。国家的学科课程标准明确提出要充分运用地方和学校资源来补充国家课程的不足和促进国家课程的多样化实施,即国家课程的校本课程创生与实施。(2)学校课程建设与学校特色课程的统整。校本课程是特色学校建设的理念落实到实践的重要载体之一,可通过特色校本课程的建设来促进学校的特色发展。(3)学校课程建设与学科课程的统整。当前在许多学科课程中都出现重复性的课程资源或载体,通过跨学科跨领域的课程整合有助于提高课程实施的有效性和避免课程资源的浪费。课程统整是一个逐渐演变的过程,是不断发展变化的,不能一蹴而就,在不同的阶段应有不同的指向。课程统整的基础应是各类课程的有效整合,校本课程开发可以基于现有学科的整合或以项目、主题、发展为主线来实施整合。如开设阅读校本课程,就可以以阅读能力的培养为主线来涵盖语文、数学、英语等多种文本或形态的阅读,而不

---

[1] James A.Beane.课程统整[M].单文经,译.上海:华东师范大学出版社,2003:9.

[2] 何永红,龚耀昌.学校如何设计课程体系:基于课程统整的思考[J].教育科学研究,2014(3).

应将阅读校本课程只是作为语文学科的阅读课程。

学校课程管理者往往是学校课程变革发展中的先行者，更应具备自主自觉的课程开发意识、课程开发能力，而作为管理者，其在学校课程变革发展中的职能还应有领导意识、管理意识、统整意识，以此来影响教师课程意识的觉醒及课程开发过程的实践。基于当前的学校课程发展现实，从变革的层面来看，首先应有核心课程意识和学科课程意识，这是基础，也是关键，否则课程变革发展就没有了生长点。

第四节 校本课程建设管理的行政实践策略

关于行政化和去行政化问题的探讨是当下学校研究的一个热点话题。《国家中长期教育改革和发展规划纲要（2010—2020年）》强调："探索建立符合学校特点的管理制度和配套政策，克服行政化倾向，取消实际存在的行政级别和行政化管理模式。"这为开展去行政化研究提供了政策依据。当前关于去行政化的研究主要集中在高校领域，研究视野基于对当前高校行政化的种种弊病进行了多方位的控诉和鞭挞，众多研究者也纷纷表达对国外高校治校方式和我国民国时期高校治校方式的向往。而中小学教育领域关于去行政化的研究相对较少。学校教育中的行政化分为"外部行政化与内部行政化"，外部行政化是指包括教育行政部门在内的相关教育职能部门对学校进行不当行政干预，从而导致学校自主性缺失、功能扭曲、价值褊狭、效绩低下。内部行政化是指学校内部行政管理行政化或学校行政管理人员在学校管理过程中存在较为严重的官僚作风、官僚习气、官本位现象等。[1]当然具体的表述或概念界定可能有所区别，但核心观点是去行政化。也有一部分学者对行政化和去行政化进行了热话题冷思考，提出"学校活动分教学活动和非教学活动，从教学活动来看，学校是服务性组织，从非教学活动来看，学校是行政管理组织。教学活动的完成方式是服务，非教学活动的完成方式是管理，在非教学活动中不存在去行政化问题，去行政化只存在于教学活动之中。"[2]笔者在文献分析的基础上，结合基础教育学校教育的现实情况，认为去行政化的总体认识是可取的，但是学校教育体现的是统

---

[1] 吴全华.中小学去行政化与教育治理的法治化、民主化[J].中国教育学刊,2015(10).
[2] 牛其刚.学校教育如何去行政化[J].教学与管理(中学版),2015(8).

治阶级的意志,完全去行政化是不可能的,行政化也有一定的现实合理性,也是推动学校教育发展所必须借助的力量。同时笔者认为,学校教育应该对内部行政化现象进行一定的现实实践转化,适当借助行政化力量,推动校本课程建设。

一、学校课程管理实践的有限行政

有限行政是相对于学校教育的过度行政而言的。过度行政体现为学校课程建设过程中的校长意志、领导意志、特色意志。有限行政的必然结果就是结束特色化校本课程建设中的校长意志,实现学校课程建设中的有限行政,回归特色课程生成的主体选择。(1)学校特色课程生成一定是以学校教师为主导,在社区人士、家长、学生和课程专家的协同下进行开发和实施的。(2)应当充分考虑学生群体的整体发展逻辑、需求与愿景。(3)需要考量的是学校的校内校外资源可以为学校的特色课程建设提供何种支持。特色课程建设的主体回归方能使课程建设本身有切实的生成路径和着力点。

二、学校课程管理实践的有度行政

有度行政中的度可以理解为度量,是不越界、不替代、不过度,是恰当的、和谐共生的。由此,笔者认为可以将学校行政课程管理实践中的有度行政指向行政的判断力、平衡力、共生力。(1)学校课程建设管理实践中行政的判断力是指能够进行有效的度量,能够做到不越界行政。同时也应能够对行政在推进过程中进行什么样的行政行为进行有效判断。(2)行政的平衡力,是指能够有效对学校课程建设管理过程中存在的诸多矛盾进行调和,使之在变革过渡期平稳发展。(3)行政的共生力,指在学校推进课程建设中自下而上的课程改革内生力与自上而下的课程变革回应应该实现和谐共生。

三、学校课程管理实践的有向行政

笔者认为,有向行政中的"向",这里特指学校课程管理实践中行政管理团队的价值取向。这样的价值取向表现为行政的学校课程建设现实的分析力、选择定位的价值力、价值的表达力及呈现力。(1)现实的分析力。学校行政管理团队应有对学校课程建设现实、课程决策、课程过程、课程资源、课程实施等方面的分析判断,其核心目标是通过对学校课程境遇的分析来实现整体的认识,以便为课程价值取向的选择定位提供依据。(2)选择定位的价值力。行政应具备对多元方案的价值进行评判的能。(3)价值的提炼表达力。有价值力,也需要对学校课程建设的价值选择进行教育化、课程化的表达,这种表达力是提炼、分析和再表达的过程,从而构建出学校课程建设的价值体系。(4)价值的现实呈现力。指能够实现学校的核心价值取向的具体课程表征、具体课程开发行动表征及课程实施表征等。

四、学校课程管理实践的有领行政

领是领导、引领。有领行政指要转化行政的科层化管理机制,转变学校行政团队的工作方式,从课程管理走向课程领导,从课程执行走向课程引领,从课程监督走向课程理解。课程管理中的有领行政是学校行政团队在课程管理过程中领导力、发展力、推动力、实践力的具体表征。领导力是转变管理、服务的机制为领导的机制。如果一个学校的行政团队对课程建设与变革是拒斥的,又怎能要求学校教师进行课程开发和课程实践呢?没有有效的自我领导力,就没有学校整体课程建设与课程变革的领导力,学校课程变革的基础力量的孕育就无处生长了。发展力是指向学校课程变革不是一蹴而就的,是在实践过程中不断深化发展的。即使是一门课程也是在实践过程中不断发展完善的,那么这种发展力就首先体现为行政团队视野、格局和期待的发展,只有自身具备发展力才能不断推进课程整体建设的发展。推动力是指学校行政团队能确实通过一些关键的举措和节点设计来进行有目标、有计划、有策略、有行动的发展。这是从行政的自我发展延展为影响力,成为学校课程变革发展进程的核心推动力量。有领行政的最终体现是这种行政领导、引领的实践力。只有扎根于实践才是有领行政的达成,才是实践的核心体现。那么在具体的课程建设实践中,这种有领行政的实践力应该是对学校校本课程建设的课程目标、课程内容、课程组织、课程实施及课程评价的领导,是校本课程建设组织机制中的领导者、引领者。当然这种实践力的具体落实还依赖于学校课程管理实践的有法行政。

五、学校课程管理实践的有法行政

法是制度,是方法、手段、形式。学校课程管理实践的有法行政就是课程管理制度、组织建设,就是课程管理过程中的方法选择与方法实践。其表征为学校行政团队的校本课程管理制度的建设力、管理的组织力、方法的选择力与方法的转化力。(1)学校行政团队的课程管理制度建设力。我国传统的学校教育是以教学管理为主,新课程改革以来,课程改革、课程管理、校本课程建设才逐步进入学校教育的视野,但是从行政制度来说,我们还没有改变过去学校的行政机制和管理模式,致使学校在推进课程建设的过程中缺失了相应的课程管理制度和行政机制。为此,要更好地促进学校课程改革和校本课程建设就必然要对学校已有的教学管理制度及机制进行改革,建设课程管理制度及课程管理的行政机制。是否意识到课程管理制度的重要性,并进行系统的课程管理制度建设,反映了学校行政管理团队的课程制度建设力。(2)学校行政团队的课程管理的组织力。能否依据学校的课程建设制度构建管理过程的组织,如课程分析组织、课程规划组织、课程决策组织、课程审议组织、课程实施组织、课程评价组织及课程建设的过程性组织等是学校行政管理团队是否具备组织力的体现。(3)学校行政团队的课程管理方法的选择力。它是指如何根据不同发展阶段、不同的维度、不同的过程来选择不同的科学方法进行管理实践。如什么时候什么内容适合选用问卷法、访谈法、测验法、行动研究法等等,这些都需要行政管理团队的选择力来有效判断。(4)学校行政团队的课程管理方法的转化力。对方法进行有效选择后,在具体的管理实践过程中的运用是关键所在。当前一些学校虽然关注了用各种方法来改进学校的课程管理,但是往往存在方法选择的形式化和方法运用的无效化及无数据处理过程。这就需要行政管理团队提升方法的实践转化力。

六、学校课程管理实践的有效行政

这里的"效"是指效率、成效。实践中,学校教育的过度行政化往往会导致学校管理过程中存在较为严重的官僚作风、官僚习气、官本位等现象,这些都容易导致课程建设效率的低下,有时候甚至导致课程建设的夭折或无疾而终。我们要去行政化应该去掉的是官僚作风、官僚习气,要去掉的是行政部门的互相推诿和资源浪费。有效行政应该体现为行政管理实践的愿景力、整合力、规范力、评估力,其在实践中的具体表现为:(1)行政力量的统一。统一依赖的不应该是行政权威,而应该是共同的学校教育发展愿景,应该是共同的学校校本课程建设追求。(2)行政资源的整合。校本课程是一个系统工程,需要不同的行政部门的资源提供,需要在一定的课程建设组织上将各方行政资源整合起来。(3)行政过程的程序化。通过程序化的过程模式将校本课程建设嵌入学校行政部门和组织体系的各个方面,将课程建设组织行为变为各行政部门事务过程的一个组成部分。(4)行政保障的评估。通过定期对课程建设成效的评价来推进对行政保障的评估,以便更好地提高学校的行政效率。

学校教育的外部行政化是当前的宏观教育制度问题,不是本研究探讨的核心。因此笔者在这里只探讨了内部行政的转化问题。

第五节 实践转向:从课程管理到课程领导

从当前学校教育变革来看,课程变革已经是不可回避的浪潮,主要表现在从教学理解走向课程理解,从教学管理走向课程管理,从课程管理走向课程领导,从教学话语系统走向课程话语系统。然而,当前的基础教育还尚未全力投入课程改革的领域中,还在课堂教学和应试教育的泥泞中戴着镣铐跳舞。从基础教育校本课程建设的层面来看,我们尚未构建起学校课程管理的体系,但是我们又不能不回应课程领导的潮流。当然,变革的力量是受多方面影响的,是复杂的渐变的甚至是阶段性倒退的过程。但这不影响我们从前沿中发现某些可以促进跨越式发展的道路。笔者在这里将主要探讨学校校本课程建设领导的内涵、特点及内容。

一、校本课程建设领导的概念

课程领导是在批判反思课程管理的基础上提出的,要明确课程领导的内容,就必须对管理和领导的概念进行分析比较。约翰·科特认为管理与领导有本质的区别,是两种不同的价值取向,不同的思维方式和不同的发展状态。管理强调控制与组织,领导强调共享、合作。

管理与领导的区别	
管理	领导
提供秩序和一致性	产生变化和运动
制订计划,进行预算	建立愿景,制定策略
组织,人事管理	联合员工,进行交流
控制,解决问题	激励,鼓舞士气

然而对于什么是课程领导,学术界一直没有一个清晰而统一的定义。不同的学者从自己的学术立场提出了自己的界定,主要有如下一些代表性的观点。

黄显华认为课程领导者要以觉知教师的课程意识为核心,以建构合作、对话、反思、慎思的学校文化为途径,以提高学生的学习成效为目标。[1]

于泽元认为课程领导是强调改造线性的、单向的、强制的课程管理的主张,预示着对根深蒂固的信念和社会结构进行根本的改变,是一种范式的转移。[2]

---

[1] 黄显华,朱嘉颖,等.课程领导与校本课程发展[M].北京:教育科学出版社,2005:8.
[2] 于泽元.课程变革与学校课程领导[M].重庆:重庆大学出版社,2006:154.

钟启泉从学校课程发展的整体层面出发,认为课程领导是"从经营或是领导的功能出发,强调诉诸自身的创意和创造力,自律、自主地驱动组织本身运行,把日常的课程实践活动作为自身的东西加以自主、创造性地实施"。[1]课程领导不仅要改变学校的观念,而且要改变学校中的人际关系:由权力的掌控转换成权力的共享;由未经分化的角色与责任转向多元且重叠的角色与责任;由平行的、分割的工作转向共享的问题解决、支持以及决策。[2]钟启泉进一步提出,课程领导是课程领导者发挥影响力和信赖权威,促进成员彼此合作,落实课程发展的行为和历程。[3]

王利通过综述已有相关研究,认为课程领导的内涵主要有:学校愿景的建立;国家、地方、学校课程的连接;学校课程的管理与发展(包括学校课程决策机构的设立、课程小组的协调和运作,以及课程设计、实施和评价方面事宜的运作);教师专业发展的倡导与规划;学生学习的评估和监控;学校组织结构的重组与再造;学校文化的变革与重塑;学校支持系统的统筹和发展与资源的争取和支持;社会参与和公共关系的发展。[4]

教育部从新课程改革推进的视角对各层级课程管理做了功能的描述性界定。国家课程领导的具体职责:制定课程计划和国家课程标准;制定教材编写、审查与选用政策,并组织审定基于课程标准编写的教材;制定地方和学校的课程管理指南;负责审议地方课程的开发方案;确定基础教育课程的评价制度;监督国家有关课程政策的执行情况,并组织全国性水平测验;根据教育改革和发展需要,修订课程文件。[5]地方课程领导的具体职责:制定本地课程计划和课程实施方案;组织审议学校课程方案,指导学校具体实施国家和地方课程、选用教材以及校本课程开发;开发、管理地方课程;为学校课程实施与开发提供服务,帮助学校解决教育中的问题;对本地课程实施、评价与考试等情况进行监控;整合社会的课程资源,引导各种社会力量参与课程开发与管理;加强教材、教辅用书及其他教学材料的使用管理;组织教师培训。[6]学校课程领导的具体职责:选用经审查通过的教材;开发校本课程;对课程计划实施、教学、评价与考试、课程资源开发与利用等方面进行自我监控;建立教师、学生、家长及社区代表参与学校管理的机制;组织校本培训,建立以学校为本的教研制

---

[1] 钟启泉.从课程管理到课程领导[J].全球教育展望,2002(12).
[2] 钟启泉.教育的挑战[M].上海:华东师范大学出版社,2008:280-290.
[3] 钟启泉.课程论[M].北京:教育科学出版社,2007:257.
[4] 王利.课程领导研究述评[J].教育学报,2006(3).
[5] 教育部基础教育司,教育部师范教育司.新课程的领导、组织与推进[M].北京:高等教育出版社,2004:27.
[6] 教育部基础教育司,教育部师范教育司.新课程的领导、组织与推进[M].北京:高等教育出版社,2004:27.

度;为教师教学、学生学习等提供服务。①

目前关于课程领导的研究,国外的相关研究较多,我国关于课程领导的研究时间较短,研究还不够深入。关于课程领导的界定,或从课程理念、或从课程领导内涵、或从课程领导的职责与内容、或从课程领导与课程管理的对比分析入手,形成了多样化的界定。笔者认为从课程领导的内涵来看,从本源意义来讲,课程领导有对课程开发技术的领导和对课程文化的领导。

笔者这里所探讨的课程领导是学校校本课程建设的课程领导,是学校课程领导的一个组成部分。校本课程建设领导应有以下几个意蕴:(1)校本课程建设愿景上体现的是校本课程相关群体的共同主张;(2)校本课程建设的力量是自下而上而非自上而下;(3)校本课程建设的课程领导依赖于教师课程意识的全面觉醒;(4)课程建设过程中的主体是团队合作的、是对话交流的、是发展共享的;(5)校本课程建设领导表达的是改进校本课程开发与实施的路径及发展取向。

二、校本课程建设领导的特点

基于上文对校本课程建设领导的概念认识,笔者认为课程建设领导的概念具有以下几个特点。

(一)人人课程领导

学校校本课程建设关系到学校每个个体的切身利益,是学校教育所有相关群体共同的实践行为。学校领导和学校课程建设领导有本质的区别,学校领导更多的是从学校行政管理的角度出发,是在学校担任相关领导职务的。而课程领导是多层次、多维度、多主体的,也就是说学校教育利益相关体中的每个人都可以是学校课程建设的领导者。课程领导注重课程权力共享、集权与分权的均衡,它把国家、地方和学校,课程管理人员、课程专家、教师、家长、社区代表和学生等与课程相关的组织和人员都看作课程领导的主体。②所以校本课程建设领导不是学校行政领导的特权,也不是基于行政职务而拥有的权利和义务,而是专业权利的凸显。每一个参与主体都可以进行课程领导,都是课程建设共同体中的主导者和领导者。

(二)主体动力内化

学校校本课程建设领导的第二个特点是课程建设或参与主体的动力内化,要实

---

①教育部基础教育司,教育部师范教育司.新课程的领导、组织与推进[M].北京:高等教育出版社,2004:27.
②郑先俐,靳玉乐.论课程领导与学校角色转变[J].河北师范大学学报(教育科学版),2004(3).

现人人都是校本课程领导,就需要人人都实现课程意识觉醒,自觉参与到课程建设过程中。校本课程建设管理中,教师往往是被动参与,往往成为被动的课程开发者或课程执行者。校本课程领导的实现,是教师自觉参与到学校课程建设中,自主进行课程开发,标志是从教学话语系统转向课程话语系统,是自主的、自觉的、具有课程使命感的校本课程建设实践。

(三)课程决策过程民主化

课程领导的实现体现为学校课程建设中决策过程的民主化。作为学校课程建设组织的重要组成部分,教师应参与课程规划生成的过程。在这个决策过程中,上下级之间不再是单纯的自上而下的科层式的、官僚式的、独权式的课程管理范式,而是自下而上的、民主的、开放的、合作的新型课程领导范式。[1]课程决策过程民主化改变的是课程决策过程中的领导意志和行政化命令,转变的是以学校行政领导团队为核心的校本课程建设组织机制。学校行政团队不再是天然的必然的领导者,而是以教师的课程能力为核心来构建课程领导团队,体现在学校校本课程建设委员会和课程审议委员会的教师比重等方面。

(四)课程领导贯穿实践全程

校本课程建设的领导不只是体现在教师对课程规划设计的参与权和课程开发的自主权上,还体现在校本课程建设的全程,包括对学校课程开发团队建设的领导、课程组织的领导、课程实施中教学的领导、学校课程文化建设的领导和课程评价的领导等方面。教师成为学校校本课程建设的第一主体,学校校本课程成为教师群体意志的选择。

(五)正义重于成效

校本课程领导关注过程和程序,强调教师在广泛参与课程决策和课程实施过程中课程意识的觉醒和课程能力的提升。课程管理的过程更注重成效,而课程领导更关注课程建设的程序。课程领导中的程序正义比课程建设成效更重要。

三、校本课程建设领导的内容

基于以上对校本课程建设领导概念的认识及特点分析,笔者认为校本课程建设中的课程领导应包括以下内容。

---

[1] 徐君.从课程管理到课程领导:成人教育课程发展的必由之路[J].河北大学成人教育学院学报,2006(3).

(一)校本课程建设愿景的领导

从课程管理到课程领导的核心变化是课程主体的多元化和课程决策的民主化。课程愿景的领导,首先要改变课程理念,让课程共享、课程理解、课程合作、课程对话等理念在学校教育中生根发芽;其次是要追求课程愿景产生的民主过程,在广泛协商与研讨的基础上,达成全体共同追求的课程愿景;再次是课程愿景的多维表达的一致性,不同的文化主体对课程愿景表达方式和取向不同,但不能影响共同的发展追求;最后是课程愿景领导的实践表征,即将课程愿景渗透于校本课程建设的全过程。

(二)校本课程建设规划的领导

课程规划的确立是学校课程建设的重要组成部分,在校本课程建设规划的领导中要有整体规划意识和系统设计意识。学校领导层不能仅仅认为自己是一个行政领导,还应能够对学校的课程建设进行规划,能够依据学校的办学理念、学生的实际发展水平和学校教师情况等展开课程建设的规划,引领学校课程建设的整体发展。另外,要对已有的课程规划的动态生成、演进发展进行领导。校本课程建设规划不是永久性、确定性的,而是在实践过程中不断发展变化的,是需要根据课程建设的发展历程来不断进行改进和完善的。

(三)校本课程开发的领导

校本课程开发的领导应包括:(1)校本课程开发者的领导。必须有足够的能力对学校教师的课程开发进行指导,引领推动教师课程意识的觉醒和提升课程开发的品质,在此过程中要促使学校管理者与学校教师成为学校课程开发过程中的平等协商的团队共同体,为教师提供足够的技术保障。(2)对课程开发过程的领导。保障课程开发过程的程序正义,通过对课程开发技术的支持来提升课程开发质量的提升。(3)对课程开发改进的领导。主要指对在具体的教育教学实践中出现的不足进行改进和完善。(4)对校本课程纲要表达的领导。从课程开发的实践到课程纲要的文本表达有一个课程理解和规范表述的过程,需要对这一过程进行领导。

(四)校本课程实施的领导

校本课程实施是指校本课程纲要转化为课堂教学实践的过程。校本课程实施的领导就是对教学的领导,主要包括对教学设计的领导、对教学资源选择与组织的领导、对学生学习活动的领导、对教学方法与策略的领导、对教学媒介的领导、对教学过程自我监控和外部监控的领导、对学生学习作业及学习成效的领导等。课程实施的领导从主体上来说,既是课程实施者的自我领导,也是校本课程开发团队的领导和校本课程管理部门的领导。

(五)校本课程资源建设的领导

在学校课程建设过程中,教师是最为重要的课程资源,所以引领教师的专业发展是课程资源建设的核心所在。学校管理者要通过规划、设计、提供支持保障等方式引领教师课程意识的觉醒,提升课程开发能力、课程实施能力等,引领教师专长发展。这种专长发展往往成为教师开发校本课程的重要资源。同时,对课程资源建设的领导还体现在对学校环境、制度、精神等文化建设层面。关注学校潜在课程的建设,也是课程资源建设领导的一个方面。而各种课程实施的硬件需求也应立足高位的课程规划,实现多元化发展。

(六)校本课程评价的领导

校本课程评价在学校课程建设中具有重要的意义,对推进课程深度变革具有导向性和过程性的功能。课程评价的领导主要包括:(1)课程评价的整体设计与规划。校本课程评价是一个系统工程,不是单一的教育教学事件,也不是点状存在的,所以需要通过课程评价领导来促进有效课程评价的开展。(2)课程评价技术与方法的领导。课程评价要改变的是传统的、单一的、终结性的评价,应更多元地运用各种评价模式及方法进行科学化的评价。(3)课程评价结果的运用领导。课程评价除了对学生的课程学习成效进行诊断与鉴定外,还应反馈课程开发本身,所以课程评价数据解读和意义表征能够成为课程改进与完善的资源,也能够成为学校课程规划与课程管理的重要依据。

(七)校本课程建设组织与制度的领导

校本课程建设组织与制度是推进学校课程深度变革与发展的保障机制。其主要包括:其一,课程建设制度建立的领导。当前学校教育中大多数缺失了校本课程建设的保障制度,需要教师在学校制度变革中推进校本课程建设制度保障融入学校教育的各项制度中,如教师课程开发的培训制度、校本课程经费保障的制度等。其二,对校本课程建设组织的领导。组织的领导往往是由学校行政承担的,事实上只要教师具备课程领导能力,也应当能够成为课程建设领导者,这是教师课程领导的第一意蕴;第二意蕴是课程开发团队的领导;第三层意蕴是课程演变推进组织的领导。其三,构建课程变革发展的民主管理机制。课程变革必然要求转变学校的整体管理机制,应强调一种权力分享的、合作的关系,让教师能够自主地参与到课程变革发展的过程中来,让教师有能力参与课程发展变革。

(八)校本课程建设文化的领导

文化是一个多变的复杂概念,在日常语境的使用中也具有丰富的内涵,所以往往难以说明什么是文化,什么是课程文化。从校本课程建设来看,学校校本课程文化的领导主要有:(1)教师课程意识的觉醒,对校本课程建设的认同与自觉实践。(2)校本课程建设话语系统的领导。校本课程话语系统可促使课程成为学校教育的核心追求,而非教学话语系统继续主导我们的学校教育。没有课程的变革,课堂教学的变革往往停留在器的层面。话语方式是文化表征的主要途径,其转变是理念的转变,是思维方式的转变,也是文化的转变。(3)学校课程建设组织及行为实践方式的文化转变,促使校本课程变革成为学校日常的实践语境,成为学校教育的文化追求。(4)校本课程本身的文化追求。

总而言之,在目前的发展阶段,学校课程建设还处于起步阶段,学校教师在校本课程建设中能否起到引领作用,能否构建出学校课程发展的民主管理氛围,将直接影响学校课程变革发展的水平。

第六节 校本课程建设领导的实践路径

学校教师的课程领导力水平直接影响着学校课程的发展水平。课程领导力不是学校行政领导的专属,教师作为学校课程的开发者、执行者、发展者,其课程领导力聚焦于具体实践层面。从学校教育领导实践层面来说,提升教师的课程领导力是当前推进基础教育课程变革的关键。

一、聚焦个体:行动力转换的培训取向

提升教师的课程领导力,首先在于教师个体课程意识的觉醒。在教育实践中,我们要让教师从被动地接受学习转变为主动自觉地学习,要调动教师的工作积极性,有效地提高教师的专业水平,要从内在层面激发教师对工作的激情。只有将外在的要求转化为内在的需求和自觉的追求,才能有效地提高教师的学习力和思考

力,教师的专业发展才能有长足的进步。这种内生力的激发,实质是引导教师从聚焦于课堂教学和知识教育转向关注基于学生素养发展的课程开发、整合、执行和评价上,让教师拥有实现课程自主权的能力。因此,促进教师学习成长的机制要转向基于课程领导力上。改变过于专业化的学科观念和基于知识教育的教学观念,着力让教师从教学管理走向课程管理乃至课程领导。教师应有课程开发能力,参与领导学校的课程建设。教师应对学生的整体培养目标有充分的了解,并能够根据课程标准来构建课程内容并寻找合适的实践策略。目标是相对既定的,而实现目标的课程内容或素材是多样化的,这正是从教材本位走向目标本位的核心所在。

二、指向团队:课程领导的研修共同体

教师课程领导力的基础是教师的学习培训和基础素养的掌握,而从学校实践层面上来看,要实现对学校课程的整体架构和系统的实践,从而做到对学生发展的统整,就必须促进学校教师基于团队的课程领导力培养,推进学校基于教学、备课、教学研究等形态的研修共同体走向基于课程规划、设计、研发、执行和发展的团队。在促进教师专业化发展上,学校应着力强化校本教研、校本培训,落实教研组、备课组制度,开展形式多样的研讨活动,健全师徒结对制度,把教师在实践中获得的经验进行交流与共享,形成开放的、宽松的交流空间,使学校人与人之间互相信任,愿意学习,愿意改善。当前我国实行的分科课程,某种程度上存在对学生整体发展的割裂,学科本位下的教师专业发展制度和理念,难以有效达成教育成效的整合。由此,从提高教育效率的层面上看,必然要实现基于教师研修共同体的课程整合。从教师课程领导力培养上来说,有两层意蕴:第一,指向教师个体的自觉课程整合,强化课程的内在关联和育人资源的共生关系。第二,在现有的学科教师背景下,以行政班级为基础来实现多学科课程和多学科教师的基于学生个体全面发展的课程统整。

三、参与实践:课程领导愿景的催发路径

当前,许多学校在课程建设的过程中,往往存在行政领导意志本位、专长本位和项目本位等几种类型的学校课程实践。这些变革从学校组织系统来看,与学校课程的基点——教师并没有必然的关系,这也就是为什么当前许多学校的课程变革难以为继的原因。发展教师的课程领导力是为了更好地促进教师参与学校课程规划、建设和实施,在推进课程变革过程中应不断让教师从个体或共同体层面上卷入式地参与到学校的课程建设中。这也是培养教师课程领导力最为有效的行动策略。教师

参与实践的课程领导力培养策略,聚焦点是学校课程领导愿景的凝聚。教师应有学校课程整体规划意识并实质参与学校课程的整体规划。教师能够依据学校的办学理念、学生的实际发展水平和学校教师情况等展开课程建设的规划,引领学校课程建设的整体发展。

四、资源建设:常态化实践的课程领导行动

教师常态化下的课程领导实践应有课程资源建设的领导意识。在学校课程建设过程中,教师是最为重要的课程资源,由此引领教师的专业发展是课程资源建设的核心所在。学校管理者要通过规划、设计、提供支持保障等方式引领教师课程意识的觉醒,提升课程开发能力、课程实施能力等,引领教师专长发展。同时,对课程资源建设的领导还体现在对学校环境、制度、精神等文化建设层面,关注学校潜在课程的建设。而各种课程实施的硬件需求也应立足高位的课程规划,实现多元化发展。同时,让教师成为自觉的生命成长者,促使教师在教育教学中的自觉生命实践。自觉的课程自主权实践体现为教师参与课程资源建设成为常态化行动,基于教师的教育愿景,不断地构建、生成、更新、发展新的课程资源。

五、制度保障:教师课程领导成效的支持

良好的制度保障,是推进学校课程建设的根本,也是推进教师自主提升课程领导力的长效支持系统。(1)营造和谐的工作环境。提倡人文管理,以理解信任为基础,以公平公正为原则,以情感关怀为内容,以各种完善的规章制度为手段,关注教师需求与发展,使全体师生在一种心态平和、情感融洽的环境中积极地、创造性地进行学习和工作。教师工作具有特殊性,其特性决不能靠单纯的制度或是量化管理来评估。(2)构建课程变革发展的民主管理机制。课程变革必然要求转变学校的整体管理机制,应强调一种权力分享的、合作的关系,让教师能够自主地参与到课程变革发展的过程中来,让教师有能力参与课程发展变革。(3)激励机制的有效发挥。在现有的体制下,很多学校可能会遇到同样的困难,有的老师会存在船到码头车到站的思想,继而停止前进的脚步。学校要有勇气打破过度的平衡,对成长快、奉献多的个人或团队给予一定的奖励,可以是物质的,也可以是精神的。

六、方法选择:以行动研究推进实践变革

校本课程建设是学校变革的重要领域,是推进学校内涵式发展的核心载体。当

前许多学校对推进学校校本课程建设有畏难情绪,一些教师也认为校本课程开发是与自己毫不相关的事情。学校校本课程建设似乎只是一部分有强烈的教育情怀及教育理想的教师的专属。实质上,这是理论的缺失与实践的偏差。校本课程建设应是教师教育教学生活的重要组成部分,也是教师的本职工作。教师没有系统的课程开发与课程实施能力,如何保障国家课程有效实施呢?为此,基于传统的教学文化阻抗与制度隔离,笔者认为应加强引导教师通过循环多层次的行动研究来逐步推进校本课程建设,从单一的、简单的校本课程建设逐次过渡到国家课程、地方课程校本化,再通过行动研究促进教师课程意识的觉醒,获取课程专业自主权,促使教师课程建设能力的培育,进而培育学校教育的课程文化,最终促使形成以教师课程领导为核心的自下而上的学校课程变革力量。

七、深度变革:学校校本课程建设文化的营造

当前学校的发展转型变革应是所有教育人的共识,而课程领域的变革是学校深度变革的核心领域之一。课程变革的核心是学校校本课程建设文化的营造。学校课程领域的深度变革意蕴包括:第一层面,改变教师点状、局部参与校本课程建设的现状,引领、鼓励教师参与进来,形成人人都是开发者、人人都是建设者、人人都是评价者的课程主体意识。第二层面,要促进教师行为方式的转变,改变当前校本课程开发与建设中课程意识缺失的种种现状。在开发中,建立在对课程目标和价值认同的基础上,在教学设计中自觉根据抽象的课程目标来制订具体的活动目标。要实现深度变革,前提是教师民主参与学校课程建设,急需改变的是当前学校课程建设中教师参与度不高的现实。

学校教师课程领导力的提升是推进学校课程变革的关键所在,没有教师的课程自主权,没有教师对课程愿景、课程开发、课程执行、课程评价和课程发展的自觉的课程领导,就没有扎根于教育教学实践的课程变革。

第六章

课程开发:校本课程建设的技术旨趣

校本课程开发是学校校本课程建设的核心组成部分,也是校本课程建设实践最重要的领域。校本课程开发是对"校本课程"概念的纵向延伸,强调的是课程开发的动态的不断调整和完善的过程,强调的是课程开发的行动和研究过程。在本章中,笔者基于已有文献资料的研究和实践省思,在对校本课程开发概念澄清的基础上,分别对校本课程开发的类型、模式、流程,校本课程纲要的编制进行学理探讨,进而从实践出发,探讨校本课程开发的取向与行动策略、学科校本课程开发的实践路径等,以期对学校开展校本课程建设有所启发。

第一节 校本课程开发概念澄清

从文献分析的情况来看,校本课程开发是目前国内外学术界和操作领域中使用较多的学术名词或学术概念。关于校本课程开发的定义众说纷纭,笔者对其概念做如下梳理。

一、国外学者关于校本课程开发的定义

菲吕马克(1973):"校本课程开发意指参与学校教育工作的有关成员,如教师、行政人员、家长与学生,为改善学校的教育品质所计划、指导的各种活动。"这一定义明确了校本课程开发的指向。

麦克米伦(1973):"校本课程开发是以学校为基地的课程开发工作,该课程开发工作大部分依赖学校教职员以及学校的现有资源。"这一定义明确了校本课程开发的条件。

斯基尔贝克(1976):"校本课程开发是由学校教育人员负责学生学习方案的规划、设计、实施和评价。"这一定义明确了校本课程开发的内容。

沃尔顿(1978):"校本课程开发,其结果可以是教材的选择、改编,也可以是教材的新编。"这一定义呈现了校本课程开发的具体方式。

经济合作与发展组织(1979):"校本课程开发是学校自发的课程开发过程,过程中需要中央与地方教育当局的权力、责任重新分配。"这一定义强调了校本课程开发的权力的下放。

埃格尔斯顿(1980):"校本课程开发是一种过程。在这种过程中,学校运用有关资源,通过合作、讨论、计划、实验、评价来开发适合学生需要的课程。"这一定义强调了校本课程开发是动态的不断调整完善的过程。

二、国内学者关于校本课程开发的定义

我国学者对校本课程概念的代表性界定主要有:

我国台湾省学者黄政杰认为:校本课程开发是以学校为中心,以社会为背景,透过中央、地方与学校三者权力责任的再分配,赋予学校人员权责,由学校教育人员结

合校内外资源与人力,主动进行学校课程的设计、实施与评价。

　　我国台湾省学者张嘉育提出校本课程开发是指学校为达成教育目的或解决教育问题,以学校为主体,由学校成员如校长、行政人员、教师、学生、家长与社区人士主导,所进行的课程开发的过程与结果。[①]这一定义强调了校本课程开发的共同参与性。

　　崔允漷认为校本课程开发指的是学校根据本校的教育哲学,通过与外部力量的合作,采用选择、改编、新编教学材料或设计学习活动的方式,并在校内实施以及建立内部评价机制的各种专业活动。[②]这一定义强调了校本课程开发的方法。

　　吴刚平对校本课程开发的理解更为细致:校本课程开发是指学校根据自己的教育哲学思想、为满足学生的实际发展需要、以学校教师为主体进行的适合学校具体特点和条件的课程开发策略。其中"开发"是指从课程目标的拟订、课程结构的设计、课程标准的编制、课程材料的选择和组织到课程的实施与改进等一系列的课程行为。在此基础上吴刚平又进一步指出校本课程开发包括两大范围,一是"校本课程的开发",二是"校本的课程开发"。"校本课程的开发"是指学校根据国家课程计划中预留的学校自主开发的空间,进行学校自己的课程开发,所开发出来的课程叫"校本课程",这时把校本课程看作是与国家课程和地方课程相对应的一个课程板块。而对于"校本的课程开发",侧重把校本课程理解为一种活动,不仅包括"校本课程的开发",也包括学校根据自己的具体情况对国家课程和地方课程进行改造,使其适应本校的情况。这种理解使课程开发的权限和范围要比"校本课程的开发"大得多。

　　徐玉珍认为校本课程开发只有"校本的课程开发",不存在"校本课程的开发",并在此基础上把"校本课程开发"界定为一个更为广义的概念:"在学校现场发生并展开,以国家及地方制定的课程纲要和课程标准为指导,依据学校自身的性质、特点及可利用的资源等条件,由学校成员自愿、自主、独立或与校外团体或个人研究者合作开展的旨在满足本校所有学生学习需求的一切形式的课程开发活动,是一个持续和动态的课程改进过程。"[③]这一概念涵盖范围广,包括了不同地区、不同学校的各种形式的校本课程开发活动。

　　综上所述,虽然国内外各专家学者因为观点、理念、立场等的不同,对校本课程开发概念有不同的解读,但从众多不同定义中可以发现共同之处:都强调校本课程开发的全员参与性,强调校本课程开发的目的和宗旨是满足不同学生的不同需要。

---

① 张嘉育.学校本位课程发展[M].台北:师大书苑有限公司,1999:4.

② 崔允漷.校本课程开发:理论与实践[M].北京:教育科学出版社,2000:132.

③ 徐玉珍.校本课程开发与校本化课程实施行动研究[M].北京:首都师范大学出版社,2006:100.

三、校本课程开发的概念澄清

从本研究出发,需要搞明白校本课程与校本课程开发两者概念的区别。虽然在国外的众多文献中,两者是同一个概念,但在我国目前的实际情况下,有必要对二者的概念进行区分。"校本课程"强调的是课程类型,强调课程开发的结果。而"校本课程开发"的概念与"校本课程"不同,它是对"校本课程"概念的纵向延伸,强调的是课程开发的动态的不断调整和完善的过程,强调的是课程开发的行动和研究过程。研究的问题可以包括校本课程开发背景、目的、意义、理念、开发原则、开发程序、开发方式、开发过程中存在的问题及对策等。

笔者认为校本课程开发是指学校通过课程开发的行动和研究,逐步形成某个课程的专业活动。本研究主要从校本课程的活动过程与校本课程的结果出发进行研究。

第二节 校本课程开发的类型

学校校本课程开发是一个实践行动的过程,社会实践本身是复杂多变的,也是多元发展的。在当前的学校教育现实当中,多方整合教育资源、在多维度上进行探索校本课程开发的可能,有助于拓展对校本课程建设的认识,也能够促进学校特色的形成。实践中,根据主题不同、范围不同、主体不同、实践方式不同,可以组合形成不同的校本课程开发类型。

当前学术界关于校本课程开发类型的研究较多,其中比较有代表性的观点是马什(C.Marsh)等人的研究。按照马什等人的研究,校本课程开发的类型可以从不同维度来分析:就开发范围而言,可以是对非定向课程(如校园环境设计)、某一门或者几门,甚至全部课程进行开发或者校本化;从参与人员来分,可以分为教师个体、教师团队、教师全体以及与校外机构或个人合作四个层次;从活动方式来分,则可以分为课程选择、课程改编、课程整合、课程补充、课程拓展和课程新编等。[1]如下图所示。

---

[1] C.Marsh,C.Day,G.McCutcheon.Reconceptualizing School-based Curriculum Development[M].New York:the Falmer Press,1990:49.

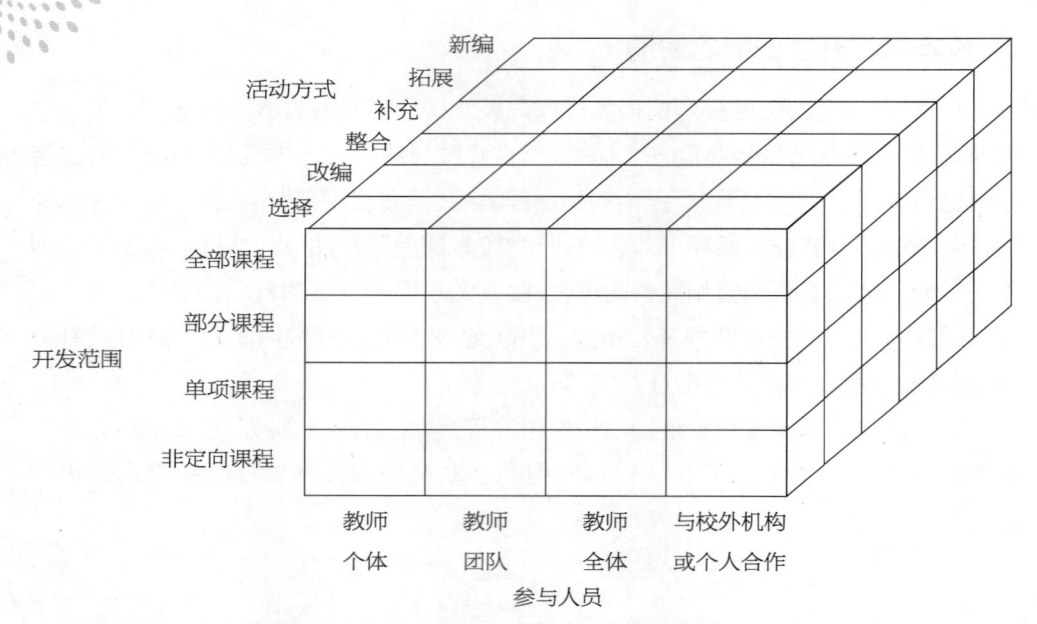

在前人研究的基础上，基于课程开发的外部因素和课程开发的内部因素，笔者从当前学校教育的现实可能出发，认为当前学校实践中可以选用的校本课程开发主要有以下类型。

一、直接选用课程

直接选用课程也称为课程选择，是指从已有的比较成熟的地方课程、校本课程、适合的校本课程资源中，选择符合学校学生兴趣、个性发展、学校的办学目标或校园文化特色需要的课程作为学校的校本课程来实施。

直接选用课程的背景是：(1) 当前多方教育相关主体进行了多元化的校本课程开发实践，也已经有了较多较成型并发布出版的校本课程，可以直接选用，不用再花费大量人力物力开发新的校本课程。(2) 虽然基础教育校本课程建设提倡了很多年，但是许多教师依然无法根据学校实际及学生需要来进行课程开发，那么可以鼓励教师直接选用课程进行校本课程实践。

相对于其他课程开发类型而言，直接选用课程是校本课程建设实践中最简单的。然而，当前许多学校教师缺乏课程开发能力，只会就教材教教材，课程选择能力受到了极大的制约。为此，在学校和教师进行直接选用课程过程中，需要遵循以下原则：

（1）学校和教师需要拓展视野，广泛掌握校本课程资源，特别是对比较好的已有课程要有一定认知；

(2)选用过程中需要学校及教师对课程进行评价；

(3)要选用符合学生兴趣、学生发展特点、学生个性发展需要、学校的办学目标或校园文化特色需要的课程；

(4)需要学校及教师加强课程理解能力和实践转化能力。

二、联合式课程开发

联合开发课程是从课程相关主体的层面上来进行的,是指联合相关个人、团队、学校或相关单位来共同开发学校所需要的一门或多门校本课程,乃至合作进行学校整体的校本课程建设。

联合开发课程是建立在学校或教师不具备独立开发课程的能力或资源的基础上,通过资源整合的方式来促进学校课程的发展。其一,可以是学校与学校之间联合开发课程。当前许多学校在校本课程设置上有很多重叠,联合开发可以促进资源整合,提高课程开发的成效,主要形式是可以建立某一门或多门校本课程开发共同体。其二,学校与科研部门或其他单位联合开发。科研部门或其他相关单位往往具备学校所没有的丰富课程资源,但他们又不具备学校课程开发的专业能力,学校可以联合他们,在合作基础上丰富学校的校本课程。其三,可以是学校与社会教育机构的联合开发。在当前许多学校引进校外教育机构为学校开设校本课程,但是社会教育机构不会按照学校的教育规范来实现,也无法保证课程实施的质量,那么学校就可以派教师参与课程开发及实施的过程,保证课程开发及实施的质量。其四,可以是学校与家长的合作开发。学生家长具有丰富的课程资源,充分运用到学校课程资源开发中,可以促进家校合作,可以充分发挥家长的教育力量。其五,可以是学校与专业课程专家或课程研究机构联合开发。学校可以借助专业力量来推进学校整体课程行动的质量。当然,联合开发课程还有很多丰富的形式,需要在教育实践中灵活运用。同时,在联合开发课程的过程中,学校及教师应把握以下原则：

(1)把握好学校教育的学生立场及教育立场；

(2)把握好课程开发的规范性和程序性；

(3)学校与学校联合开发应保持开放共享,不刻意追求学校独特性；

(4)学校与专业机构的联合开发务必保持学校教育的独立性和专业性；

(5)家长资源的运用不可过度,不能竭泽而渔。

三、补充式课程开发

课程补充是指以提高国家课程、地方课程的教学成效而进行的课程材料的开发活动。课程补充材料可以是矫正性和补救性的练习、剪报、声像材料、教学片或电影短剧、图画、模型、图表、游戏和电脑光盘。①事实上,补充式开发课程还可以是对所选用的其他校本课程进行校本课程实践的补充,这样的补充促使课程内容更加丰富,或更具有自己学校的特色。课程补充开发可以从以下方面着手:

(1)补充原有课程缺失的相关课程资源、材料等;

(2)补充课程实施过程中所需的实践性材料;

(3)补充属于自己学校或教师个人特质的内容;

(4)补充为学生解决特定问题所提供的额外的或可供选择的实践指导。

四、删减式课程开发

补充式课程开发、删减式课程开发、拓展式课程开发、整合式课程开发实质上都属于课程改编的范畴,课程改编是指对本校需要实行的国家课程、地方课程进行修改,形成校本课程;或者对别国的国家课程、别地的地方课程、别校的校本课程、各种课程资源进行选择并加以改变,形成本校的校本课程。②删减式课程开发是课程改编的一种形式,是对已有的课程,特别是按照一定的要求对校本课程进行目标、内容、内容组织、学习经验、材料及评价等方面的删减。应从以下几个方面着手:

(1)删减在其余课程特别是国家课程中已经得到体现或开发的内容、目标或材料;

(2)删减高于或低于本校学生发展水平的内容或目标;

(3)删减不符合本校校本课程建设追求的内容或目标。

五、拓展式课程开发

拓展式课程开发是指在已有的校本课程基础上,增加课程的广度和深度,拓展课程目标、课程内容、课程学习方式、课程材料等,促使课程实施更丰富、更多元,以满足学生的多元发展需要,关注不同发展阶段的学生的发展需要。

拓展式课程不仅是对已有的校本课程的拓展,也可以是在实施国家课程和地方课程的过程中,依据不同的需要进行拓展。当然,这种拓展要慎重,不能随意,应注

---

① 靳玉乐.校本课程开发的理念与策略[M].成都:四川教育出版社,2006:157.

② 冯生尧.小学课程设计与评价[M].北京:教育科学出版社,2016:260.

意以下几个方面：

（1）学生能力或学生知识已经高出了原有课程的假设，可进行拓展；

（2）拓展属于学校特色理念和追求的内容或目标，进行关联式拓展；

（3）学校学生有特别的兴趣和专长，而原有课程没有相关的内容，可进行拓展；

（4）学校教师有特别的兴趣或专长，又是学生所需要的，符合教育规律的，可进行拓展；

（5）对当前课程领域所发生的最新、最前沿的事件或焦点，可进行拓展；

（6）为了原有课程更好地促进学生学习成效的提升，可进行拓展；

（7）为了适应不同层次的学生发展需要，可进行学习内容或学习方式的拓展。

六、整合式课程开发

不同的研究者和实践者从不同的视角对课程整合做出了不同的界定。从广义上讲，课程整合不仅是一种组织课程内容的方法，还是一种课程设计的理论以及与之相关的学校教育理念。广义的课程整合包括四个层面，即经验的整合、知识的整合、社会的整合和课程的整合，其最终目的在于学校教育与民主、社会的统整。狭义的课程整合是指一种特定的课程设计方法。笔者认为，整合式课程开发是指超越不同学习内容、不同领域、不同学科体系，关注共同的要素如课程目标、课程内容、学习经验或学习方式等来重新构建出课程的活动。主要包括相关课程模式、关联课程模式、主题课程模式、新学科课程模式四种类型。主要目的是减少知识的分割和学科间的隔阂，以新的组织方式或新的要素构成新的课程学习形态。

（1）相关课程模式：最简单综合程度。即保留现存的学习科目，只是调节两门或两门以上与某个学习主题相关的内容使之可以同时平行学习，以达到增强学生在学习这种主题时能够获得整体体验的目的。

（2）关联课程模式：一般综合程度。即把包含不同学科的主要元素组合起来形成综合学科，提取各学科间的内容、方法、原则、原理中的一致性去设计课程，如把历史、地理、政治、经济中的主要元素组合起来形成"社会科学"；把物理、化学、生物组合起来形成"综合科学"。如STEAM就是典型的关联课程模式，它不再强调物理、化学甚至科学作为独立的学科存在，而是将科学、技术、工程和数学等内容整合起来，形成结构化的课程结构。

（3）主题课程模式：较高综合程度。即把两个或更多的学科部分组合为新的学习领域，如把地理和生物中的有关部分组合成"人口教育"。

(4)新学科课程模式:最高综合程度。即把焦点放在主要的学习经验或重要的社会问题上,如能源、生态、战争、吸毒、暴力、种族歧视等社会问题。

七、自主开发课程

自主开发课程又称为新编课程,是指学校或教师基于自己的课程愿景而进行的某门课程或多门课程或课程体系的全新设计。所有的课程成分都是学校教师或相关人员自主重新开发的,不依赖现有的课程材料。自主开发课程应注意以下几个方面:

(1)应充分发掘学校教育资源,特别是教师资源,教师是课程自主开发的主体;

(2)善于运用教师共同体来开发课程,提升课程开发的品质和丰富性、多元性;

(3)自主开发课程依赖于学校教师的课程意识觉醒,没有教师课程意识的觉醒,而只是少数人进行的课程开发是没有生命力的;

(4)要通过教师行动研究来搭建学校教育的课程愿景;

(5)自主开发课程要通过组建具有多元课程相关主体的团队对所开发课程进行集体审议。

以上关于校本课程开发类型的阐明,是建立在广大前人的研究基础之上的,笔者从学校教育实践层面所做的探索和思考,不一定完全符合学校的实际情况,但是在教育实践过程中,学校可以根据实际情况进行选用、调整或创生。

第三节 校本课程开发的模式

校本课程开发有一定的模式或范式吗?答案无疑是肯定的。从课程论来看,当前主要有四种课程开发的经典模式:目标模式、过程模式、环境模式和实践模式。

一、目标模式

目标模式又称为"理性计划模式""手段—目的模式"。其主要代表是美国著名的课程论专家拉尔夫·泰勒。1949年,泰勒出版了《课程与教学的基本原理》一书,该书是课程研究与开发的经典之作。书中提出了著名的"泰勒原理",提出了课程开发的"四段论",形成了"目标模式"的课程编制原理。目标模式自提出以来就成了课程开发中的主导范式,一直影响至今。自泰勒原理产生后,目标模式一直在课程研制的理论探究及课程实践领域居主导地位。

目标模式是以目标为课程开发的基础和核心,围绕课程目标的确定、实现和评价而进行的课程开发模式。泰勒原理主要回答的是以下四个中心问题:第一,学校应该试图达成什么教育目标?第二,提供什么教育经验最有可能达成这些目标?第三,怎样有效组织这些教育经验?第四,我们如何确定这些目标正在得以实现?[1]泰勒原理被众多的研究者简化为四段渐进式的课程开发模式:目标确定、学习经验选择、学习经验组织、学习评价。这四个基本阶段是一个循环往复、周而复始的过程。其中评价起到重要的作用,课程评价的结果为下一轮的目标确定提供反馈信息,促进课程的改进和完善。"目标模式"专注于课程开发的方法而非课程本身的内容。[2]其中课程目标的确定是重中之重,就如泰勒本人所认为的:"教育目标是指导课程研制者所有其他活动的最关键的准则。"[3]所以,只有确定了目标,才能选择学习经验(内容)和组织学习经验(方法),才能评价目标的实现程度。泰勒认为,教育目标有三个来源:一是对学习者的研究,二是对当代社会生活的研究,三是学科专家的建议。最后,这种目标的选择、排列、确定,由课程编制者依据对"教育哲学"和"教育心理学"的认识予以确定。

"目标模式"自泰勒提出后,迅速成了课程研究和课程研制领域的一门显学,美国学者塔巴、英国课程论专家惠勒、凯尔等人都对泰勒模式进行了改造、发展,形成了塔巴模式、惠勒模式、凯尔模式、塔纳模式等变式,促使目标模式更完善、更多元。目标模式的优点主要有:(1)提供了一个课程研究和开发的范式。目标模式的每一个具体问题,都是在充分研究的基础上提出具有指导性的原则、步骤、要求和程序等,是一个相当完整、系统、可操作的模式。(2)将目标和评价引入课程编制过程,将学生、社会生活、学科专家三个方面作为目标来源,使目标模式获得合理的基础。通过评价不断地搜集有关的各种信息,并且加以充分利用,及时地改进和完善课程,使课程开发成为动态的、开放的过程。(3)具有极强的操作性,提出了一系列较容易掌握的、具体化的、层次化的程序及方法。

目标模式也存在一定的弊端。(1)受限于实用主义哲学和行为主义心理学,具有一些由理论基础引发的缺陷。(2)受工业社会背景的影响,表现出了工具理性主义,

---

[1] R.W.Tyler.Basic Principles of Curriculum and Instruction[M]. Chicago: the University of Chicago Press,1949:62.

[2] 钟启泉.课程论[M].北京:教育科学出版社,2007:265.

[3] R.W.Tyler.Basic Principles of Curriculum and Instruction[M]. Chicago: the University of Chicago Press,1949:62.

过度强调了工艺化、系统化分析,忽视了人成长过程中的丰富性、复杂性、主体性等特征。(3)忽视行为目标以外价值目标的不可测量性。(4)过度重视知识的逻辑与结构,主张专家是课程开发的主导者,忽视师生的主体性。正如斯腾豪斯所言,目标模式误解了知识的本质,误解了改善课程实践过程的本质。斯滕豪斯认为,目标模式从知识进步的角度看也许有很大效用,但在应用于实际时必须格外小心,因为它逻辑上越令人满意,可能越不适用。[1]正是因为这些缺陷,目标模式虽然是课程开发中的主导范式,但是依然受到诸多批判。

二、过程模式

过程模式是英国著名的课程理论专家斯滕豪斯提出的。1975年,斯腾豪斯发表了其代表作《课程研究与开发导论》,其在书中提出了过程模式和教师行动研究的思想,"没有教师的发展,就没有课程开发",确立了课程开发过程模式与教师发展之间的关系。过程模式是斯腾豪斯在系统地对目标模式的局限进行批判的基础上提出的。斯腾豪斯认为"如果找不到一种可供选择的课程开发策略作为替代,批评目标模式便失去了意义"[2]。为此,他在反理性主义的进步主义教育理论及现代发展心理学、认知心理学的研究成果基础上,提出了过程模式。

过程模式的主要观点如下:(1)提出了五项"过程原则",即教师应与学生一起在课堂上讨论、研究有争议的问题;在处理有争议的问题时,教师应持中立原则,使课堂成为学生的论坛;探究有争议的问题的主要方式是讨论,而不是灌输式的讲授;讨论应尊重参与者的不同观点,无须达成一致意见;教师作为讨论的主持人,对学习的质量和标准负责。[3](2)在课程内容选择上,以有争议的问题为主,且是由专家和教师共同生成,教师和学生在课堂前、课堂上自主生成具体的教学材料和内容。(3)在课程目标上,认为不是进行目标预设,而是确立总体教育过程的一般性的、宽泛的教育目标,并不构成最后的评价依据。(4)提出了程序原则,即课程原则只是作为课程研制的方法及指导思想而使教师明确教学过程中内在的价值标准及总体要求,而不指向对课程实施的最后结果的控制。(5)开放的课程系统与形成性评价。课程的开放性强调学生的学习不是直线式的、被动的过程,而是一个主动参与和探究的过程,在这个过程中应关注学生个人的理解与判断。因此,教师在学生学习过程及结果评

---

[1] 张华.课程与教学论[M].上海:上海教育出版社,2000:116.

[2] L.Stenhouse.An Introduction to Curriculum Research Development [M]. London: Open University ,1975:82.

[3] 钟启泉.课程论[M].北京:教育科学出版社,2007:266.

价中,应是一个诊断者,而非打分者,评价应以教育主体及知识内在的价值及标准为依据,而不是预设目标的达成度。

过程模式是斯腾豪斯在系统地批判了目标模式的基础上提出的,其主要优点有:(1)过程模式的提出冲破了目标模式"工具技术主义及理性主义"的局限,强调了教育教学过程本身的丰富育人价值,强调了师生互动和学生的自主活动,把课程开发的过程建立在实际的教育实践的具体情境基础上,在一定程度上摆脱了目标前定造成的过度预设的问题。(2)提出了影响深远的"教师即研究者"的课程开发思想,强调了教师应成为课程开发的主体,而不是成为专家所开发课程的接受者、消费者,重视了教师的专业自主权。(3)更多地聚焦人文学科课程领域,强调了学习者的人文理解和学习的主动性。

虽然斯腾豪斯提出了许多有创见性的思想和实践路径,但是也受到了一些批评。(1)过程模式提出的理论基础仅是当代教育哲学的某些理论,同时针对的是人文学科课程领域,因而具有一定的片面性。(2)过程模式在强化课程研制过程的同时否定了其科学性。(3)过程模式在强调人文理解及学习者主动性的同时否认对科学知识的传承及其社会功效性指标的重要意义。(4)过程模式在强调教师作为课程开发主体的研究者角色的同时也对教师提出了过高的要求。以上这些致使过程模式在具体的课程研制实践中的影响远不如目标模式那么广泛、深远、持久。[1]

三、实践模式

实践模式是由美国著名的课程理论专家和生物学家施瓦布提出的。实践模式也是因对目标模式批判而提出的,同时又是在具体的教育实践活动背景中提出的。施瓦布曾与布鲁纳等教育家一道领导了美国20世纪五六十年代的"新课程运动"。实践模式在课程领域有着重要的影响,被认为是课程"范式"的转换。[2]

施瓦布认为课程是由教师、学生、教材、环境四个要素构成的,这四个要素间持续的相互作用构成实践性课程的基本内容。[3]施瓦布实践模式主要有以下几个特点:(1)强调课程的最终目标是实现学生的"实践兴趣",教师和学生是课程的有机组成部分和相互作用的主体,课程是相互作用的有机"生态系统"。(2)教师和学生是课程的主体和创造者,其中学生是课程的核心,教材虽然是课程的组成部分,但是只有

---

[1]郝德永.课程研制方法论[M].北京:教育科学出版社,2000:180,187.

[2]施良方.课程理论——课程的基础、原理与问题[M].北京:教育科学出版社,1996:192.

[3]钟启泉.课程论[M].北京:教育科学出版社,2007:268.

在满足学生特定的学习需要的时候才具有教育的意义。(3)强调课程开发的过程与结果、目标与手段的连续统一。施瓦布认为,脱离具体实践情境的抽象结果是没有意义的,真正有意义的结果是在适应实际的兴趣、需要和问题的过程中实现的,是内在于过程之中的。(4)强调课程环境是课程相互作用的一部分。"课程环境是由除教师、学生、教材之外的物质的、心理的、社会的、文化的因素构成的,它直接参与到课程相互作用的系统中。"[1] (5)强调用课程审议的方法来解决课程开发问题。课程审议是指课程相关主体对不同对象进行各自教育立场的权衡以做出课程选择的过程。施瓦布提出要以学校为基础成立包括校长、社区代表、教师、学生、教材专家、课程专家、心理学家和社会学家等组成的课程集体对课程问题进行审议,通过审议形成一个学校共同体。集体参与课程审议不仅是做出合理行动决定所必需的,而且是参与者彼此互动、相互启发的教育过程。[2]

实践模式的主要优点有:(1)充分关注每个个体在具体环境中的实践问题,凸显了课程开发和课程实施过程的人性化。(2)强调用课程审议方法,能够调和课程开发过程中的多方公共教育立场,促使多方合作,丰富了课程开发与实施主体的多元化。(3)关注了课程开发和实施过程中的实践性问题,增加了课程实施的效度和合理性。

实践模式对学校校本课程开发具有较多的影响,许多创见深刻地影响了今天的校本课程开发实践,当然也存在一些不足:(1)实践模式所采用的课程审议方式在实际运用中存在困难,多方主体的立场冲突和矛盾,解决起来需要耗费大量的时间和精力,往往导致课程开发效率低下。(2)过于关注和强调课程环境的特殊性,就必然会忽略一般意义的、规律性的课程开发实践原理,会导致走向相对主义。(3)过于关注课程的实践价值,忽视了课程开发的理论价值,也忽视了课程的教育预期性,无法较好调和理想与现实的二元对立。

四、环境模式

环境模式又称为情境模式或文化分析模式,其代表人物是英国课程专家丹尼斯·劳顿和斯基尔贝克。目标模式的理论基础是实用主义哲学和行为主义心理学,过程模式的理论基础是反理性主义的进步主义教育理论及现代发展心理学、认知心

---

[1] 钟启泉.课程论[M].北京:教育科学出版社,2007:268.
[2] 吴刚平.校本课程开发[M].成都:四川教育出版社,2002:54-57.

理学,而环境模式的理论基础则是文化分析主义。文化分析主义课程理论认为,课程的本质是社会文化的一种选择:并非社会文化中的所有内容都是重要的、有同样价值的,且学校教育是有限的,所以,要对社会文化进行严格的选择,选择共同文化来编制课程,以保证学校教育和传承的是社会文化中的精华。

  环境模式强调按照不同学校各自的具体情况,在对学校环境进行全面分析与评估的基础上来研制课程方案。课程开发的焦点是具体的单个学校及其教师,学校本位课程研制是促进学校获得真正发展的最有效的方式。环境模式认为课程开发过程由环境分析,目标确立,方案制定,解释与实施,检查、评价、反馈与重建五个具体阶段构成。①(1)环境分析:通过考察学校的内外部因素,对学校所处的具体环境进行微观的考察与评估,来明确学校教育的遭遇和可能性选择。(2)目标确立:在环境分析的基础上,结合学校教育的文化选择来确定师生的各种活动即课程目标。(3)方案制订:包括选择学习材料,安排教学活动以及挑选合适的补充材料和教学手段等。(4)解释与实施:对方案的具体实施过程及可能产生的问题进行预设,然后在实施过程中准确把握并解决。(5)检查、评价、反馈与重建:包括对课堂活动进展情况做经常性评定,对所产生的各种结果进行评价,对所有参与者的表现做详细记录,对评估及课程方案进行重建等。

  环境模式是校本课程比较常用的模式,其提出具有一定的实践背景,对实践具有较多的指导价值。其优点主要有:(1)环境模式是在文化分析主义的理论基础上提出的,在创建过程中有效地吸取了目标模式、过程模式和实践模式的合理成分,是一种灵活的、比较全面的、适应性很强的模式。(2)情境模式总结了目标模式、过程模式和实践模式的经验教训,没有死板地把五个组成部分规定为"直线式"的操作过程,而认为这五个部分是一个有机的整体,操作过程可以从一个部分开始,也可以从几个部分同时开始。

  虽然环境模式比其他模式更具综合性、灵活性和合理性,但是也有一些不足:(1)具体课程方案的开发强调不同学校的不同环境,对学校进行课程开发提出更多环境分析的能力要求。(2)强调了课程开发的学校适应性与合理性,但也落入了现实适应论的过度强调现实的泥淖中。(3)容易造成学校课程开发中忽视长期发展和学生成长的周期性特征。

  以上所介绍的四种课程开发模式是比较经典的课程开发模式,不是仅有的课程

---

①郝德永.课程研制方法论[M].北京:教育科学出版社,2000:180,187.

开发模式。事实上在四种模式基础上生发出了许多有意义有价值的课程开发模式,但这四种模式是基础。介绍课程开发模式是为了说明课程开发是专业的实践过程,有一些既定的理论可以运用,而不是想当然的缺乏理论依据的经验式实践。

第四节 校本课程开发的流程

校本课程开发是学校一项持续性、不断改进的专业活动,有其特定的技术旨趣、规范性要求和特定的程序。

一、校本课程开发的一般流程

根据国际经济合作与发展组织,我国台湾学者张嘉育、大陆学者吴刚平等的概括,校本课程开发的流程主要包括六大步骤:组织建立、现状分析、目标拟订、方案编制、解释与实施、评价与修订。在实际的课程开发过程中,这些步骤并非机械的、线性的,而是不断循环、互相影响的。

校本课程开发的流程表[①]

步骤	主要议题	参与人员与角色定位
组织建立	成立课程委员会或工作小组,确立参与成员及工作程序,进行校本课程开发准备	教师、主任与校长:决策、讨论 学生:讨论、决策 校外咨询人员:咨询、建议 学校行政人员:协调、服务
现状分析	进行需求评估、问题反思、资源调查	教师、主任与校长:决策、讨论 学生:讨论、决策 校外咨询人员:咨询、建议 学校行政人员:协调、服务

---

①冯生尧.小学课程设计与评价[M].北京:教育科学出版社,2016:252-253.

续表

步骤	主要议题	参与人员与角色定位
目标拟订	澄清办学思路,确立一般目标与具体目标	教师、主任与校长:决策 学生与家长:讨论 校外咨询人员:咨询、建议 学校行政人员:协调、服务 政府部门:咨询、督导 工作小组:支持、讨论、咨询
方案编制	确立工具与方法,选择课程材料与组织形式	教师、主任与校长:决策 学生与家长:讨论 校外咨询人员:咨询、建议 工作小组:支持、讨论、咨询
解释与实施	强化教育哲学思想和特色意识,营造条件与氛围,统筹教育资源	教师、主任与校长:决策 学生:讨论 学校行政人员:协调、服务
评价与修订	设计监控和交流系统,准备评价方案,追踪实施效果,收集反馈意见,修订课程与课程开发方案	教师、主任与校长:决策 学生与家长:讨论 校外咨询人员:咨询、建议 学校行政人员:协调、服务 政府部门:支持、咨询、督导

二、校本课程开发的学校实践流程

虽然说,关于校本课程开发的一般流程在学术界已经有一定的共识,但是笔者发现当前主要的校本课程开发流程的认识主要是基于国外的实践和国内学者的研究,在国内的学校教育实践场域中经过验证的有效流程较少。事实上,从已有的实践认识层面来看,大多校本课程开发过程的严谨性不足,缺乏规范性。笔者从学校校本课程开发的实践性逻辑出发,结合当前的学术研究,认为学校校本课程开发的学校实践流程应包括以下几个方面。

(一)需求调查

校本课程开发中的需求调查,主要包括学生的多元发展需求、学生的兴趣、学校教育的发展需求、家庭的教育需求和社区的独特发展需求等。从需求调查主体上来看,主要是学校的课程研发部门和准备开发校本课程的教师。从需求调查的方法来看,需求调查主要可以通过观察、访问、座谈、问卷等调查方式去征求学生、家长意见,了解需求和愿景。从调查过程来看,需求调查需要经过调查设计、调查行动、调查统计、调查分析、调查反馈与分享几个阶段。

(二)资源评估

资源评估是对校内、校外的校本课程资源进行调查评估,全面了解开设课程所需的校内师资情况,同时对周边社区可提供的素材性资源进行全方位评估,了解学校的现实境遇和可能条件。做课程资源评估的目的是为了明确课程资源与学生课程需求之间的差异,从而确立可以开发的课程和需要开发的课程。资源评估还有一个重要的任务是对已有课程资源特别是教师资源进行能力与素养的评估,评估他们是否具备校本课程开发能力,是否具备某一课程的实施能力,从而为学校课程决策及课程管理提供现实依据。

(三)确定方案

从一般意义上来说,确定方案主要包括学校校本课程建设方案的确定和校本课程纲要的编制。学校校本课程建设方案在课程规划中要详细阐述,这里所谈的方案确定是指校本课程纲要的编制过程。教师进行校本课程纲要编制应经过课程愿景、课程目标、课程内容、课程组织、课程实施及课程评价等内容的确定,同时,进行课程开发过程的自我审视与课程纲要的自我评价。具体参见"校本课程纲要的编制"部分。

(四)课程审议

这个阶段是要完成校本课程纲要的集体审议。由教师开发的校本课程提交到课程管理部门,课程管理部门组织学校校本课程审议委员会对校本课程开发的信度、效度进行综合性评估。校本课程审议委员会应涵盖课程多个相关利益方,包含学生代表、课程专家、学科领域专家、学校行政等。只有经过课程审议委员会审议通过的校本课程才能进入学校课程实施的系列或目录中,对于审议未通过的课程,应返回重新修订或重新开发,以保障校本课程方案的质量,保障学校教育的专业性。未经审议的课程不能进入学校课程实施系统当中。

(五)教师研训

对已经通过审议的校本课程纲要进行立项后,需要由课程管理部门进一步组织教研组对所开发课程进行课程实施的实践转化研讨,引导教师团队相互学习、讨论、考察、咨询等,进一步细化课程纲要,在备课过程中丰富和完善教学资源,通过课型开发、教学资源的收集与整理、教学设计、教学准备、评价设计等来提升课程准备阶段的质量。

(六)组织和实施

组织与实施过程中,包括四个层面的内容。第一层面是教师的课程准备,教师选择安排知识或活动序列、班级规模、时间安排、资源分配及需要注意的问题等事项。第二层面是课程管理部门向学生介绍或公布要开设课程的主要内容、目的、授课方式等,让学生自主选择。第三个层面是教师的具体课程实践过程,在这个过程中教师在落实课程方案的同时,进行课程开发元监控,不断省思课程的质量以及改进的方向。第四个层面是课程实施管理部门对校本课程实施情况进行督导和过程性评估。

(七)评价与改善

评价与改善阶段主要是通过评价课程实施的成效来促进校本课程方案的改进与完善。课程评价涉及教师、学生与课程方案三方面。学校对课程实施过程进行监控,发现问题及时纠正和解决,不断总结经验。对校本课程的有效性评价,应以学校办学目标和办学特色为基点,以开发与实施过程为主线,以学生发展为目的,既要评价校本课程开发的程序和内容,又要评价教师和学生在课程实施过程中的行为和体验。评价内容一般包含学校对课程的评价、学生对课程的评价、教师对课程的评价、家长对课程的评价等方面。同时,教师要根据课程评价的情况,不断积累课程资源,完善课程内容体系。

(八)动态调整

前面七个环节是一门校本课程从开发到实施的全过程。对于单轮的校本课程建设来说已经完成了整个过程。然而,事实上的校本课程开发难以做到一次性建设完成,学生的需求具有很强的变化性,应对所开发的课程内容不断进行动态调整和改进。

以上所确立的一门校本课程开发的流程不是固定不变的,在实践过程中,可以根据学校实际情况,做相应的调整。

第五节　校本课程纲要的编制

当前很多学校在进行校本课程开发时热衷于编写教材，这实质上是错误的认识。"语文校本课程""数学校本课程"等说法，则是对"校本课程"概念的误用，容易造成思想认识上的混乱和实际操作上的盲动。所以，笔者认为首先应当明确，校本课程开发的产品不是教材，而是校本课程纲要。

一、校本课程纲要的内涵

明确什么是校本课程纲要对进行课程开发实践具有重要意义，笔者将对校本课程纲要的概念、功能及要素进行分析。

（一）校本课程纲要的概念

对于校本课程纲要，我们可以通过说明不是什么来确定它是什么。

其一，校本课程纲要不是教材。我们通常所理解的教材是教材编写委员会根据国家课程标准编写的，国家课程教材的编、审、用都有严格的规定。学校在执行国家课程标准的过程中，可以根据学校的实际情况来选用并适当调整和改变教材，进行校本化的国家课程及地方课程实施，但是不能改变国家课程的基本性质。

其二，校本课程纲要不是方案。方案是如何做事情的策划及过程描述，它侧重的是过程，而校本课程纲要需要体现的是课程开发的整体面貌。

其三，校本课程纲要不是完整的课程实施的全部内容呈现，即不是讲义。讲义是教师进行课程实践的辅助性材料，是对课程内容的细化。

其四，校本课程纲要不是教学设计或教案。教学设计或教案关注的是点状的课堂教学，缺乏课程设计的整体性和系统性。

其五，校本课程纲要不是习题集，不是学生学习活动材料。习题集和活动材料的理解泛化了对校本课程的认识，把校本课程变成了国家课程的补习活动或辅导活动，其背后理念是应试教育的需要，而不是学生的发展需要。

由此，我们认为校本课程纲要应是指以纲要的形式展现某一门校本课程元素的文本。简而言之，课程纲要是以纲要的特定形式来回答课程开发的四个基本问题——课程目标、课程内容、课程组织与课程评价。

（二）校本课程纲要的功能

作为校本课程开发过程的产品，校本课程纲要对学校校本课程建设具有以下功能：

（1）作为描述性的文本表达。校本课程纲要是课程开发主体对所设计课程进行的描述性表达，是将课程开发的理念、意图及具体的内容进行表征，成为课程文本，所以它必须简单、直观、通俗易懂。

（2）作为整体性的课程计划。课程纲要能够有效地完成从教学话语系统到课程话语系统的转变。传统教学语境中，教师的教学设计或教案都是指向一节课或一个单位的课程内容，缺乏对整体课程的系统性把握。

（3）作为预设性的课程蓝图。课程纲要有助于教师从围绕教学准备转向课程资源的开发，有助于学校针对课程文本进行课程审议与课程质量管理，从而提高课程建设的有效性。

（4）作为互动性的课程地图。课程纲要能够为学生及相关课程利益主体提供便于认知的课程框架，有助于促进多元主体的互动交流，提高课程的理解度。

（5）作为发展性的课程专业。课程纲要对教师课程素养的发展有两层含义，一是让教师具备整体的课程开发与课程架构能力，二是促使教师拥有更多的课程开发与实施的专业自主权。实现宏观的集体审议，微观的专业权保障，有助于教师课程素养的提升。

（三）校本课程纲要的要素

校本课程纲要文本应包含以下要素。

要素一：校本课程纲要中的一般项目。一般项目主要包括学校名称、课程名称、开发者、课程类型、课时、日期等。

要素二：课程愿景。有的学者称其为课程开发背景。愿景的分析是指分析开设某门或某些课程的理由，包括课程开发的缘由、传统、发展阶段，以及课程开发对学生及学校的发展意义，课程开发的意图及课程开发的指导思想。其核心表达是课程所要实现的愿景，即对课程实践的期待。

要素三：课程目标。课程目标回答的是所开发的某一门课程要促进学生发展什么，学生能够从课程中获得什么样的成长。目标的确定可以通过对学生发展进行研究、对社会需求进行回应，也可以在专家建议下来确立。

要素四：课程内容。课程内容包含两个层面的意蕴，一是课程内容或课程经验的选择，二是课程内容的组织方式。课程内容的核心是围绕目标来选择并组织相应的知识或活动设计，是为了通过这些内容载体来实现学生发展。内容确定要基于目标、学情、条件和教学资源，有逻辑地选择与组织相关的知识或活动，安排合理课时等。

要素五：课程实施。课程实施是对所开发课程具体实践方式的预设，包括教学方法的选择、教学过程的组织、教学策略的设计等。实施设计要能够保障教学方法与目标匹配，要创设灵活的、实践性的学习活动，通过设计来为内容的展开、目标的达成提供多样化的支持。

要素六：课程评价。在课程开发文本表达中的课程评价是指向学生发展的评价。它主要包括设计基于目标实现的过程性评价、形成性评价和导向结果的终结性评价。同时也需要对评价结果进行解释，并反馈到课程开发的过程中，从而提升课程开发的质量。

要素七：所需条件。对所开发的课程实施中所需要的条件进行明确，以更好地保障课程有效地实施。

二、校本课程纲要编制技术

前文论述了校本课程纲要应该具备的要素，基本阐明了校本课程纲要的构成，笔者将接着谈校本课程纲要各要素的编写原则和方法。

（一）课程愿景的确立

课程愿景是校本课程开发意图及追求的核心表达，其确立应考虑以下几个方面：其一，学生的发展需求。学生的发展需求是校本课程开发的生命线。课程开发者需要通过对学生进行调查研究和理论分析来了解学生的兴趣爱好及发展规律，从而明确课程开发的意义。其二，学校办学理念、办学历史及办学境遇。校本课程开发是学校整体课程建设的一个组成部分，其必然要体现学校的办学追求，并通过历史分析及现实分析来判断学校整体课程构成的合理性与不足，从而完善学校课程体系。其三，教师课程资源。教师是校本课程开发的核心，也是第一主体，没有教师的课程开发终将是无源之水，无本之木。

（二）课程目标的确定

当前许多校本课程开发中课程目标表达存在以下问题：（1）表述内容错位，如将课程意义等其他内容写到此处；（2）层级不清，如将校本课程总目标、培养目标写在此处；（3）行为主体错位，如以教师目标代替学生目标；（4）操作性较弱，如表达含混，用词不准；(5)目标过于宏大,不具体不明确,指向性不强；(6)目标表达与内容选择和组织没有必然的联系。针对这些常见的课程目标表达中存在的问题,笔者认为在课程目标设计中应遵循以下原则。

(1)主体性原则。目标表述要凸显学生的主体性。校本课程的目标是指向学生的,不是教师和学校,学生才是课程实践的主体。为此,在目标中应表述学生发展了什么,学生获得了什么,而不是教师要培养学生什么,也不是教师指导学生什么。

(2)可行性原则。可行性原则的考量基于:①目标设计中应是符合学生的发展特点的,不能低于学生已有的发展水平,也不能高于学生的发展水平太多,而应基于"最近发展区"原理,在学生已有的知识、能力基础上,促使学生通过课程学习,跳一跳能摘到桃子。②目标设计不能超出学校现有的课程资源,要有现实的基础。③不能超过教师的课程实践能力。课程开发与课程实施是两个概念,有的教师能开发但不一定能够实践出来,所以知行要合一。

(3)具体性原则。课程目标表达在符合学习者的现实能力和发展需求的基础上,还要力求明确具体,要具有操作性和可监测性。在表述中,能够把随意推论的动词转换成对学习者的行为做直接观察的行为动词,使课程与教学目标细致化、具体化,做到明确具体,能够观察、测量和操作。

(4)多维性原则。在同一校本课程内,对学生发展的影响是多层次、多维度的,其核心是要关注课程育人资源的多样化,从而提高课程的育人价值。当前比较流行的三维目标的设计方式,具有一定的可取性。另外,每一个学生在课程学习中的发展水平是不同的,基础不同,获得的也可能不同,为此,课程目标设计中要充分考虑不同水平学生的发展需要,体现出层次性。

(5)关联性原则。校本课程目标是课程愿景的具体化,是课程内容选择及教学设计的依据,课程目标设计是课程开发的重中之重。目标设计应是课程愿景的具体化表达,也应是与课程内容高度匹配的,应符合最佳一致性原则。同时,课程目标设计也是课程评价设计的"指南针",课程评价设计是为了体现课程目标的达成度。

(6)准确性原则。目标表述除了要具体明确外,还要准确,语言高度凝练。用词要准确,符合规范,能够有效表达真实的行为和结果,能体现发展的不同层次。同时,目标表述要准确,应体现课程内容,前后表述应一致,不脱离课程内容。

(三)课程内容的选择

课程目标的实现有赖于课程内容选择和课程实施方法的选择,两者同样拥有育人的价值。在课程内容的选择中有学科知识中心取向、儿童中心取向和社会中心取向。学科中心取向是指校本课程内容的选择依据的是学科知识或技能的内在逻辑，如国家课程的数学、语文等都是按照学科中心取向选择的，学科中心取向是我国当前的主要课程内容选择取向。儿童中心取向是指基于儿童的能力、素质，以能力发展为核心来选择相应的课程素材来实现能力的发展。如当前我国提出学生发展核心素养，围绕某一素养的形成而选择载体内容就是儿童中心取向，其更关注学生的获得、学生的成长、学生的经验、学生的感受等方面。社会生活中心取向是指围绕生活世界的经验来选择课程内容，如围绕社会人口问题、环保问题、社会文明问题等展开的社会生活中心取向课程。这三种取向各有优缺点，在具体的实践过程中，可以整合或补充运用。但是，不管什么取向，在具体层面上，课程内容选择应遵循以下四个原则：(1)典型性原则。即所选择课程内容是经典的，是大众化的，而不是生僻的，不可以为了追求内容特色而特色。(2)针对性原则。即所选择的内容应是为目标达成而服务的。(3)适应性原则。即所选择的内容应是适合学生阶段发展特点的，应是适合社会发展需求的，不违背社会伦理规范，也不违背政治要求。(4)生活性原则。即所选择材料在保持趣味性，能够激发学生学习兴趣的同时，也应尽可能贴近学生的生活实际，来自于生活，经过加工后又高于生活，同时学生习得后能用于生活。

(四)课程内容的组织类型

泰勒认为，课程组织是把学习经验组织成单元、学程和教学计划的程序。[1]美国课程学者麦克尼尔认为："课程组织是指学习机会的序列化、顺序化和整合化，以便达到预期的结果，或让学习者从提供的各种机会中获得其他方面的益处。"我国香港课程学者李子健、黄显华认为："一般而言，课程组织是指学习经验的排列、次序和统整。"张华认为："所谓课程组织，就是在一定的教育价值观的指引下，将所选出的各种课程要素妥善地组织成课程结构，使各种课程要素在动态运行的课程结构系统中产生合力，以有效地实现课程目标。"

有学者研究认为课程内容的组织方式主要有：横向组织与纵向组织、逻辑顺序与心理顺序、直线式与螺旋式。也有学者认为课程内容的组织形式有三种依据：学科逻辑、学生思维与心理逻辑、混合逻辑。在此基础上，笔者认为校本课程内容组织可以有递进式、辐射式、立体式、台阶式、拓展式及组合式几种类型。

---

[1]拉尔夫·泰勒.课程与教学的基本原理[M].施良方,译.北京:人民教育出版社,1994:66.

1.递进式

递进式是指校本课程开发过程中,课程内容的组织围绕一个课程主题的内在逻辑理路逐层展开,分成若干个发展阶段,将课程内容或课程经验逐步层层推进、逐次深化。

阶段1 课程内容 → 阶段2 课程内容 → 阶段3 课程内容

2.辐射式

所谓辐射式是指在校本课程开发过程中,围绕一个选定的主题,开展跟愿景相关的内容或活动等。主要有两种变式:基于课程目标实现的课程内容排列和基于课程内容而展开的排列。

变式一:基于课程目标的辐射范式。

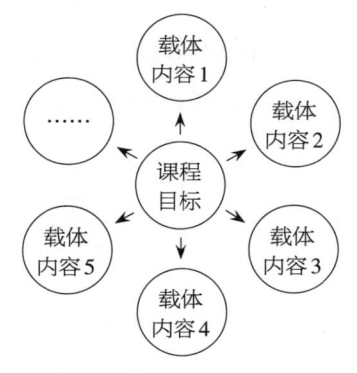

（课程目标为中心，周围为载体内容1、载体内容2、载体内容3、载体内容4、载体内容5、……）

变式二:基于课程内容分解的辐射范式。

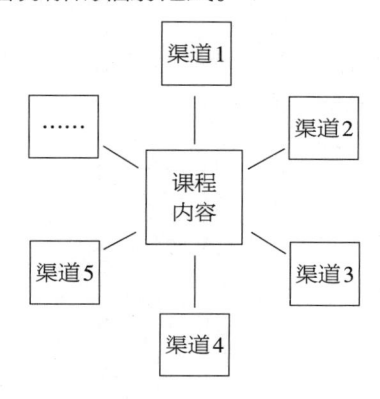

（课程内容为中心，周围为渠道1、渠道2、渠道3、渠道4、渠道5、……）

3.立体式

校本课程内容组织的立体式是指确定一个课程主题,将之分解为若干个子主题,子主题还可以继续分解为若干个次子主题,学生从中自由选择一个次子主题,自行完成。通常，主题的分解是由师生共同完成的，以学生的提议为主，教师进行补充和归纳。

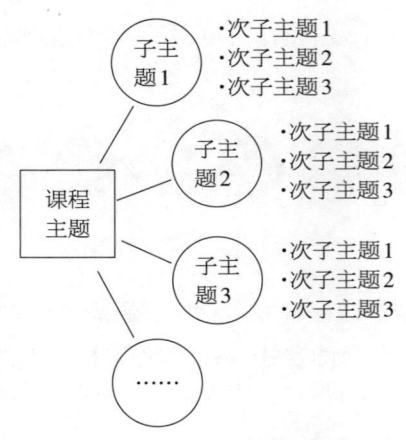

4.台阶式

台阶式课程内容组织是指在校本课程开发中，围绕一个课程的知识内容或技能内容进行螺旋上升式推进，促使课程内容呈现为适应不同发展阶段的学生需要从简单到复杂的过程。

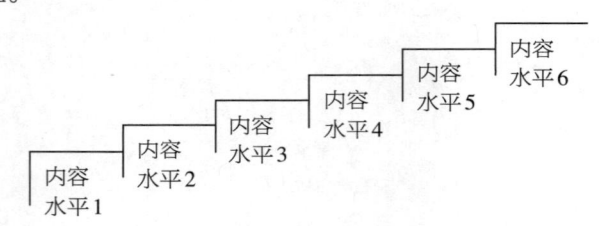

5.拓展式

拓展式是指基于关联思维，围绕一个课程核心主题，向外拓展学习内容，促使课程内容不断在更广阔的范畴中呈现。

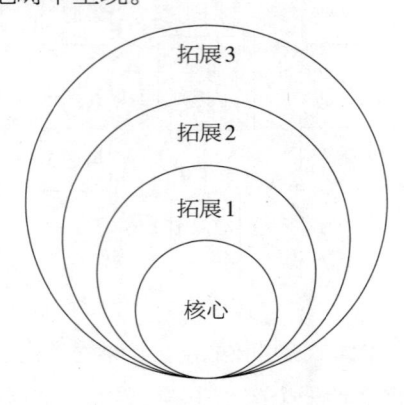

6.组合式

在一个校本课程内容组织过程中,可以选用多种模式进行组合排列。

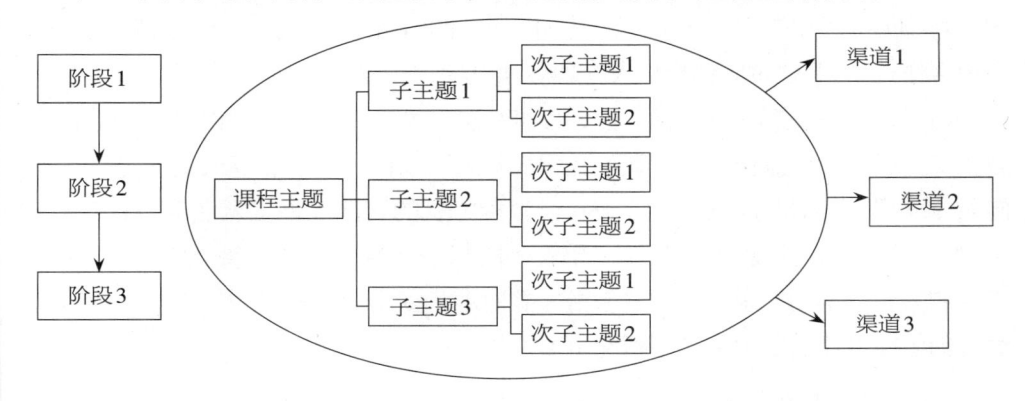

(五)课程实施策略

课程实施在一般意义上可以理解为教学实践过程,是课程的具体实现过程,体现的是教师、课程与学生的互动生成过程,是从教师理解的课程到学生理解的课程的转化过程。课程实施策略的设计就是对这种转化过程的预设。不同的课程目标、不同的课程内容及组织形式,课程实施策略有很大的不同。从校本课程建设愿景追求的一般意义上来看,校本课程实施应有以下几个方面的共性追求。

(1)学习活动的自主性、探索性、创新性、发现性。校本课程开发的本意就是满足学生的发展需要和学生的学习兴趣,是为了弥补国家课程和地方课程的不足,其课程实施更应充分体现学生立场。所以,在课程实施理念上,应促进学生学习活动的自主性,将更多学习的自主权还给学生,让学生获得自主学习能力;引导学生进行探索性学习,在探究中发现问题、解决问题。这样的学习活动设计主要是以项目式学习、专题式学习、自主探究式学习为主。

(2)学习方式的活动性、实践性、体验性、综合性。校本课程实施中学生学习方式的选择与引导是过程关注的核心,引导学生在实践中学习、在活动中学习,通过丰富的活动设计和实践经历,进而引发学生的体验、思考与感悟,从而提升育人价值。这样的学习不再是知识的学习,而是实践性学习,是基于问题的发现与解决的综合性学习,强调输出,强调运用。

(3)教学过程的建构性、情境性、游戏性、合作性。教学过程是师生围绕着课程内容及课程组织形式的互动过程。在认知学习层面上,强调教师引导学生进行建构性学习,在师生对话过程中建构知识或认知图谱。在互动方式上,强调教师创设情境,在情境中促使学生获得生活性的、应用性的、技能性的实践式掌握。在方法层面上,强调进行游戏性的学习活动,将课程内容渗透于游戏过程,对学生进行潜移默化的影响。在课堂场域师生、生生关系上,强调进行合作性教学过程,教师不再是权威的化身,而是学生实践探究式学习的支持者、辅助者、咨询者。由此,强调学生进行小组合作式学习,通过同伴合作来实现教学过程的多元多向互动。

(4)教授方式的灵活性、指向性、互动性、创造性。基于以上的论述,这样的课程教学实施过程,必然是十分强调学生活动的整体设计,在对话、互动、实践、游戏中走向对学生学习个体的更多关注。为此,教授方式的灵活性是强调活动设计的针对性,指向性是为学生提供个性化的指导与支持,互动性是弱化灌输式学习和教师对学生的强制性学习要求。这样的教授方式对教师提出的挑战是教学中要有创造性,通过创造性设计引发学生的创新性学习。

(六)课程评价的设计

校本课程建设中的评价是复杂多元的,在不同的阶段、不同的指向下,有不同的评价要求及评价内容。校本课程纲要编制中的课程评价主要指向课程实施中对学生课程学习成效的评价。笔者认为这样的评价应有以下几个原则:

(1)外部评价与内部评价相结合。课程开发者或课程实施者在与学生互动过程中的评价是基于课程学习场域的,这是内部评价的范畴,但内部评价难免导致课程实施的本位主义,无法做到完全客观有效。所以,要通过加强外部评价来更多实现评价的客观性,但外部评价可能存在形式主义和对具体课程实践过程的忽视,导致片面主义。因此,要外部评价与内部评价相结合,增强课程评价的客观性。

(2)过程性评价与终结性评价相结合。传统的学科评价主要是以期中和期末的考试评价为主,这样的评价更多地关注了学生学习的结果性获得,通过知识性考试对课程学习及成效做终结性评价。这样的评价忽视了学生课程学习过程中的获得,也忽视了学生可能在非课程设计的课程实践过程中的获得。所以需要加强对课程实践过程中,基于师生互动,学生多维、多元成长的过程性评价。这种理念强调过程比结果更重要,能一定程度上避免评价的知识化倾向,并调和应试教育对校本课程建设的侵蚀。

(3)自评与他评相结合。传统的评价主要是教师评价和学校教学管理部门或上级业务部门的终结性学习评价,较少关注课程实践过程中学生的感受。自评指向学生对自己课程学习过程中的自我监控和元评价,能够促进学生进行课程学习自省。同时也应将学习共同体的同伴评价和课程建设参与者的家长评价作为评价的组成部分,从而促使课程学习评价更丰富、更全面、更客观。

（4）活动式评价与成果式评价相结合。基于知识为主的考试评价是片面的，无法真实反映学生的学习成效，也无法适应多样化的课程评价需要。非知识性学习为主的课程，如美术类、创作类、创意类等课程，采用成果式评价更能反映学生学习成效。进一步拓展可以是输出式评价，让学生在实践体验中，在多元化表达中呈现学习获得的多样性。

（5）质性评价与量化评价相结合。量化评价实质是对学生课程学习成效通过测验、考试、问卷等方式使之数据化，用数据来反映学习成果。这种观点的核心是认为只有量化分析才是科学的，才是确定的。但是随着社会的发展，各种批判性思潮、后现代主义的兴起，人们认识到评价不是一个单纯技术问题，单纯的数据化评价是不客观的，无法反映真实的状态。也就是说，纯粹价值中立的描述是不存在的。评价要对被评价对象的价值或特点做出判断。这就是质性评价兴起的缘由。质性评价要求关注过程，关注学生课程学习过程中价值的获得、情感态度的变化等，通过描述性表达来呈现更丰富的学生课程学习状态。

第六节　校本课程开发的价值取向

取向是指选择的方向、追求的路径、行动的指向，是一种追求、一种价值、一种观念。校本课程开发的价值取向，也可以理解为校本课程开发中应秉持的原则。针对校本课程开发的实践行动本身，笔者认为应有以下几个价值取向：儿童意识、社会意识、专业意识、证据意识、合作意识和发展意识。

一、校本课程开发中应有儿童意识

校本课程是因丰富儿童学校生活和发展可能而产生的，因此，校本课程开发中应有儿童立场、儿童意识。

（1）课程开发是基于儿童的兴趣的，是儿童文化在课程领域的呈现，这种儿童文化是诗性的、充满想象的，是指向游戏式的、活动式的、体验式的、探索式的学习路径。

（2）课程开发应是符合儿童的阶段发展特点的。不同发展阶段的儿童在心理、思维、认知、能力等方面都有显著区别，应根据不同阶段的不同最近发展区，为儿提供多种选择。

（3）课程开发的儿童意识还应指向不同学生的发展可能，不宜过于强调技能的掌握和知识的获得。基于儿童立场的课程开发，不是学科课程的结构而是探索与体验本身，不是灌输与获得知识而是自主发现和兴趣培育。儿童立场是校本课程开发的生命线。

二、校本课程开发中应有社会意识

从教育发展史来看，一直存在着教育"钟摆现象"，即在教育的儿童中心和社会中心两种教育极端之间来回摆动的现象。教育发展史上，学校教育的社会中心、忽视儿童发展的现象，在20世纪初受到了严重的批判。在美国，以杜威为代表的教育学者们提出了以儿童中心为旨趣的美国新教育运动，但美国的新教育在进行了8年的探索后走向失败，教育又回归到社会中心的道路上。显然，真实的教育不可能是完全的社会中心，也不可能是完全的儿童中心，而是儿童中心和社会中心并存。这反映在校本课程开发中，要求我们要有儿童意识的同时，也应有社会意识。

（1）完全基于学生的兴趣来开发校本课程是不现实的，儿童的社会化发展还不完全，还不具备完全的自我选择能力，其成长必然需要成人给予相应的引导。如果完全儿童化，教育存在的基础就不复存在了，我们不能完全任由儿童天马行空地走向社会化成长。

（2）校本课程开发的另一核心是课程资源的开发，学校教师是课程资源的核心，教师资源往往代表的是社会主流的话语和成人文化对世界的规定性。因此，教师的课程开发过程实质是对儿童渗透社会意识的过程。

（3）社会意识还体现在校本课程要对学生的生活现实和社会发展的前沿有所观照。例如我们不能因为传统文化教育很重要，就全部开发传统文化校本课程，也应对时代发展过程中的新事物进行开发运用等。校本课程开发中的社会意识是有效实践的保证。

三、校本课程开发中应有专业意识

强调校本课程开发应有专业意识，是对实践中课程开发的随意性的批判。我们应当认识到校本课程开发不只是教材开发，不只是校长意志，不只是多余的负担，不只是个别教师的行为，不只是等同于语、数、英等学科课程，也不是随意写一个方案或编一本习题集、一本故事书、一本知识读本等。课程对于教育实践来说，不是学问,是专业行动。这种专业行动有其固有的话语系统和行动框架与技能要求。因此,进行校本开发需要有教师课程意识的觉醒,需要有专业的课程理念、专业的课程表达、专业的开发过程、专业的课程审议、专业的课程开发技术。同时,也应意识到校本课程开发实质更是"学"的工程,需要基于学生学习的发展特点,对学生学习目标定位、经验选择、方法匹配和实施评价等进行整体设计。

四、校本课程开发中应有证据意识

校本课程开发的专业意识指向实践的科学性,而科学性的实践表征是基于证据的行动。校本课程开发中具备证据意识,是专业意识的体现,可以促进课程开发的科学性。也就是说,课程质量如何是要通过评价来衡量的,评价不是随意的,不是谁说好就是好的,而应当基于证据的表达。证据应集中反映为什么要开发某个课程、课程行动过程是否体现过程正义、课程开发质量如何、课程实践成效如何等。

第一,通过对学生的发展及兴趣调查和对课程资源的普查来确定课程开发内容,可以采取问卷调查、访谈调查、资源普查等方式来获取证据。

第二,可以对课程开发过程进行课程行动的程序审议,以过程正义的对照来确定课程开发的民主进程。

第三,可以通过扎根法、专家咨询、课程审议等制度来确保课程开发的质量。

第四,可以通过学生测试、问卷调查、学生访谈、课堂评议、学生成果评价等方式来评价课程实施的成效。

证据意识的核心是在课程开发行动中采取有效的多元的方法对课程开发过程进行元监控,从而不断提升课程开发的成效。

五、校本课程开发中应有合作意识

我国学校教育实践语境中,教学话语系统及就教材而教学是一直以来的传统。课程话语系统的提出是新课程改革以来才逐步为一线学校所熟知的。如当前所强调的要从教教材到用教材教,实质是要从教学话语转向课程话语。同时,校本课程开发是复杂的专业行动,加之实践领域中观念转变的文化阻抗效应,致使课程思维与课程话语系统并没有扎根于实践。为此,在推进校本课程开发过程中,要强调合作意识,以专业共同体来处理学校的课程事务。其表现为:

第一,学校内教师合作进行校本课程开发,打破学校教育的学科课程边界,实现课程资源的整合。

第二,跨学校课程开发,将区域具有相同校本课程追求的学校及教师进行联合,共同开发,共同实践,实现资源共享。

第三,教师与课程专家组成共同体,充分借助专家力量提升课程开发的品质。

第四,学校与家长、社区合作,实现学校校本课程资源的丰富,从而在学校及教师的专业引领下为学生发展提供更多可能。

六、校本课程开发中应有发展意识

所谓发展,就是不断地生成和变化,不断完善、丰富、转型和创生。在校本课程开发中,一定要摒弃的是一蹴而就的课程开发,忌讳的是一经开发完成就静止固化的现象。校本课程开发应在教师与学生的互动中不断生成和创生,不断调适。因此,笔者认为许多一线学校把校本课程开发等同于校本教材开发的观念是不可取的,也是错误的。这样所开发出来的课程也是没有生命力的。校本课程开发不是指向课程文本本身,也不是在课程实施之前所确立的文本课程,而是课程实施过程中的多元互动。由此,只有具有发展意识的校本课程开发才能在不断的实践中展现课程的生命活力。

第七节 学科校本课程开发的实践路径

关于校本课程开发的内涵,在理论和实践领域都存在许多争论。比较有代表性的观点认为,校本课程开发是指"学校根据自己的教育哲学思想、为满足学生的实际发展需要、以学校教师为主体进行的适合学校具体特点和条件的课程开发策略。其中'开发'是指从课程目标的拟订、课程结构的设计、课程标准的编制、课程材料的选择和组织到课程的实施与改进等一系列的课程行为"[①]。从内涵上来说,校本课程开发包含国家课程的校本化开发、地方课程的校本化开发和校本的课程开发。在学校实践中,往往将校本课程开发进行了复杂化认识或简单化认识,大多将校本课程开发等同于校本课程的开发,也即以学校为本的学校课程开发。事实上,校本课程开发还应涵盖国家学科课程的校本化实施和校本化拓展延伸。各学科国家课程标准

---

① 吴刚平.校本课程开发[M].成都:四川教育出版社,2002:40.

均提出要开发地方的、学校的特色课程资源。如音乐课标提出："地方和学校应结合当地人文地理环境和民族文化传统,开发具有地区、民族和学校特色的音乐课程资源。"所以校本课程开发不是学校部分教师的任务,也不是一部分有特长教师的特权,而是所有教师在学校实践课程和教师自身实践课程中应然的行为要求。

一、兼顾化成:学科校本课程开发的内在理路

从课程管理的角度来看,国家、地方、学校三级课程管理体系改变了过去国家课程一统天下的局面,赋予了学校一定的课程管理权。然而,这并不意味着校本课程开发可以由学校自主赋权增效,校本课程开发的价值从学生培养的层面来说是为了补充国家课程的不足,进而更有针对性地促进学生的发展。由此,校本课程开发必须基于国家基础教育课程改革发展规划纲要和各学科课程标准,必须基于人的心理发展规律和认知发展规律,切实遵循发展性教育教学理念,在最近发展区内培养学生各方面的能力。因此,学科课程实践首要遵循的是课程标准,以此作为学生发展的准绳。

另一方面,校本课程属于课程管理三级体系的落脚点,其目的是实现学校教育中教师的教材观到课程观的转变,实现灵活处理教学内容,以课程标准为依据,有效运用多元化的教育资源,实现综合发展。值得期待的学校教育愿景是,课程标准一个中心不动,教材资料百花齐放、百家争鸣。

因此,校本课程开发既是学生个性化发展的需要,也是促进国家课程、地方课程校本化的需要。从当前的发展现实来看,校本课程开发体现的是学校自己的教育哲学思想、办学思路和办学特色,是促进学校特色发展的重要举措。

二、构建课程:学科校本课程实践从分散到系统

事实上,学校教育教学中一直都很重视对学生多元发展和各种学科专长的培养。一种更多指向政治权力活动化的教育,虽然能够起到培养学生的作用,但缺乏对学科校本课程实践的整体认识,会导致学生发展目标的不一致。

形成这样一种现实的原因,是没有将学校教育课程资源形成系统化课程体系。学科校本课程的系统化建设应把握以下几个方面:

第一,将分散的教育实践活动做系统性的课程化体系构建,围绕核心教育目标构建学科教育课程体系。不仅仅将其停留在实践活动层面或者是课程资源选择层面,而应确实按照课程的开发程序实现规范化学科教育课程体系。

第二，对学科课程内容进而系统化重构，将一些学科课程中阶段学习目标显性化呈现。如语文课程中可将写作、写字教学等进行课程化构建，对口语交际课程的散点实施进行系统化课程构建，明确课程推进的进程，从而形成学科课程的校本课程群式的实施，再基于学校课程资源的特点进行学科课程校本化实施的特色追求。

第三，要将学科校本课程群式实施与学校活动课程进行有效整合，使学科校本课程实施为学校活动课程培养学生素养做铺垫，使活动课程成为学科课程实施的实践性平台。

三、多向交汇：学科校本课程开发的意蕴生成

多向交汇是社会转型背景下的必然趋势，其主要表征为：

第一，是传统文化与现代文化的交汇。传统文化对现代文明的发展具有重要意义，要想传统文化元素在现代文化生活中更好地渗透，需要在学校课程实践中关注并聚焦地域文化特质。如当前的流行音乐中有一股中国风的潮流，正是在现代音乐中加入中国传统音乐元素，从而使音乐呈现出新的文化取向。在学校音乐校本课程开发过程中，我们应重视和关怀传统音乐、民族历史音乐，探讨其与现代音乐的有效融合具有的重要价值。

第二，东方文化与西方文化的交汇。当前学校课程的基础是西方的科学分科课程的形式，而我国传统的学习内容是整体性的，如传统中的文史哲是不分家的，其对现代人文精神的培育具有一定的启发价值。故而在学科校本课程开发过程中，对跨学科、跨素养发展方面应该有更多探索，在不同文化背景下追寻多元文化理解下的教育课程，如从语文课程与英语课程中寻求互动交汇，探讨东西文化的生成模式，从而避免文化的割裂。

第三，成人文化与儿童文化的交汇。媒介环境的不断发展，网络世界的到来，不断消解成人文化与儿童文化的发展界限。但是在现实生活中，不同文化意识的冲突也是必然存在的。学校教育不是将成人文化价值观念强加给儿童，教育也不是为未来的生活准备的，而应是基于当下的生活。在文化理解的层面上，学校校本课程应关注诗性的、浪漫的、天真的、不确定的儿童文化特质，为学科课程寻找儿童文化属性的校本课程空间。

四、个性协同：学科校本课程开发的精英化发展与大众化需求

学校教育的本质是为了促进学生的发展，是为了实现社会性生活的共同基础，由此有了国家学生发展的核心素养一说。学科课程的核心素养，聚焦关注的是学生

的基本素养,考虑的是普遍性的发展需求。然而,当前的学科课程实质是以精英化发展为主流的,很多课程设置特别是具体的教育教学中不完全是培养学生的基本素养,而是为少部分学生服务的。一些学科校本课程实践事实上是在进行技能训练,失去了课程本身的生活味。进而形成了虚假繁荣下的伪精英化发展路线,窄化了课程。因此,从课程发展视角出发,应调节精英化发展与大众化需求的现实矛盾。

(1)个性的共性化发展基础。国家课程需要在发展目标上向不同的学生提供基础发展平台,由此,在具体的学科课程实施过程中,应聚焦学生普遍性发展需求的满足。

(2)不同的个性发展基础满足。每个学生的天赋能力不同,他们的发展需求是不同的,所以应当丰富学科课程资源,在校本课程开发中对相同的能力培养目标设计不同的课程内容架构。

(3)个性的精英化发展逻辑。基于多元发展的学科多样化选修课程群和学校课程选修提升设计,应当在实现基本普遍性需求的基础上,为更多的学生的更多发展可能提供更多的发展空间,这才是精英化发展的正确取向。

五、开放包容:学科校本课程开发的文化关怀

学科校本课程开发的开放包容的核心旨趣是文化关怀,是对课程正义省思后的实践性建构。开放包容应表现为:

(1)对学科校本课程多元文化的开放包容。基于学科课程充分利用区域文化的要求,在学科校本课程开发的过程中重视地域性文化资源的运用,如厦门地区就有学校将闽南地区的童谣、南音等开发为音乐学科校本课程。

(2)对多元活动形态的开放包容。如体育课程标准指出:"我国蕴藏着丰富的民族民间体育资源,应大力继承和发扬。各地、各校可根据实际情况选用武术、舞狮、舞龙、踢毽子、抖空竹、竹竿舞、蒙古式摔跤、抢花炮、荡秋千、重阳节登高等民族民间传统体育活动来补充和丰富体育与健康教学内容。"在学科课程校本化实施过程中,我们要善于运用区域的、民族的课程资源。

(3)对学科课程资源的开放包容。学校教师应具备课程资源意识,充分意识到多元的课程资源对学生发展的价值。当前的课程资源多是知识性素养的活动,如语文课程资源的开发,很多集中于阅读资源及活动性的、竞赛性的资源,而较少关注课外学习资源,如电影、电视、广播、网络、报告会、戏剧表演、图书馆、展览馆、布告栏、各种标牌广告,等。有一些虽然已经关注了的,但并没有进入课程开发的视野,缺乏与学科课程的有效整合。

六、整合活动：学科校本课程开发的模式取向

基于学科的校本课程开发形式是多样的，但不管是学科课程群模式还是基于课程统整的综合课程模式，不管是正式课程模式还是活动课程模式，其内在的核心是整合。综合的课程可以让学生从不同的角度来学习，加深对学科课程体系的认识，有助于实现学科素养的相互渗透，从而促进学生综合素养的发展。因此在课程设计的过程中，应具有更广阔的视角，如音乐与舞蹈、戏剧、影视、美术等姊妹艺术的综合，音乐与艺术之外的其他学科的综合等。

从实践路径上来说，首先，根据学生需要和课标设计活动式学科实践活动，如学生社团、兴趣小组、节庆活动、竞赛活动、综合实践活动等。其次，发展主题式教学活动，整理形成主题式课程资源包，为教学提供辅助性支持。最后，过渡到学科校本课程，形成整合的学科校本课程群模式，也就是要逐步实现从相关课程模式到广域课程模式，从跨学科模式到超越学科模式。

自新课程改革以来，校本课程开发已有十多年，也经历了热闹、冷却，到当前百舸争流深入探索。学科课程对学生的发展具有重要意义，单以国家课程标准中的课时安排来进行教育是远远不够的，这就需要我们结合学校自身情况，满足学生个性化学习的需求，不断探索基于学科的校本课程开发。

第七章

课程资源:校本课程建设的必要因素

学校校本课程建设是一个系统的工程,涵盖了课程的各个相关因素。校本课程资源建设也是学校校本课程建设的一个核心环节,校本课程资源开发的程度与运用的水平对校本课程建设质量有着至关重要的影响。在具体的实践中,往往过度窄化了对课程资源的认识,过度追求所谓的特色化课程资源,过度依赖外在的课程资源。本章将探讨校本课程资源的内涵、特点、价值,提出校本课程资源建设的概念、内容、原则及实践中的问题,进而探讨校本课程资源建设的学校行动策略,最后重点阐述校本课程资源建设中教师资源建设的要求及策略。

第一节　校本课程资源的内涵及特点

学校校本课程建设是一个系统的工程,涵盖了课程的各个相关因素。前文探讨了课程愿景、课程规划、课程管理和课程开发等。笔者在本章中将探讨课程资源。校本课程资源建设也是学校校本课程建设的一个核心环节,校本课程资源开发的程度与运用的水平对校本课程建设质量有着至关重要的影响。

一、校本课程资源的内涵

笔者认为要探讨校本课程资源是什么,首先要探讨课程资源是什么。

(一)课程资源

课程资源概念的提出是与我国基础教育课程改革相伴而生的。《基础教育课程改革纲要(试行)》提出,应"积极开发并合理利用校内外各种课程资源"。其核心指向是为了弥补国家课程、地方课程的不足,丰富学校课程实施的多样性,从而满足学生的不同发展需要。但在研究过程中,关于什么是课程资源,如何理解和认识课程资源,不同的学者有不同的理解。

吴刚平等认为课程资源是"形成课程的因素来源与必要而直接的实施条件"[1]。

朱慕菊提出课程资源是指"形成课程的要素来源以及实施课程的必要而直接的条件"[2]。

郭丽霞、段兆兵提出课程资源是"知识的载体、教学的媒介、构成教学环境的要素"[3]。

徐继存、段兆兵、陈琼共同提出课程资源是"课程设计、实施和评价等整个课程编制过程中可资利用的一切人力、物力和自然资源的总和"[4]。

范兆雄提出课程资源是"满足课程活动所需要的思想、知识、人力、物力等,是与

---

[1] 吴刚平,樊莹.课程资源建设中的几个认识问题[J].教育理论与实践,2001(7).
[2] 朱慕菊.走进新课程 与课程实施者对话[M].北京:北京师范大学出版社,2002:211.
[3] 郭莉霞,段兆兵.课程资源及其开发与利用——一种心理学的视角[J].西北成人教育学报,2004(2).
[4] 徐继存,段兆兵,陈琼.论课程资源及其开发与利用[J].学科教育,2002(2).

课程目标、内容、实施和评价有密切联系的课程外部系统"[①]。

黄晓玲指出课程资源是"教育资源的重要组成部分，是课程系统物质、能量和信息等结构元素的源泉，是课程实施中富含潜能的内容系统和活动支持系统，是课程实施得以高效开展的依托和保证"[②]。

王孝红认为课程资源是"学校课程设计与实施的全部条件的总和，是课程得以呈现的基石，是课程设计、课程实施的基本组成部分"[③]。

从以上概念界定来看，笔者认为可以得出以下几个结论：其一，课程资源是课程开发的基本组成部分，必须放置在课程开发的情境中进行分析，没有课程开发，课程资源也就失去了存在的意义与价值。其二，课程资源和课程关系紧密，课程资源是否丰富，课程资源开发是否充分，都会影响甚至决定课程实施的情况。其三，课程资源是一种条件，是支撑和发展课程的必要性因素。作为条件性存在，课程资源一定是有利于课程目标实现的因素。其四，课程资源的内涵丰富，除了传统的教材等文本资料，课程资源还涵盖了录音、录像、人力资源、学生的认知能力和经验、教学环境等多种因素。其五，课程资源内涵的丰富性，也决定了课程资源分类方式的多样性。如可把课程资源分为人力资源、物力资源以及自然资源，也可把课程资源分为校内课程资源、校外课程资源和信息化课程资源，等等。

（二）校本课程资源

从范畴的角度来说，课程资源与校本课程资源是包含与被包含的关系，是一般与特殊的关系。要全面深入理解校本课程资源的内涵，需先从对课程资源的分析开始。明确了课程资源的内涵，也就可以进一步明确校本课程资源的内涵。

要保障校本课程的开发，促进教育教学质量和办学水平的提高，必定需要优良、充足的课程资源。基于以上关于课程资源的阐述，笔者认为，校本课程资源是指形成校本课程的校内为主、校外为辅的素材性资源和实施校本课程的直接而必要的条件。

校本课程资源从资源主体的角度，可以分为教师资源、学生资源、家长资源、学校时空资源、社区资源及乡土资源等。从课程的整体来分类，可以分为目标性资源、载体性资源、程序性资源、生成性资源及评价性资源。从资源建设的维度来划分，可

---

① 范兆雄.课程资源的层面与开发[J].教育评论，2002(4).

② 黄晓玲.课程资源：界定、特点、状态、类型[J].中国教育学刊，2004(4).

③ 王孝红.论课程资源的开发和利用——《基础教育课程改革纲要(试行)》中的课程资源[J].内江师范学院学报，2004(03).

以分为校本课程资源收集、资源评估、资源整理、资源开发、资源选择及资源保障等方面。

二、校本课程资源的特点

充分了解校本课程资源及其特点,才能科学有效地开发利用这一资源。根据以上阐述,笔者认为校本课程资源具有以下特点。

(一)潜在性

校本课程资源具有丰富的内涵,它可能来自校内、校外,或者网络;它可能是文字、实物、活动等。其内容涉及政治、经济、科技等多个范畴。课程资源的存在形态及其归属具有不确定性。也就是说校本课程资源是一种隐性资源,它不是直接的课程或者实施条件,不会以成熟、完整的形式存在。在校本课程资源的开发利用过程中,开发主体的课程意识、对课程资源的理解起着重要的作用。在本研究中,笔者将关注开发主体的课程意识和对课程资源的理解程度,并考量学校管理层对教师在此方面能力的培养,以及对教师开发资源的主观能动性的调动。

(二)广泛性

校本课程资源的广泛性是指课程资源的丰富多质,可以以多种形式存在,也可以以多种不同资源的整合和同种资源的不同整合方式构成不同的校本课程形态。可以是信息和资料,如:图片、音像、数据、书籍等;可以是自然与人文环境,如博物馆、图书馆、展览馆、科技馆、部队、工厂、科研基地等。鉴于校本课程资源的内涵丰富多样,在校本课程资源的开发利用过程中,既要从大量的资源中筛选有效的部分,又要保证其内容充实。

(三)多质性

在校本课程资源的开发和利用过程中,不同的开发利用主体会持有不同的教育视角、出发点、课程意识、方式方法。所以,同一资源在不同主体的眼中,会呈现出不同的用途。例如,以校园里的花为开发利用对象,我们可以开发出艺术资源、生物资源、文学资源、德育资源。故而,应充分调动开发主体,发现资源中潜藏的多重价值,充分利用校本课程资源。

(四)实践性

校本课程资源的发掘,必然经历学校、教师、学生甚至家长的主动开发和利用。

在不同的开发条件下,由于开发主体不同的思想和理念,同一个校本课程资源会有不同的教育作用、意义和价值,并可能成为不同的校本课程。校本课程是以学校为本位的课程,最贴近学生真实生活,符合学生真切需要。因此校本课程常常成为国家课程与实际生活之间的接驳轨道。在校本课程资源里,除了文字资源、实物资源,还有大量的活动资源。所以,在校本课程资源的开发中,学校还应注意对实践情境的创造。

(五)特色性

郑金洲指出:要从学校的实际出发,所组织的各种培训、所开展的各类研究、所涉及的各门课程等,都应充分考虑学校的实际,挖掘学校所存在的种种潜力,把学校资源更充分地利用起来。[1]叶澜、陈玉琨在其著作《课程改革与课程评价》中说:"校本课程的实施应尽可能利用和开发现有的校内外教育资源,发扬学校的传统,结合当地的自然和社会条件进行。"[2]新一轮的基础课程改革,强调学校要走特色发展之路。校本课程资源更应突出学校、当地的特色。校本课程资源的开发,应根据学校特有的地理环境、办学理念、校园文化、历史渊源,开发独特的校本课程资源,促成有特色的校本课程,发展学校特色。

三、校本课程资源的意蕴

校本课程资源开发利用的程度越高,越有助于校本课程的开发,进而促进学生的发展,推动素质教育和课程改革的发展。

第一,校本课程资源的开发,要能直接推动校本课程的开发与利用,促进教育的多元化,为国家课程和地方课程的施行起到适应、补充、拓展作用。

第二,构建新型的学习方式,开拓学生思维。校本课程资源具有实践性,它来源于学生生活。校本课程资源开发利用的过程,需要学生的参与。

第三,培养教师的课程意识和校本研修能力,促进教师专业发展。校本课程资源的开发利用,需要教师的参与,以及教师良好的课程意识和校本研修能力。

---

[1] 郑金洲.走向"校本"[J].教育理论与实践,2000(6).
[2] 陈玉琨,等.课程改革与课程评价[M].北京:教育科学出版社,2001:126.

第二节 校本课程资源建设的概述及问题

前文笔者探讨了校本课程资源的内涵、特点及功能,明晰了校本课程资源对校本课程建设的作用。那么学校对校本课程资源应该进行什么样的选择呢?我们首先明确校本课程资源建设是什么。

一、校本课程资源建设概述

(一)校本课程资源建设的概念

一般来说,对校本课程资源的行动主要分为校本课程资源开发及校本课程资源运用两个方面。笔者认为校本课程资源不仅是校本课程建设系统中的组成部分,其本身也是一个自组织系统,具有内在的统一性。为此,笔者提出可以用校本课程资源建设来统领学校关于课程资源的相关内涵与行动。校本课程资源建设是指"依照一定的价值准则,对潜在的校本课程资源进行收集、选择、分类、整理,以备将之纳入课程教学活动的过程"[1]。其内涵主要包括校本课程资源收集、资源评估、资源整理、资源选择、资源开发及资源保障等方面。对校本课程资源建设的探讨,是为了科学合理地开发利用校本课程资源,使其充分发挥作用,更好地实现教育价值。

(二)校本课程资源建设的内涵与程序

校本课程资源建设的内涵及其功能决定了课程资源建设的主要内容及相应的进程。不同的研究者从不同的视角来探讨校本课程资源建设的程序,如张卫娜认为校本课程资源开发应有五个基本步骤,即"校本课程资源开发目的的确定、校本课程资源的收集和分析、校本课程资源的建设与利用、校本课程资源的有效性评价、校本课程资源有效性的反馈"[2]。根据校本课程资源建设的概念,笔者认为校本课程资源建设应该包括以下环节。

(1)资源收集。收集并整理与校本课程有关的信息和资料,如图片、音像、数据、书籍等。利用社区资源,如博物馆、图书馆、展览馆、科技馆、部队、工厂、科研基地等,争取家长、社会人士和社区的支持。有条件的学校,可以建立校园课程资源网,拓展校本课程资源分享渠道,提高课程资源使用效率,减轻教师工作负担。教学活

---

[1] 李定仁,董仁忠.东乡族小学课程资源开发与利用的调查研究[J].西北师大学报(社会科学版),2003(01).
[2] 张卫娜.试析校本课程资源开发的基本程序[J].河南科技学院学报,2011(1).

动前备好教具学具、实验器材、电教设备，做好活动场所等方面的准备工作，组织学生到校外参观、调查、实践，做好各方联系工作，要特别注意安全工作，要取得家长和其他相关人员的支持。

（2）资源评估。资源评估就是对学校所收集的校本课程资源进行评估，以确定其是否符合学校校本课程建设的需要。对于资源评估，吴刚平提出了判断课程资源是否有价值的三个筛子：第一个筛子是教育哲学，即课程资源要有利于实现教育的理想和办学的宗旨，反映社会的发展需要和进步方向。第二个筛子是学习理论，即课程资源要与学生学习的内部条件相一致，符合学生身心发展的特点，满足学生的兴趣爱好和发展需求。第三个筛子是教学理论，即课程资源要与教师教育教学修养的现实水平相适应。[①]资源评估的核心就是判断资源的完整度、资源的价值度及资源的适用度。

（3）资源选择。课程资源的选择要符合学生身心发展的特点，满足学生的兴趣爱好和发展需求，同时要与教师教育教学修养的现实水平相适应。在选择使用资源时，那些必要而直接的条件性课程资源应该优先予以保证。应该广泛听取广大教师和学生的意见和建议，反映他们的要求和呼声，培养学生对课程资源的质疑精神。

（4）资源开发。所谓的资源开发事实就是对已有课程资源进行有效处理，使之符合教育教学的需要。可以根据学生的需求、学校办学的需要，立足于本校的现有条件，挖掘和利用校内外的课程资源，发挥教师个人专业特长，挖掘家长与社区资源，开发校本课程。也可以开展与校外机构、共建单位的合作，积极寻求课程资源。教师在国家与地方课程的校本化实施中，还可以对课程进行"二次开发"，提高课程的适应性，满足学生的真实需求。

（5）资源运用。资源运用探讨的是课程资源在课程研发及课程实施过程中如何整合、转化、创生。课程研发的实质是依据一定的目标对课程资源进行多维组合的过程。课程实施就是根据教育教学的实际需要，按照学生可理解、可接受、可学习的方式进行教学转化并创生，从而促使课程目标的实践落地。另外，课程资源的运用还表现为课程资源的不同主体共享，合理发掘和运用社区及其他兄弟学校的课程资源。学校内部的课程资源也可以向社区和其他学校辐射，互通有无，优势互补。

（6）资源保障。学校在资源开发的过程中应有意识地因地制宜地开发和利用课程资源，尽可能地创造条件来解决条件性课程资源短缺的问题。建立相应的经验交流和合作研讨机制，定期或不定期地开展教学经验交流和办学思想研讨等活动，提

---

① 吴刚平.课程资源的理论构想[J].教育研究，2001(9).

高教师的课程资源意识和开发运用能力,提高教师识别、捕捉、积累、利用和开发课堂教学中动态生成的课程资源的能力,通过教师自身这一最重要的课程资源的突破来带动其他课程资源的优化发展。

二、校本课程资源建设的原则

纵观已有的相关研究,关于校本课程资源开发与利用的原则的观点主要有以下几种。黄晓玲提出了六点开发利用的原则:以学生为中心,以课程为目标的原则;优先性原则,即优先开发有条件的学校、有能力的教师、有需要的学生、有基础的学科;灵活性原则,即结合当地的实际情况因地制宜地开发资源;效率原则;个性化原则,体现地区特色;资源共享原则,提倡开发者的相互交流。[1]黄英姿指出了开发利用校本课程资源的四点原则:目标导向性原则,强调资源的筛选要有目标,符合社会需求、学校教育理念及特色;适应性原则,即结合学校实际情况开发;优化配置原则,即开发过程中,学校弹性调整人员、时间、场地、资金;学以致用原则,强调开发能带给学生实践机会的资源。[2]王楠也提出了类似的目标导向性、适应性、合理应用性三原则。[3]黄浩森论述了课程资源开发的四个基本原则:适应性原则,开发要适应当地社区的实际、学生发展需要、学校办学条件;开放性原则,强调开发过程中的学科开放、参与开放、空间开放;高效性原则;特色性原则。[4]

基于已有相关研究,笔者认为推进学校校本课程资源建设应遵循以下原则:

其一,目标性原则。课程资源建设的目标是为校本课程建设服务的,课程资源建设能否满足课程开发及课程实践的需要,是其核心所在。

其二,适应性原则。资源建设要适应当地社区的实际、学生发展需要、学校办学条件,要适应学校的发展趋向,不可过度开发,也不可过度依赖。

其三,特色性原则。学校特色发展的表现之一就是课程资源本身所蕴含的特色,那么在资源建设中,就要关注资源本体的特色、资源组织的特色及资源整合的特色,凸显出课程资源建设的区域文化特色、学校特色、教师特色及学生特色等。

其四,效益性原则。资源建设中的资源应是开发成本低、应用成效高的,从而提高课程资源建设的效益。

---

[1] 黄晓玲.重庆市九龙坡区陶家镇学校开发利用乡村课程资源研究[D].重庆:西南师范大学,2003:5.
[2] 黄英姿.校本课程资源的开发与管理[D].桂林:广西师范大学,2004:4.
[3] 王楠.小学社区服务与社会实践校本课程资源开发[D].重庆:重庆师范大学,2013:4.
[4] 黄浩森.乡土课程资源开发的实践研究[D].长沙:湖南师范大学,2009:5.

三、当前学校校本课程资源建设的问题

课程资源建设的水平一定程度上反映了学校校本课程建设的深度。当前学校校本课程资源建设存在的主要问题如下。

(一)缺乏对学校教师资源的开发

在进行校本课程建设过程中,教师是校本课程开发的第一核心资源。教师是进行学校校本课程建设的主体,也是校本课程建设的核心目标之一——唤醒教师的课程意识,培养课程开发能力。然而,在学校教育实践中,许多教师被排除在校本课程建设过程之外,具体表现在:其一,缺乏对教师专业或专长的全面了解,把教师限制在学科课堂教学或具体的学校事务当中。其二,缺乏对教师参与学校课程建设的培育和引领。其三,缺乏对教师课程建设能力的培养。这样的现象源于对课程建设的不当认识,也导致了在学科课程分化及过度专业化的道路上越走越远,跨学科跨领域的探索与实践难有生存的空间。

(二)课程资源建设的单一化

学校推进校本课程资源建设的单一化主要指类型的单一化,导致这种单一化的原因是校本课程建设过程中学生立场的缺失。主要表现为:其一,主要关注点在音乐、体育、美术等领域。似乎校本课程就是各种竞赛队伍集训,片面地认为艺术类型的校本课程才是活的校本课程,把校本课程建设等同于素质教育,认为知识学习类型的课程就不是校本课程的组成部分。其二,聚焦于地域特色文化类型。过于关注地域文化类型的校本课程,过度拔高了地域文化的育人价值,区域文化优胜主义抬头,过度消费地域传统文化,缺乏文化传承的审视过程。其三,过度消费传统文化的类型。如各种所谓的国学经典、传统礼仪,似乎贴上个传统的标签就是好的,就是道德至上的,这样的教育现象,应引起足够的重视。其四,过度追求特色而造成单一化。实现学校教育的特色化发展是符合教育规律的,也是教育个性化发展的必然,但是为了追求所谓的项目特色,而在学校教育中只推崇某一类型或某一种的课程资源是不可取的。比如有学校把篮球作为特色项目,然后整个学校都陷入篮球的海洋,学校成了篮球培训学校,这样的特色是一种新的不公平和新的教育压迫,同样缺失了学生立场。

(三)过度依赖外部资源

当前许多学校忽视了作为课程资源的教师的开发,导致在进行校本课程建设过

程中,过度依赖外部课程资源。表现为:其一,许多学校的独特性课程依赖于从社会聘请的一些教练或一些具有特长的教师来实施。其二,一些学校的社团活动或兴趣小组活动等大量聘请专业机构人员进入学校来开展,学校教师参与度低,学校只进行联系、沟通及管理等工作。其三,过度依赖家长资源,一些学校充分运用学生家长中的优质资源,甚至有部分学校做成了独具特色的家长校本课程,但是过于依赖家长资源来进行校本课程建设,存在较多的变数,致使课程建设的稳定性和结构化程度不够。外部课程资源的开发与运用是推进学校校本课程建设所不可或缺的一部分,但是过度依赖外部资源,就会弱化课程资源对推进学校课程变革的作用。同时,外部资源还存在是否符合学校教育的需要及能否进行完整的课程建设的问题。

(四)课程资源建设的形式化

一些学校在推进校本课程建设过程中,热衷于开发教材、影像资料、文本资源及资源包等,期望通过为教师提供足够的资源,来落实校本课程,就如同教师根据教材、教辅开展学科教学一样。这样的课程资源建设往往导致的是课程建设的形式化,有丰富的资源但是没有课程。我们应充分意识到,校本课程开发是教师课程意识的觉醒与学生探究精神的复归;校本课程并非传授知识,而是师生合作探究、创造知识。由此,希望通过统一的课程资源包来实现校本课程建设是不可取的,忽视了教师作为课程建设主体的专业自主权,最终导致的是课程资源建设的形式化。

(五)忽视学校隐性课程资源的开发

学校教育场域当中存在着大量的隐性课程资源,这些课程资源对学生的成长起着至关重要的作用。推进学校校本课程建设需要将这些隐性的课程资源进行显性化的开发与运用,从而使之更好地促进学生的发展。这些隐性课程资源主要有学校的历史、学校的空间环境、学校的文化及学校的教育教学活动等。传统的认识中,并不认为这些是课程资源,因而在校本课程建设中忽视了对这些资源的开发与运用。

第三节 校本课程资源建设的学校策略

校本课程资源建设的关键在于:如何认识校本课程资源,怎样建设课程资源,如何促使众多的资源进入课程,怎样提升这些资源的利用率等。这与学校整体课程建设是一脉相承的,没有好的课程建设也就没有好的课程资源建设。针对当前校本课程资源建设中存在的问题,笔者将从以下方面来探讨如何更好地改进。

一、提升专业性,建设教师课程资源

教师既是校本课程资源开发的主体,也是课程改革的中坚力量。校本课程资源建设的有效进行,需要教师的思想的认同、认识的提高、能力的提升,需要有教育思想、专业素质、教学能力的教师团队。因为教师是课程资源开发的主体,不仅决定课程资源的鉴别、开发、设置和利用,而且教师本身就是课程实施的条件资源。[①]因此,促进教师自身专业发展,实质上是丰富潜在课程资源的重要举措。也只有依托于学校教师的校本课程资源建设才是具有无限的生命力的,才是真正的课程资源建设。学校应通过各种方式支持教师的专业兴趣、专业知识、专业情感、专业技能等方面的发展,进而帮助教师将潜在资源转化为具体的学校校本课程资源,丰富学校校本课程资源建设的途径。

二、扎根主体性,建设学生课程资源

学生是学校校本课程建设的受益者,也是校本课程建设的参与者,是校本课程建设的主体,是逻辑起点,也是最终目标。在校本课程资源建设过程中,不能忽视学生的课程资源建设。(1)学生中蕴含丰富的课程资源,可以发掘、开发其中的优质资源,进而开发出学生课程。(2)在课程实践中,因为实践而生发的学生生成性课程资源,是对课程的再次开发,也将是推动课程发展的有效资源。(3)隐性课程资源的显性化。学校教育场域中,教育的发生不仅仅存在于师生课堂教学中的互动及学校为促进学生发展所开展的课程活动中,还存在于学校场域中学生间的交往与对话中。在一定阶段,这种同伴交往对学生成长起着至关重要的作用。(4)学生参与校本课程建设的行动资源。作为课程建设主体的学生参与到学校课程建设行动中,本身就是一种课程资源,也是学生发展的组成部分。

三、生成层次性,建设隐性课程资源

学校教育中除了有大量的动态性资源、显性资源之外,还存在许多隐性课程资源,对学生的发展起着润物无声的作用。这样的隐性课程资源主要有学校的历史与文化传承、学校的办学理念、学校的校园环境及学校的校园文化等。学校历史往往

[①] 吴刚平.课程资源的理论构想[J].教育研究,2001(9).

具有丰富的教育价值,那么将学校的这种历史与文化进行课程建设,学生必然会产生学校荣誉感和自豪感,从而增强对学校的认同感。学校的办学理念所形成的学校符号系统与话语系统可留给学生深刻的烙印,不同的办学理念与办学追求所培育的学生往往具有不一样的气质。学校的校园环境如建筑、布局、花草、卫生状况及装修风格等都对学生有熏陶作用。学校的校园文化如雕塑、墙壁文化、班级文化等都是学生成长过程中重要的隐性课程资源。

四、培育合力性,建设家长课程资源

家长是学生成长的首席教师,是学生发展的首位引领者。一定程度上说,家长的发展高度撑起学生的发展高度。家校合作的重要性在当前已经被充分地意识到,学校极力研究家校合作的策略与方法,也在极力借助家长教育资源开展相关教育教学活动。从校本课程资源建设来说,学生家长是一个广大的课程资源群体。那么如何建设好丰富的家长课程资源,从而助力学校校本课程建设,是学校校本课程建设的一个重要命题。可以建设家长课堂,定期引进家长对学生进行多样化的职业教育和专业专长教育;可以引进部分有专长的家长建设家长校本课程,从而丰富学校的校本课程门类;可以推动家长参与学校校本课程建设中的民主协商与管理,从而实现家校合作的共生共长,为学校课程变革争取更多的支持与投入。

五、发展共生性,建设社区课程资源

学校应该充分意识到,学校是社区的组成部分,学校与社区的其他组成部分是共生共长的关系。学校改变,也必然推动社区的改变;社区的发展变革,也将对学校的发展变革产生影响。在推进校本课程资源建设中,学校要充分开发并运用社区的课程资源。(1)开发运用社区的文化资源。一个成型的社区或地域必然有其独特的文化个性,特别是由传统的村庄转化而来的社区,它们更多地保留了习俗、风俗文化,这些文化是学校重要并且独特的课程资源。(2)开发运用社区的图书馆、法院、医院、博物馆、企业等场所蕴藏的课程资源,形成与社区场所的共生共长关系。

六、发掘生态性,建设乡土课程资源

美国作家理查德·洛夫在《林间最后的小孩》中提出,当前社会有一种新的病症——自然缺失症,即现代城市儿童与大自然的完全割裂。他在书中强调,自然缺失症不是一种需要医生诊断或需要服药治疗的病症,而是当今社会的一种危险的现象,即儿童在大自然中度过的时间越来越少,从而导致了一系列行为和心理上的问题。不管是城市还是农村,现代学生都鲜有直接接触自然或农业的生活经历,往往是从一个楼房到另一个楼房又到另一个楼房的生活轨迹,并紧紧被限制在学校应试化的教育中。关注人的生态性发展,不是可有可无的,而是人的生命成长中所不可或缺的。所以,学校在进行校本课程资源建设的过程中,要充分发掘乡土课程资源,为学生提供尽可能多的乡土课程,发展学生的生态性生活。如可以在校内建一块小田园,为学生提供实践的空间。也可以发掘区域乡土资源,开发主题性的、阶段性的乡土实践课程。

七、聚焦规范性,建设课程资源的保障

为了确保课程资源的充分利用、持续发展,在校本课程资源的建设过程中,必须加强管理的意识,建立高效的管理制度。(1)转变学校管理理念,推进民主化管理。要明确制度规范化发展是一切的基础,以规范促发展,以规范促自主,以规范促个性化发展。学校应该根据国家、地方有关教育的法律法规,结合校情,制订出具体的校本课程资源建设制度、管理制度、学生选课制度等。在校本课程资源开发的管理中,学校首先要建立民主的原则。由于课程资源的广泛性和针对性,其开发过程要发动全体教师和学生参与,在资源的开发、选择、利用等阶段,要根据师生的需求,采纳师生的建议,给予师生适当的选择权利。(2)明确校本课程资源开发主体的职责。学校应建立课程资源开发的管理机构,成立课程资源审定委员会(指导专家、学校领导),以及校本课程资源开发委员会(学校领导、部分教师、高年级学生代表)。校本课程资源开发管理委员会要定期对学校教师进行指导,注重对课程资源建设的各环节(选择、评估、整理、编入课程等)进行管理。(3)校本课程资源建设的工作保障。学校要为校本课程资源建设提供多方面支持,包括人力、物力、财力,提供教学场所、时间、实物素材等,投入专项研发资金并专款专用。良好的保障机制能促进校本课程资源建设的规范化发展,活化的保障机制方能促进校本课程资源建设的灵动发展。就目前的发展态势而言,应先聚焦规范性,关注课程资源建设的程序性正义,实现校本课程建设逐步发展到稳固化、制度化的状态。

八、导向发展性,建设课程资源的评价

评价具有诊断、导向、指导等功能,不同取向的评价会产生不同的影响,同时,评

价本身就是课程资源建设的重要组成部分。为此,从推进学校课程资源建设良性发展的角度来看,应构建导向发展性的评价取向与评价机制。学校应建立校本课程的内部评价机制,以保证校本课程与国家课程、地方课程在总体目标上的一致性和互补性,特别是对于课程资源开发与利用等方面要进行自我监控,确保学校基本办学质量的稳定和提高。校本课程资源的评价,是在校本课程资源开发利用过程中的价值评判活动。这种评判活动应该包括:课程资源建设方案的评价、课程资源建设内容的评价、课程资源建设目标的评价、学生校本课程学习成绩的评价、校本课程资源管理的评价等。科学的评价方式,能促进校本课程资源建设。资源建设的评价应以发展为导向,促使资源建设过程不断完善。校本课程资源建设的评价,是对学校自主开发的评价和质量监控。为克服其中的困难,学校应找准问题。为保障校本课程资源建设的有效进行,学校要建立科学、完整、客观的评价制度。

第四节　校本课程建设中的师资建设

吴刚平教授指出:"校本课程开发是指学校根据自己的教育哲学思想、为满足学生的实际发展需要、以学校教师为主体进行的适合学校具体特点和条件的课程开发策略。"[1]从课程资源建设的层面来理解,学校教师是校本课程资源建设的第一核心资源,校本课程建设必须充分依靠学校教师。

一、教师课程资源建设的旨趣

对于学校而言,什么样的教师资源开发才能够更有效推动校本课程建设呢？笔者认为应有以下追求。

(一)合技术旨趣

笔者通过调查研究认为,当前学校校本课程建设情况不容乐观的原因之一就是教师缺乏课程意识及缺乏课程开发与实施的能力或素养。教师不愿意进行校本课程开发的重要原因之一是教师缺乏课程开发的技术。这既源于教师职前教育缺乏

---

[1] 吴刚平.校本课程开发[M].成都:四川教育出版社,2002:40.

课程能力的培育,也源于教师职后教育过度关注课堂,而忽视了课程能力的培养。在教师是学校课程建设的核心资源认识基础上,要有效推进学校课程建设,就必须培育教师的课程意识与课程能力。因此一所学校课程建设水平如何,首先应该追问的是教师课程开发技术培训的质量如何。

(二)合程序正义

评价学校校本课程建设中教师资源建设的水平,要看学校引导教师开发校本课程是否符合程序正义。校本课程建设是学校教师的必然职责,也是应然的权利。但是目前一些学校在借助教师开发校本课程上,主要关注了少数有特长或专长的教师,而大多数教师被贴上某一固定学科的标签而被排除在校本课程建设之外。事实上,校本课程的基本价值反映的是民主时代的课程哲学,其本质是要促进国家、地方、学校三级课程管理机制的实现,增加学校的课程自主权,增强学校课程的适应性,是要实现课程权利共享与互动,是为了激发并持续促进教师课程意识的觉醒,是为了体现教师专业自主权。符合程序正义的教师课程资源开发,应培育教师的课程领导力、开发力、实践力、改进力,让教师成为学校课程建设的参与者、领导者、评价者和实践者。

(三)合制度规范

当前已经有越来越多的人意识到,要促进学校校本课程建设的深度变革,必然要通过课程制度建设来达成。学校课程改革的深度目的是撬动传统以课堂教学和考试评价为核心导向的学校教育教学制度与机制。我们应当明白的是,学校校本课程建设不是学校教育实践的附加项,而是教育变革的核心。所以,缺失了制度保障的校本课程建设就必然是空中楼阁,难以落到实处。校本课程建设的师资建设要合制度规范有以下意蕴:其一,学校在推进校本课程建设过程中,要建立相应的校本课程建设管理机制、教师研修机制、教师管理制度,并使之成为学校相应制度和机制的核心组成部分。其二,学校要切实执行已有的相关课程制度及教师参与课程建设的制度,如教师职称评聘中关于参与或进行校本课程建设的规定。

(四)合协同文化

针对校本课程建设实践中存在的过度依赖教师的特长及教师开发水平层次不够的问题,除了要更新对校本课程的认识之外,我们还应当通过一些举措来改变这样的现实。笔者认为,应该鼓励教师开展基于多维协同的共同体研究,不断培育教师的课程建设协同文化,改变教师专业成长中的个人主义。虽然,当前学校教育实践中已经普遍关注了教研组、备课组等不同组织形式的团队建设,但往往是基于管理需要、教学需要,而不是研究的需要、探究的需要。协同文化的培育,有助于促进学校已有教师课程资源的放大,有助于唤醒更多教师的课程意识。其核心是使教师对课程开发的研究与实践成为教师团队文化的新生长点。同时,教师课程建设过程中协同文化的培育有助于提升教师课程开发的质量,发展出多元共生的校本课程。这种多元共生的状态既关注了教师个体资源的发展,也关注了基于学校办学哲学背景下的共生发展,可促使学校课程建设走向丰富,走向结构开放与动态生成。

(五)合创新发展

对于学校校本课程建设而言,最害怕的是校本课程建设的固化,应该追求的是校本课程建设的丰富灵动与动态平衡。然而,教师的专业发展必然导向稳固状态,教师课程资源的可变性不强与课程发展的动态性要求是一对隐性的矛盾。而学校课程建设中特色的培育与学生的不同需求也是一对发展中的矛盾。对于这样的隐性矛盾或发展陷阱,在一定范围内很难有有效的策略来解决。笔者认为在培育了较为稳固的协同文化后,还应该通过机制、制度及文化的力量,来促使创意、创新的迭代生成,通过不断引发教师团队的裂变,促使校本课程建设的创新发展,不断根据学生的发展需求创生出新课程。

二、教师课程资源培育的行动策略

那么在学校校本课程建设中,如何才能不断培育出符合上述要求的教师课程资源呢?笔者认为,可以从以下方面着手来培育发展的基础。

(一)区域行动:系统培训指导

作为伴随课改而来的新生事物,校本课程开发还处于起步阶段,在发展过程中,校本课程开发在学校层面上的认识理解及实践不那么均衡,存在种种问题,面对这些问题,作为区域学校教育业务引领机构——教研室或教师进修机构应有所作为:(1)应有计划对学校教师进行系统的校本课程开发培训,组织课程专家在区域协同调研的基础上进行校本课程开发的整体研究与规划,从而形成校本课程开发的培训课程。(2)对校本课程开发提供基本规范和指导,并将校本课程开发行动作为学校教育的评估指标。(3)协同课程专家进行诊断式指导,对学校校本课程开发做出评估并提出改进意见。(4)建立区域校本课程开发研修共同体,将区域学校中类似的校本课程开发行动进行整合，形成团队力量，以团队和多校联合的形式推动规范的高质量的校本课程开发。总之，在学校校本课程开发起步阶段，应发挥区域教研机构、高校课程专家和社会资源的力量，对学校校本课程开发技术与操作行为进行有效的培训、指导和引领，提升学校校本课程建设的水平。

（二）课程领导力：加强学校课程资源的设计与规划

学校进行校本课程开发需要学校进行整体规划与设计，实现学校课程的统整，进而对校本课程开发进行统一规划，使之符合学生的发展需求、符合学校的办学理念、办学哲学。首先应强调校长和教师的课程领导力。课程领导力包括校长和教师在课程理念、课程目标、课程内容、课程开发、课程实施与管理及课程评价等方面的领导力。这需要校长和教师具有相应的观念，在正确认识课程和校本课程的基础上，基于对学校、学生的评估来确定符合自身理念的办学指向。其次，运用课程领导力及课程开发技术体系，对学校课程进行规划与设计。

（三）专业发展：培养教师课程观念与技术

改变当前的课程形态，促使学校开设或研发基于学校和教师并为了学生的校本课程，引导学校进行校本课程开发，除了可以实现《基础教育课程改革纲要（试行）》所指出的"改变课程结构过于强调学科本位、科目过多和缺乏整合的现状"这样的目的之外，还可以促进教师的课程领导力、课程开发与二次开发的能力，转变教师的专业发展取向。当前，教师课程意识、课程观念及课程开发能力的培养普遍缺失，教师大多还处于教教材而非依据课程标准使用教材进行教学的状态。在校本课程开发中，多数教师普遍缺乏校本课程的意识、观念与校本课程开发的实战操作技术。由此，应在不同层面上，关注教师课程意识、观念的养成，通过系统的课程学习来提升教师的校本课程开发技术。除了系统的课程学习外，让教师在团队中参与校本课程开发实践来掌握课程开发技术也是应然之举。即通过研讨、交流，在规范化的校本课程开发过程中，在实践中不断提升教师的课程开发能力，进而逐步转变教师的观念，最终将课程意识、课程观念及课程开发技术融入教师专业发展内涵中。

（四）统整行动：开发基于课程统整的校本课程资源

从国家政策层面上来理解，校本课程首先是一种管理方式。基于综合运用、实践化、活动化、游戏化等课程形式取向，课程统整行动是学校校本课程建设的应然选择。当然课程统整是一个逐渐演变的过程，是不断发展变化的，不能一蹴而就，在不同的阶段应有不同的指向。基于校本课程开发，课程统整的基础应是各种课程的有效整合,具体表现在:(1)校本课程开发可以基于现有学科的整合或以项目、主题为主线来实施整合,如开设阅读校本课程,就可以以阅读能力的培养为主线来涵盖语文、数学、英语等多种文本或形态的阅读。(2)将校本课程开发与学校各学科整合,如心理、综合实践活动、音乐、体育、美术等边缘性学科的相互渗透。(3)将校本课程开发与学校的各项工作进行有效的整合,如德育活动、爱国主义教育、安全教育等。无论如何统整,其核心都在于将学校活动课程化,指向的是将当前基于管理的学校教育转化回归为育人活动。

第八章

课程评价：校本课程建设的价值引领

在本章中，笔者将阐述校本课程建设意义上的校本课程评价的内涵，从当前校本课程评价的实践层面分析当前存在的一些误区，提出存在误区的原因，并从为什么评、谁来评、什么时候评、评什么及怎么评几个方面对校本课程建设评价的基本问题进行理答。进而介绍当前比较经典的课程评价模式——目标匹配评价模式、目标游离评价模式、CIPP 评价模式、外观评价模式、差距评价模式、CSE 评价模式、自然式探究评价模式和应答评价模式。最后，从校本课程评价理念的现代化、主体的多样化、目标的多边化、内容的多元化、组织的程序化、过程的节点化、方法的科学化、结果的实践化几个维度探讨校本课程评价的实践路径。

第一节　校本课程评价的概念与逻辑

校本课程评价是校本课程建设的一个重要领域，是一个整体的实践行动。校本课程评价贯穿整个校本课程建设的过程，是校本课程建设过程中不可忽视的环节。

一、校本课程评价概念梳理

对校本课程评价的概念进行澄清，首先要对什么是课程评价进行梳理。

（一）课程评价的国外认识

在课程评价方面，国外已有较为权威的界定。美国著名的课程论专家、"课程评价之父"——拉尔夫·泰勒认为，课程评价过程在实质上是一个确定课程与教学实际达到教育目标的程度的过程。而著名课程专家乔治·J.波斯纳博士认为课程评价是指"为了获取课程决定所需信息而进行的评价"。也有学者认为课程评价是指"系统地运用科学方法，对课程的过程和产物，收集信息资料并做出价值判断的过程"。国外学者对课程评价关注了课程评价的系统性、课程评价的价值判断及课程评价的科学性等方面。

（二）课程评价的国内认识

国内对课程评价的研究因研究起步较晚而显得较为单薄，目前还处在众说纷纭的阶段，课程评价概念界定在学理上更多依赖于国外的课程理论研究，表现出课程评价研究的理论介绍和本土化探索两个特点。国内不同专家根据自己的不同理解对课程评价做出了自己的判断。钟启泉、张华等学者认为，课程评价是根据某种标准，以一定的方法对课程计划、活动及其结果等进行描述的过程。也有学者认为，课程评价不仅是对课程自身质量的判断过程，也是对课程实施效果的评价过程，是保障课程实施质量、促进课程自身不断完善的重要手段。课程评价包括对教材的评价、对教学的评价、对管理的评价和对实施效果的评价。孟宪平认为，校本课程评价是校长和教师对本校开发的课程进行质量分析和监控的过程，也是学校对校本课程进行跟踪管理的过程。

(三)校本课程评价概念的厘清

笔者认为，课程评价是以一定的方法途径对课程目标、内容、结构、实施过程和实施结果等方面做出价值判断的过程。

与国家课程、地方课程的评价不同，校本课程评价还涵盖了课程开发过程的评价和课程实施成效评价后的课程调整与改进等方面。为此，笔者认为校本课程评价是运用科学的方法对校本课程开发的过程及实施过程进行历程性的质量监控的过程。

从学校校本课程建设的现实出发，笔者认为实践层面的校本课程评价应把握以下几点：校本课程评价是由学校自主进行的，旨在提高校本课程开发质量；是一个持续的、动态变化的、多方位的过程；贯穿于校本课程开发的整个过程；具有多元的评价主体和评价标准；评价的结果直接体现在课程开发的过程中。

二、校本课程建设中课程评价的病理分析

在具体的实践过程中，经常有学校领导和教师反映，对于没有考试成绩要求的校本课程应该如何实施评价的问题。这实质上是对校本课程评价的认识误区，也反映了在校本课程建设实践层面上课程实施的不足。基于对大量学校校本课程建设实践的体认，笔者认为当前课程评价存在的问题主要有以下几个方面。

(一)认识窄化

对开展校本课程评价的认识，多数学校沿袭学科课程课堂教学的观点，校本课程评价实践往往集中在课程实施情况的评价上。实质上，这种认识是不全面的，呈现为对校本课程建设评价的认识狭窄化。表现为：一是对校本课程评价功能的功利主义认识；二是缺失了课程建设的民主意识和多方利益相关体的课程参与；三是对校本课程评价内容的选择性忽视，关注了课程实施的范畴，而对课程本身的质量及开发过程的质量监控缺乏元认识，表现为学校教育的过度自信和潜在的专业权威意识。

(二)经验主义

在校本课程评价实践中还存在较为严重的经验主义倾向。在对学生课程学习进行评价时多数学校采用了学生自评、同伴互评、教师和家长评价等方式，在对教师进行评价时，关注了教师目标的达成度、过程的互动度、评价的开放度等方面，而且学校为此设计了大量的评价指标和量表。应该说学校注意到了评价的技术转向问

题,开始关注多方视角和多元审视。但实践的审视告诉我们,这实质是技术主义追求下的工具理性魅惑,是经验主义在课程评价层面的新生成,对推进课程评价本身并没有实质性的价值。表现为:一是评价的指向性定位不明确,多数是为了有而存在。二是评价的技术取向上采用了大杂烩的形式,似乎只有都包含了,各方面都涵盖了才是科学的。三是对学业评价本身的简单化经验式处理。学科课程知识学习本身的评价一直以来都是评价变革的重要领域,如果沿用学科课程知识的技术取向,就必然促使校本课程走向另一种形式的学科课程,从而失去校本课程应有的综合性、活动性、生活性等特征。

(三)形式主义

正如前文所述,认识窄化的表现之一是对校本课程评价功能的功利主义认识,在实践层面表现为校本课程评价的形式主义。主要表现为:(1)评价实践不是为了需要,而是因为规定要有或者感觉要有,对评价实践的功能没有清晰的认识。(2)评价实践是为了做而做,缺乏严谨的设计和对评价过程的监控与信息处理。(3)评价实践性资源并没有很好地反馈课程开发实践和课程实施实践本身,失去了评价本身应有的导向功能、诊断功能和改进功能。(4)一些学校会有校本课程建设委员会、课程建设执行委员会等组织存在,但实质上并没有起到应有的作用,名存实亡。实践中,我们能看到一些学校进行了简易的课程评价实践,但多数缺乏对评价所得资料进行科学的统计分析。这种课程评价中的形式主义导致的是课程评价资源的极度浪费,耗散了学校校本课程建设中的内在生命力和发展动力。

(四)程序缺失

我们都知道程序正义比结果正义更重要。如果为了结果的正义和符合多数人的利益,而选择采用经验主义的判断方式,必然会忽视程序严谨性。学校校本课程评价实践中评价行动程序的缺失,实质是行政化作风在课程实践领域的反映。行政化是不可避免的存在,但是用行政化来管理学校的一切事物,必然造成学校教育各方面特别是课程建设实践层面的弱化。这实质也反映了学校教育实践的浮躁和功利主义,是对课程实践本身专业性的忽视和对学校教育专业的自我放弃。

三、校本课程评价的基本问题理答

针对校本课程建设中课程评价方面出现的种种误区,笔者认为应回归问题本身来进行解答,我们需要明确和认识到校本课程评价的基本要义。笔者将从实践需求出发,从以下五个方面进行解答。

(一)为什么评:校本课程评价的价值取向

价值取向问题是校本课程评价的最基本问题之一,要回答的是为什么对校本课程进行评价。校本课程实践与国家课程和地方课程不同的是开发和管理的主体不同,校本课程是由学校进行开发的,而国家课程和地方课程分别是由国家教育部门和地方教育部门组织设计并推行的。正如前文所述,课程评价是对课程的过程和产物收集信息资料并做出价值判断的过程。课程实践过程是动态的、持续的、发展的,这就需要通过不同的多元评价方式来推进。由此,课程评价的价值取向,一是诊断和改进校本课程本身,通过评价来发现校本课程开发的不足并改进;二是促进学生的个性发展;三是通过专业化的课程评价促进教师的专业发展;四是促进学校的特色发展。

(二)谁来评:校本课程的评价主体

校本课程评价实践要回答的第二个基本问题是谁是校本课程评价的主体。评价主体应来自校本课程的相关利益方,包括代表社会群体利益的教育行政管理者、社会群体特别是家长群体;代表课程专业权利的课程专家;代表课程开发及课程实施利益的以校长为代表的学校课程管理团队、以教师为代表的课程开发群体;代表校本课程直接感受者利益的学生代表群体。应由多元的校本课程评价主体共同构成校本课程评价委员会,进而在共同的利益追求背景下建立校本课程审议制度及校本课程评价方案。其中代表社会群体利益的教育行政管理者等属于外部评价,主要履行课程性质的管理与监督;课程专家主要是为学校校本课程评价提供智力支持和技术支持,促使学校、教师及学生等评价主体在课程专家的指导下开展更为专业的课程评价,从而更好地促进校本课程品质的提升,促进校本课程动态地、持续地发展;学校是校本课程评价行动的组织方,也是行动的重要主体方,代表的是学校课程实践的价值选择;作为校本课程开发及实施的教师是保障校本课程开发及实施质量的重要主体;而学生对校本课程实施效果有着最权威的发言权,不应忽视学生在课程评价中的参与。

(三)什么时候评:校本课程的评价节点

正如前文所述,校本课程评价实践中只关注课程实施成效的评价。全面的校本课程评价认识是建立在对校本课程的全面认识基础上的。校本课程不是静止的,不是开发出来就可以一劳永逸的,它是动态发展的、是灵活多样的。由此,在校本课程评价中评价节点的选择主要为校本课程实施前、校本课程实施中、校本课程实施后。实施前评价指向校本课程开发的质量如何,是否可以进行具体的课程实施,也就是通过课程审议机制对校本课程进行筛查和选择;实施中评价指向课程实施中教师的校本课程理解及课程实践,即对课程实施中的课堂教学情况进行质性评价;实施后评价针对校本课程实施的成效,指向学生学习效果,对校本课程进行诊断和改进。

(四)评什么:校本课程评价的内容选择

校本课程评价实践中的评什么是回答评价的内容选择问题,这是校本课程评价的本体问题,是决定校本课程质量的核心所在,决定所开发校本课程的课程地位。事实上,评价节点的定位也基本定位了校本课程评价的内容选择。实施前的评价针对校本课程质量,应涵盖校本课程开发各要素的契合程度,如校本课程目标与开发情境的匹配性,校本课程目标定位与学生发展需求的适切度,校本课程目标与课程内容的关联度。实施中的评价指向教学过程,应涵盖教师对校本课程的理解度与转化度,教师对校本课程课堂教学的实践演绎度与呈现度,课堂教学过程中的互动度与发展度等。实施后的评价指向的是校本课程实施的效果,应涵盖学生学习成效的评价如学生理解程度、课程目标的达成度、学生的课程学习兴趣度、后期课程诊断与改进程度等。

(五)怎么评:校本课程评价的技术与方法

在认清前面四个基本问题的基础上,校本课程评价还必须回答如何进行评价的问题。这里包含了对校本课程评价模式的选择和具体课程评价的技术与方法的问题。(1)课程评价模式指向对课程开发本身的系统回答。所谓课程评价模式是指"一套具体实施评价的方式,是人们进行具体课程评价时可以效仿的范例"。常用的校本课程评价模式主要有目标评价模式、CIPP评价模式、外观评价模式、差距评价模式、目标游离评价模式等,这些将在后文进行介绍。(2)是对具体课程评价的技术与方法的回答。在具体的校本课程评价实践行动中,根据不同的评价目的、不同的发展阶段和不同的理解水平,可以针对不同的评价内容来选择不同的具体评价方法。常见的校本课程评价方法有课程资料的内容分析法、问卷调查法、扎根研究法、教师访谈法、学生访谈法、课堂教学观察法、学生的学业成就分析法等。

校本课程评价是中小学校本课程建设实践中质量保障的重要方面,也是课程开发和实施中不可或缺的部分。笔者从校本课程评价实践的现状分析出发,探讨中小学校本课程评价的基本问题,以期对校本课程评价实践有所启示。

第二节　校本课程评价的基本模式[①]

校本课程评价是校本课程开发与实施的重要组成部分,进行课程评价是一个系统工程,在课程实践中不能做简单化处理,需要我们不断深化认识,掌握更多的课程评价理论与实践技术。许多研究者从各自的课程视角出发进行了许多相关研究,期望破解校本课程评价的一般性规律,从而为人们进行更合理更有效的课程评价提供规范和参考范式。这样的探索形成了一系列的校本课程评价的模式。笔者基于文献研究,梳理了当前比较典型的、比较成熟的以下几种校本课程评价模式,以供学校参考。

一、目标匹配模式:确定课程目标与实际结果吻合的程度

目标匹配模式也称为目标评价模式,或称泰勒评价模式,是在"课程评价之父"拉尔夫·泰勒的"课程原理"和"评价原理"的基础上形成的。其核心观点是确定实际结果与课程目标的吻合程度。

泰勒的课程开发模式可简单表示为:确定课程目标—根据目标选择课程内容—根据目标组织课程内容—根据目标评价课程。其中,确定目标是最为关键的一步,因为其他所有步骤都是围绕目标而展开的。这也是为什么人们把它称为目标模式的原因。在泰勒看来,如果我们要系统地、理智地研究课程计划,首先必须确定所要达到的目标。除非评价方法与课程目标相切合,否则评价结果便是无效的。其"评价原理"可概括为七个步骤:(1)确定教育计划的目标;(2)根据行为和内容来解说每一个目标;(3)确定使用目标的情境;(4)设计呈现情境的方式;(5)计获取记录的方式;(6)确定评定时使用的计分单位;(7)设计获取代表性样本的手段。泰勒的评价原理是以目标为中心来展开的,主要是针对20世纪初形成并流行的常模参照测验的不足而提出。

目标评价模式强调用明确的、具体的行为方式来陈述目标。评价是为了找出实际结果与课程目标之间的差距,并利用这种信息反馈作为修订课程计划或修改课程目标的依据。由于这一模式既便于操作又容易见效,所以很长时间在课程领域占据

[①] 本部分内容主要参考了以下材料:徐玉珍.校本课程开发的理论与案例[M].北京:人民教育出版社,2003.吴刚平.校本课程开发评价的基本框架[J].集美大学教育学报,2001(1).靳玉乐.校本课程开发的理念与策略[M].成都:四川教育出版社,2006.钟启泉.课程论[M].北京:教育科学出版社,2007.钟启泉.现代课程论(新版)[M].上海:上海教育出版社,2015.张华.课程与教学论[M].上海:上海教育出版社,2000.

主导地位。但由于它只关注预期的目标,忽视了其他方面的因素,因而遭到了不少人的批评。

二、目标游离模式:关注学校课程的非预期的效应

目标游离(goal-free)评价是斯克里文针对目标匹配评价模式的弊端而提出的。其核心是评价者应该注意的是课程计划的实际效应,而不是其预期效应。

目标游离评价模式的要点:(1)评价的重点从"课程计划预期的结果"转向"课程计划实际的结果"。(2)编制课程时预期的课程目标可能是有用的,但不能作为评价的唯一准则。(3)其主要形式有描述式和批评与鉴赏式。描述式是对课程与教学系统的各个方面进行了解和描述;批评与鉴赏式是用质性的观察手段对课程与教学系统的各个方面以及课程的进程进行描述、批评或表扬。(4)课程评价要收集有关课程计划实际结果的各种信息,综合各种信息才能对课程计划及课程实施情况做出准确的判断。

目标游离评价模式针对目标匹配模式过度关注预期目标,忽视其他因素的弊端,一定程度上深化了对课程评价的整体认识,对解决相应的问题有一定的启发价值。但它也有不足之处:(1)课程评价中搁置了原定的预期目标,过度关注实际效果,会导致背离课程评价的主要目的;(2)完全的目标游离评价在现实情境中是不存在的,总是会受评价者既有经验、准备及个人意志的影响;(3)目标游离评价模式缺乏一套完整的评价程序,还不是一个完整的模式。

三、CIPP评价模式:为学校课程决策提供有价值的信息

CIPP评价模式是由斯塔弗尔比姆提出的一个课程评价模式。CIPP评价模式以改进方案为主要目的,被广泛地应用到教育评价或课程评价上。它是由背景评价(context evaluation)、输入评价(input evaluation)、过程评价(process evaluation)、成果评价(product evaluation)这四种评价组成的一种宏观的综合评价模式。斯塔弗尔比姆认为,评价不应局限在评定目标达到的程度上,而应该为课程决策提供有用信息。

(1)背景评价。背景评价是最基本的评价,包括界定学校的背景,确认课程的服务对象并评估其需求,确认满足需求的可能方式,诊断需求所面临的问题,以及判断目标是否能响应已知的需求。背景评价旨在提供确定课程目标的依据。

(2)输入评价。这是对实现课程目标所需要而且可以得到的条件所进行的评价,是对课程实施的可行性评估。它涉及的问题主要包括:实现目标的可能性;各种

方案的潜在成本；课程的优势与劣势；课程伦理问题；课程资源的可获得性等。

(3)过程评价。这一阶段的评价，主要是描述课程实施过程，从而确定或者预测课程中存在的问题，比如，有关活动是否按预定计划得到实施，是否以有效的方式利用现有的课程资源，等等，从而为课程开发者提供修正课程的有效信息。

(4)成果评价。这一阶段的评价主要是测量、解释和判断课程的成效。具体的做法是收集一些与结果有关的各种描述与判断，把它们与前三个方面的评价联系起来，对课程的价值与优点做出判断与解释。在斯塔弗尔比姆看来，成果评价仍然是质量控制的一种手段，而不是最终的鉴定。

CIPP评价模式是一种比较宏观的、综合性的课程评价模式，因此，在涉及具体的评价信息收集的时候，还需要一些具体的方法。比如，在进行背景评价时可以采用系统分析、调查、访谈、座谈、诊断性测验等方法。在进行成果评价的具体操作时，可以借鉴档案袋评价、实作评价、观察与访谈等方法。CIPP评价模式考虑了影响课程计划的种种因素，可以弥补其他评价模式的不足，相对来说比较全面。但由于它的操作过程比较复杂，难以被一般人所掌握。

四、外观评价模式：关注学校课程实施的整个过程

外观(countenance)评价模式是由斯塔克提出的。外观评价模式的核心观点是：评价应该从三方面收集有关课程的材料——前提条件、相互作用和结果。前提条件是指教学之前已存在的、可能与结果有因果关系的各种条件；相互作用主要是指教学过程中师生之间和学生之间的关系；结果是指课程计划的实施效果。对于这三个方面的材料需要从"描述与批判"两个维度来做出评价：对课程计划打算实现的内容和实际观察到的情况进行描述；根据既定标准进行评判和根据实际情况进行评判。即外观评价模式的核心是关注学校课程实施的整个过程。

外观评价模式的优点是：强调课程评价活动要关注课程实施过程的资料，不局限于实施的过程，注重描述和评判在教学过程中出现的各种动态现象。在这一点上，它优于其他评价模式。但是其不足有两点：(1)基于个人的观察、描述及判断，容易掺入个人的主观因素及价值取向；(2)前提条件、相互作用和结果三者的界限并不是绝对的，容易出现交织，操作过程不容易把握，需要较为专业的人员来进行。

五、差距评价模式：关注应达到的标准与实际表现之间的差距

差距(discrepancy)评价模式是由普罗佛斯提出的。其核心观点是课程评价过

程中要关注差异,旨在揭示计划的标准与实际的表现之间的差距,以此作为改进课程计划的依据。他指出,一些自称在实施某种课程计划的学校,并没有按照该课程计划来运作,所以计划之间的比较并没有什么意义。

差距评价模式包括五个阶段:(1)设计阶段。要界定课程计划的标准,以此作为评价依据。(2)装置阶段。要了解所装置的课程计划与原先打算相吻合的程度,所以必须收集已经装置的课程计划的预期目标、前提条件和教学过程等方面的材料。(3)过程阶段。也称为过程评价,即要了解导向最终目的的中间目标是否达成,并借此进一步了解前提条件、教学过程、学习结果的关系,以便对这些因素做出调整。(4)产出阶段。也称为结果评价,即要评价所实施的课程计划的最终目标是否达成。(5)成本效益分析阶段,也称为计划比较阶段。目的在于表明哪种计划最经济有效,这需要对所实施的计划与其他计划进行比较分析。

差距评价模式的优点是关注了课程计划应该达到的标准和实施各个阶段的实际差距,通过比较分析差距产生的原因,对课程决策及改进提供支持。其不足是在"应然"与"实然"之间,会遇到许多价值判断的问题,这是一般评价手段难以解决的。

六、CSE评价模式:基于需求的学校课程评估

CSE是由斯塔克提出,古巴、林肯等进一步发展而成的课程评价模式。CSE是美国加利福尼亚大学洛杉矶分校评价中心的简称。该中心自20世纪60年代后期以来一直在研究和推广这一评价模式。

CSE评价模式强调评价的形成性功能和总结性功能,是一种动态性的评价,高度关注对学校课程需求的评估,通过需求评估来不断调整改进方案,既关注了过程又关注了结果。

CSE评价模式分为4个阶段:(1)需求评估。对学校的发展态势、学校课程发展环境进行多元评估。(2)计划的选择。学校以需求评估为基础来进行方案的选择,也就是对实现的可能性进行评定,增加课程的适应性。(3)形成性评价。关注实践过程,发现优点与不足,以能够及时修改方案,从而保证发展目标的实现。(4)总结性评价。强调对课程预期目标的达成情况进行全面的调查和判断,形成总结性评价,进而调整课程发展目标,增强课程的适用程度。

CSE评价模式是一种综合性的评价模式,关注了课程评价的过程性与总结性的统一,具有较强的实用性。其主要问题是要求比较专业,不易操作。

七、自然式探究评价模式：在自然状态中对课程现场做出描述

自然式探究(naturalistic inquiry)评价模式是建立在现象学、解释学、日常语言分析哲学以及符号互动等理论基础之上的。其主要观点是不主张采用固定的研究方法，而是要根据实际情况而定；主张要关注事物的多元性、研究主体与客体的交互性、建构的同时性；由此提出评价的最佳方式是在自然背景下对社会行动进行现场研究并做出描述。

自然式探究评价模式的主要特点有：注重自然情境的研究；注重定性的研究方法；注重从事实归纳中获取理论；注重个案分析，而不是大范围调查；注重缄默的或不言而喻的知识；研究设计是逐渐形成的，下一步骤基于前一步骤的发现；注重关注研究者的移情效应；等等。

八、应答评价模式：激发评价者与被评价者的参与兴趣

应答评价模式由斯塔克提出，古巴、林肯等进一步发展而成。斯塔克认为，课程评价有不同的方法，没有哪一种方法是唯一正确的。但要使评价产生效果，必不可少的一点是，评价应该向听取评价结果的人提供他们所关心的信息，评价者要充分了解他们所关心的问题。斯塔克提出了评价过程中评价者和评价听取人之间相互作用的12个步骤。这些步骤是：

(1)确定评价范围。由评价人员和当事人确定评价方案的范围。

(2)了解评价活动。评价人员要纵观整个评价活动及其主要特点。

(3)确定评价目的和重点。评价人员要发现评价的目的和不同层面的参与者所关心的问题，由此确定评价的重点。

(4)形成议题和问题。评价人员要分析种种观点，分析种种疑虑和要求，综合并列表说明所要研究的问题。

(5)确定所需的资料。根据需要研究的问题选择资料。

(6)选择观察者、判断者和评价工具。

(7)观察指定的前提条件、过程因素和结果因素，同时评价人员还要搜集各种资料，进行判断。

(8)理论总结，对方案进行描述性材料的准备或个案研究。

(9)检查其有效性。通过不同的测验，确认或否定某些证据，让不同的人检查和判断。

(10)筛选组合。对各种资料进行整理，以供评价听取人使用，并分别搜集不同

人的反应以照顾不同团体的需要。

(11)准备正式报告。根据当事人的需要搜集信息,准备报告。

(12)与方案当事人、评估听取人和方案执行人员交谈。通过交谈、沟通,了解和激发各类人员的兴趣和利益,以形成最好的评价。

应答评价模式的最大优点是不单纯从理论出发,而是从关心评价各听取人的需要出发,确认他们的关注焦点,重视他们的价值观,将他们纳入整个评价过程,甚至于报告形式也要符合他们的需要。应答模式回答了其他模式希望回答的诸如目标的达成程度、决策、价值判断等问题,较好地适应了多元社会的现实和具有不同观点的评价听取人的需要。应答模式出现之后,得到了广泛的好评,一些学者甚至认为该模式是迄今为止所有评价模式中最全面、最有效的。

以上对当前的一些主要课程评价模式进行了介绍,以期能够启发学校课程评价实践的发展与改进。笔者发现,虽然不同的评价模式各有不同的侧重点或切入点,但有一些共同点,主要有:(1)评价的目的都指向课程改进、完善,体现了课程建设是一个动态生成的过程。(2)课程评价是一个发展演进的过程,是一个螺旋式上升的过程。(3)评价过程的核心是对课程信息、数据及证据等的收集与处理。虽然不同的评价模式在信息收集方法、侧重点和内容上会有所不同,但是都强调信息收集,这也是进行课程评价的核心所在。(4)都强调规范科学的评价方法。也许在实践过程中,具体方法及方法论运用有所区别,但是都关注科学方法的运用。(5)都关注预期设计的目标系统与实际实践效果之间的差距。虽然在具体使用步骤、关注点上有所不同,但是都从不同视角和不同程度上考量了这种差距之间的价值,以最终达到课程改进的目标。促使课程评价从经验主义或感觉主义走向科学主义或理性主义,其核心就是不断探索并构建出合理有效的课程评价模式。从当前中小学校本课程建设实践来看,对于课程评价,我们任重而道远。

第三节 校本课程评价的实践行动路径

在前文中,笔者已经阐述了学校校本课程建设意义上的校本课程评价的内涵,也从当前学校校本课程评价的实践层面分析了当前存在的一些误区,提出了存在认识窄化、经验主义、形式主义、程序缺失、过度行政等方面的问题,并从校本课程评价的价值取向、评价主体、评价节点、内容选择、技术与方法几个方面对学校校本课程建设评价的基本问题进行了理答和概述。同时,也介绍了当前主流的一些课程评价模式。在这里,笔者想接着谈谈,从学校校本课程建设的实践发展需要来看,评价的实践行动路径应该把握哪些方面。

一、校本课程评价理念的现代化

什么是评价理念的现代化?在笔者看来,评价理念的现代化要从理念上抛弃经验主义式的评价惯性,从更多层面和维度来认识评价理念发展。

校本课程评价理念的现代化应把握好以下几个方面:(1)要回应评价理论的发展。我们要拒斥经验主义式的评价,应充分吸收当前关于评价理论的最新前沿的研究成果,将评价放置在理论层面进行实践。摒弃传统的书面式、测试式、单一性的评价,关注当前的发展性评价、档案袋式评价、过程性评价等多元评价理论。(2)要把握好评价理念的发展性。现代化是一个过程,是要追寻先进的、前沿的文明。评价理念的现代化即把评价作为一个不断发展变化、不断螺旋式演进的过程。(3)要把握好评价理念的过程性。评价不是结束,而是节点,是一个过程。校本课程评价理念应把握好过程哲学,充分认识到课程建设是一个动态生成的过程,是不断进行的行动研究。(4)校本课程评价理念的现代化,应有科学化方法、实证性思想、证据化意识、整体化设计几个方面的现代化。仅仅凭借主观判断,或仅仅依靠数据等证据的累积(技术主义倾向)都是有缺陷的,评价最重要的是要建立证据与意义之间的联系。评价现代化是评价的现代性追求,这种现代化追求的实质基础是科学实证主义和系统思想。

二、校本课程评价主体的多样化

校本课程评价主体的多样化实质是在校本课程评价的过程中,关注不同的利益群体的参与。传统的课程评价主要是由教师现场评价、学校考试评价、教育业务部门的质量检测评价,其主要表现为规约化的评价和统一式的评价。在校本课程实施过程中的评价,往往关注了学生自评、学生互评、家长评价和教师评价几个方面。但是评价权利还是集中于少数人手中,甚至很多时候学生评价和家长评价沦为形式,教师评价也常常走向随意性。

校本课程评价主体的多样化应有三个层面的含义:(1)评价利益主体构成的多样化。课程评价主体应有代表社会群体利益的教育行政管理者、社会群体特别是家长群体；代表课程专业权利的课程专家；代表课程开发及课程实施利益的以校长为代表的学校课程管理团队、以教师为代表的课程开发群体；代表校本课程直接感受者利益的学生代表群体。(2)评价主体专业背景的多样化。评价过程牵涉众多层面的问题，需要不同专业背景的人员提供不同的支持。(3)评价主体介入层次的多样化。以课程参与者为主体的评价是直接性的评价，但可能存在本位的自我美化或自我否定的可能；以学校为主体的评价体现的是学校的整体利益，能够一定程度反映学校的追求方向；以第三方(利益无关者)为主体的评价，虽然缺失了课程开发和课程实施的在场体验，但是在一定程度上保证了课程评价的中立立场，从而更为客观反映出课程的真实发展状态。从多样化来看，前面三种介入层次的主体也可以整合在一起进行评价，在调和立场的基础上实现课程发展和学生发展的本体性目标。

三、校本课程评价目标的多边化

多边化，是与单边化和双边化相对应的。学校教育的基础是人的可塑性，同时人发展的复杂性又决定了教育的复杂性。马克思指出："人的本质并不是单个人所固有的抽象物。在其现实性上，它是一切社会关系的总和。"这种社会关系的体现是人的交往。从学校教育场域来看，交往是学生真实存在的本质属性，交往产生了多边化的存在。人的多边化关系存在，决定了教育实践的多边化现实。为此，校本课程评价目标要通过多边化的路径来实现。(1)关注课程达成的实践全程的多边互动关系，既要关注结果性目标，也要关注过程性目标，乃至关注一节课的目标。(2)关注多元目标间的课程实践全程的多边关系，不同类型和不同层次目标在课程实施过程中因为教育实践的复杂性，将产生多重变奏，这是评价目标设定和评估过程中要关注的。(3)关注学生课程目标达成的多边关系。采用统一式的、定量的评价方式，将忽视学生课程目标达成的潜在性和多维性。因此既要关注学生的优势发展，也要关注整体学生层面的目标达成，更要关注边缘学生的多边存在意义下的教育关怀。(4)课程实施的主体是教师，教师存在方式的不同取向也决定了同样校本课程的愿景实践和目标达成，同时教师与学生、课程、实践的多边互动关系，所孕育的课程实践复杂性也需要课程评价目标的多边性。总而言之，课程评价目标的多边性的实践路径应是多层次的、多阶段的、多维度的。

四、校本课程评价内容的多元化

传统的课程评价内容的选择更多指向的是课程实施成效，或者是课程内容的教学实践适应性问题。基于校本课程开发实践的复杂性关系来审视，校本课程评价内容具有多元化的特征。多样是指向呈现的样态，多边指向立场和关系，而多元指向维度，是同一框架内的不同方向的追求。校本课程评价内容的多元化主要体现在以下三方面。

(一)学生发展目标个性化需要导向评价内容的多元化

在课程学习过程中，基于多元智能发展理论，学生在课程中所获得的内容存在差异，所以在课程设计过程中要针对学生的个性化发展设计多元化发展目标，根据目标选择多元的学习内容以促使学生在课程学习中获得适合自己的发展资源。

(二)校本课程评价内容载体的多元化

校本课程评价是一个专业的过程，需要专业的工具来针对专门的评价内容。评价内容载体实践表征的多元化决定了评价内容需要多向关注。如校本课程研制背景；教材内容与教材目标；教材专题内容分析评价表；课堂教学观察记录表；学生满意度，学生兴趣等问卷、访谈；教师专业发展的问卷与访谈等。

(三)校本课程评价内容选择的多元化

在课程内容评价中，选择什么内容进行评价，要依据评价的目的、评价的阶段、评价的方法等进行综合考量。如果内容指向课程开发的内容选择与组织本身，那么就需从学生多元化发展和课程内容选择的多元价值取向来进行确定。如学生中心的课程内容选择取向、社会中心的课程内容选择取向、学科逻辑依据的课程内容选择取向及混合式的课程内容选择取向等，多样的价值取向将导致课程评价内容选择的多元化。同样，课程开发阶段的评价、课程实施过程中的评价和课程实施成效阶段的评价等不同评价阶段，也会造成课程评价内容选择的多元化。

课程评价内容的多元化与课程评价是一体的，是系统的过程，也是系统的行为实践，这就需要通过目标、组织、过程及方法的权变来寻求突破。

五、校本课程评价组织的程序化

我们通常说结果很重要，评价就是为了得到一个说明性的、确定性的、终结性的结论。为此，我们往往关注了评价的结果，而对评价组织程序的公平正义性往往缺乏关注。事实上，结果正确并不代表程序正义。目标达成可能是因为正确的、正义的程序，也可能是非法的、违规的程序与方法。结果论是可怕的，也是不可取的。为此,我们应秉持课程评价程序的正义性,而非结论的正确性。校本课程评价组织的程序化包含课程评价的整体结构设计、评价组织建设的程序化及评价组织过程的程序化。

(一)课程评价的整体结构设计

校本课程评价是一个系统工程,需要进行整体结构设计,需要制订校本课程评价方案。方案要是一个完整的体系,而不是孤立的存在。在方案设计中要呈现出完整的课程评价的背景、目标、组织、过程、内容、方法选择及具体运作方式等。同时要衡量针对不同校本课程的个性特点,采取共性评价量表与个性评价内容相结合的方式。方案的整体性认识基于校本课程建设的系统,方案的个性化设计取决于所评价课程或程序的个性特点。

(二)评价组织建设的程序化

评价组织建设的程序化应有几层含义,如组织机制建设的常态化、人员的动态化、组织形成过程的程序化。这样的程序化要求取决于几个因素:首先,课程评价组织是学校课程建设管理与领导范畴中所必需的组织机制,是保障课程建设民主化的重要形式;其次,课程评价组织的构成不应是确定的,而应遵循评价方案中范畴构成的确定性和具体个体选择的不确定性的原则,以保障评价的公平正义性;最后,课程评价组织的诞生是程序化的,不是领导的意志,不是部分人的意志,而应是基于既定程序所生成的。

(三)评价组织过程的程序化

组织过程的程序化应该包括制订课程评价方案、成立课程评价小组、确定课程评价的基本领域、制订评价标准及指标体系、评价的运作几个程序。只有走向程序化的课程评价组织,方能保证课程评价的民主化和公平正义性。

六、校本课程评价过程的节点化

课程评价组织和课程评价过程的不同在于,组织是指向课程评价的准备过程和课程评价组织机制的建设,而过程是指向具体的行动过程,是课程评价的基本步骤。所谓的节点化,指事物的发展过程是时间性的,是不断发展的,为了促进评价过程的有效性,就必须对评价过程的关键事件进行节点化处理,通过节点化的显性呈现和推进,有效保障课程评价成效。

课程评价过程的节点化主要体现为以下几点：

(1)解读与实践转化，工作准备。课程评价组织根据评价方案进行解读和实践转化，进行人员分工和实施过程的相关准备，主要有思想准备、时间准备、后勤准备及预案准备等。

(2)明确评价目的，搜集证据。明确评价目的，确立评价维度，设计工具，搜集证据。对于不同的评价内容，证据搜集的内容和侧重点有所不同。需要重点关注以下问题：不同类型的课程，搜集的证据是否不同？对于该课程载体的教材应该搜集什么证据？课堂教学评价应该主要搜集什么样的证据？学生评价应该搜集什么样的证据？各个证据之间如何形成相互的关系？

(3)对证据进行多维研究，分析解释。其主要包括：运用信息化平台，逐步建立常模，对课程证据进行相关性分析研究，对评价指标、问卷、试卷测试内容、方法进行反思研究等。

(4)结论反馈与课程调整。首先，生成课程评价结论，结论的生成应围绕"学校课程哪些目标达到了？有何证据证明？学校课程中哪些目标没达到？是什么原因？课程门类的组合是否最优？是否有利于促进学生相关能力的发展？从哪些角度可以搜集证据证明？课程的课时安排是否恰当？投入与产出是否具有效益？如何证明？"等来进行。其次，将这些结论对学校课程领导组织、课程管理部门及课程开发人员进行反馈，引导他们依据课程评价结论对学校课程建设方案和校本课程的开发进行调整和改进。

七、校本课程评价方法的科学化

在这里谈的科学是与经验相对应的。课程评价方法的科学化应指向的实践路径主要有：

（一）指向课程评价方法认识的科学化

明确评价方法的具体指向是什么，是评价方法科学化的保证。如测试是有公认的假定正确答案，被设计出来用于搜集某些个体特性(如考试成绩)的信息的。量表也是一种工具，量表中的问题一般没有正确或不正确之说。量表主要用于衡量兴趣、态度、价值观、行为等特性。比如要弄清楚常模参照和标准参照之间的关系和逻辑等。

(二)课程评价方法运用的清晰化和常态化

传统评价过多采用终结性的考试评价,而在新课程改革过程中,越来越多选用了课程审议、问卷调查、访谈法、测验法等方法来进行课程评价。然而,很多这样的实践往往是人云亦云,并没有基于证据意识、专业意识和方法意识来自觉地进行方法的选用。同时,一些评价方法的运用更像是装点门面,没有起到直接性的作用。所以课程评价中方法的运用首先在于自觉的专业方法意识,其体现的是课程开发和研究过程中基于证据的专业过程。

(三)课程评价方法运用的准确性

在实践中,我们可以看到一些课程开发评价中广泛运用了问卷调查法,但是问卷设计本身与课程开发本身并没有多大关系,同时问卷只有呈现而没有数据的统计与分析,问卷设计过程中缺失了信度和效度,后期处理上也走向了形式主义。在课程评价方法运用上要关注各种方法的准确运用,保证方法运用的有效性。同时,不同的课程评价内容,所使用的方法也是不同的,如课程审议适合对课程开发的质量进行评价,问卷法适合对课程资源进行调查时使用,测验法适合了解学生对课程学习的掌握和获取程度时使用。

(四)课程评价方法运用的工具性

评价方法只是工具,不是目的,目的是对校本课程进行准确而有效的评价。为了所谓科学、规范而选用高大上的评价方法是不可取的。评价方法运用的工具性,就是要关注方法的本体功能——得到数据,得到评价的数据。

八、校本课程评价结果的实践化

评价结果的实践化是指要将评价结果运用于教育实践行动中,不能只是得到一个结果就结束。传统的评价中往往在课程结束后通过考试测试出一个分数,然后反馈给学生和家长就结束了。另外,评价结果往往成了比较和宣传的工具。这些都是课程评价结果实践化的异化。课程评价结果的实践化应指向以下三点。(1)指向对学生发展态势的分析。通过课程评价结果的分析来明确学生的发展情况,进而来调整课程实践的节奏、难易水平和指向等以更好地促进学生均衡、多元发展。(2)指向课程改进的实践化。课程评价结果能够反映出课程开发的质量,基于课程评价结果的课程再开发是课程研究和开发行动的重要意蕴。(3)指向教师课程能力的提升。课程评价结果应能够对课程开发实践过程进行反馈,寻找课程开发实践过程的不足和缺失，反映出教师课程开发的水平和能力，从而促进教师课程开发的反思性成长。

　　当然，以上所谈几个方面是笔者根据课程评价理论及课程实践现实进行的总结梳理，是一般性可能而非确定性结果。事实上，针对还处于实践发展变革期的基础教育校本课程建设，没有什么是可以定位为确定性的，基于实践智慧的课程评价认识应该是在确定性和不确定性中生成出更多的更好的理论可能和实践路径。所以，在具体的实践过程中，可以根据学校校本课程建设的实践现实进行调整或改进性应用。

第九章

课程发展:校本课程建设的展望与期待

在第三章中,笔者主要探讨了学校校本课程建设理论重构层面上的课程愿景。本章,笔者从学校校本课程建设的实践发展追求上来探讨我们的校本课程实践应该有的立足点及可能定位,最后得出目前应该追寻的校本课程建设的实践特征。第一节通过对学校校本课程实践的历史考察,提出校本课程建设的七个发展阶段;第二节基于区域校本课程建设的发展现实提出校本课程建设应该追寻的八个特质。

第一节　校本课程建设的历史发展与可能愿景

　　课程的发展可能蕴含在校本课程建设的历史理路和当下实践的愿景追求中。为此,笔者系统地对新课程改革以来校本课程建设的实践进行考察,分析了课程愿景、课程主体、课程呈现、课程开发、课程实施、课程评价、课程保障等方面的样态,以期发现实践领域课程发展的逻辑。

一、1.0版:学科化校本课程

　　校本课程开始在基础教育学校落实是在新课程改革具体推进过程中实现的,事实上在此之前,教育部文件也有涉及,提出了"国家课程、地方课程和校本课程"的三级课程管理机制。然而,这样的课程管理机制并没有实现,新课程改革以来的校本课程实践主要体现为校本课程的开发。这个时期课程话语刚刚进入学校教育系统中,被认为是解救中国越发严峻的应试教育的一剂良药,受到热捧。所以,这个时期的校本课程建设呈现出了以下特质:课程愿景上,表现为强烈的现实改造主义和对开发单一课程的追求;实践动力上,冲劲十足,舍得投入人力物力;课程主体上,表征为行政领导因为新课程改革的行政化推动而重视,学校领导亲自挂帅,教师反而是被动执行者;课程开发过度追求知识的结构,学科化倾向严重;过度热衷于编写教材,实质是政绩主义思维在教育领域的体现;课程建设保障上,行政领导重视替代了制度建设,政绩主义思维替代了教育实践思维。

二、2.0版:特色项目校本课程

　　在行政领导的高度关注下,校本课程建设经过一个轰轰烈烈的发展阶段,在并没有取得理想的成效后,随着行政意志的退场,学校教育出现了批判、沉默和认同三种情况。其中认同的取向推动了学校校本课程的深入探索和思考,校本课程建设进入了2.0时代——基于特色项目的校本课程建设。其主要特质如下:(1)追求特色或与众不同的课程愿景。学校校本课程建设追求人无我有、人有我特、人特我精,不怕课程开发,就怕课程开发跟他人雷同。(2)在课程开发路径上,开始着力于从学校发展历史、学校文化、学校办学追求进行探索,开始关注区域性文化在学校的呈现。(3)

在课程主体上依赖于学校具有特长的教师,一个个特色项目式的校本课程开始诞生出来,如关注方言与文化,关注区域特色的节庆、习俗及传统手工艺术等。(4)课程呈现上突出表现为知识化倾向和技能倾向,关注了文化的传承,而忽视了育人这一学校本质属性,由此校本课程建设与学校教育本质关联性不强。(5)在课程保障上,表现为机制保障的表层化,纷纷建立以校长为核心的领导小组,但更多基于行政需要,反而强化了课程建设的校长及领导意志。学校校本课程建设依然在政绩主义思维的泥泞中艰难前行。

三、3.0版:多样化选修校本课程

学生立场的缺失是校本课程建设2.0阶段最为核心的弊病,学生在课程开发中的不在场,学校对育人属性的忽视等问题,致使一些教育志士开始新的探索——多样性选修校本课程建设的3.0时代。在课程理念上,该时代认识到学校教育要关注学生的个性化发展需要,要为不同学生的不同发展可能提供丰富的教育资源,不能过于强调灌输的、知识性的教育,由此提出了基于学生自主性、选择性发展的多样性选修校本课程建设的路径,通过学生走班重组的方式来提高课程的学生适应性。在课程呈现形态上,该时代表现为各个学校大量开展所谓的兴趣小组、第二课堂、多样化社团等选修校本课程。这背后的实践发展逻辑是在不断深化特色项目的追求过程中,随着特色门类增加,形成了课程群,不断扩大了学生的辐射面,使所有学生都能够在多样化校本课程建设中找到自己感兴趣的课程。在课程开发的方法上,通过运用问卷调查法、访谈法、理论分析法、行动研究法等方法进行校本课程开发,在此过程中,关注了课程门类和课程实践,忽视了课程开发过程的研究性和程序正义性。在课程主体上,呈现为百花齐放,多种课程开发主体进入校本课程建设场域中,教师、家长、学生、社区、社会教育机构及民间教育力量走入了学校课程建设当中,成为学校校本课程资源的关键力量。这种情况导致了在课程主体性资源上过度依赖校外资源,而学校教师应然的课程资源主体没有被充分挖掘,学校教师没有真正参与到学校校本课程建设中。在课程评价取向上,过于关注学生的获得,出现竞赛倾向,即为了在各种比赛获奖或者参加各种活动而进行训练。为此,也出现了课程变化大,稳定性不够,课程建设规范性不足,缺乏行动研究,资源参差不齐等问题。在课程建设保障上,缺乏相应的保障机制,随意性过强,过于依赖私人资源或财务支持等。

四、4.0版：学校特色发展的校本课程

3.0阶段校本课程建设关注了作为课程实践对象的学生立场，将学生的个性化发展需要作为学校课程建设的核心。然而，其所忽略的是学生阶段发展特点和学校教育的价值属性。事实上，我们对基础教育学校的定位应有一个常识性的判断，如小学以通识教育为主，以个性化教育为辅；中学通识教育和个性化教育并重；高中以个性化教育为主，通识教育为辅。这一观点反映在校本课程建设上，即小学低段应注重通识性校本课程的开发，中高段兼顾通识性校本课程和个性化选修性校本课程开发；中学进行多样化选修性校本课程开发和基于学生自主的活动性课程实践，让学生能够参与到校本课程建设中来。为此，4.0时代的校本课程建设核心旨趣是基于学校特色发展的校本课程建设理路。其特质主要有：(1)开发一门或多门通识的体现学校特色理念的校本课程。学校特色办学理念不能仅仅是理念，也不能仅仅是文化建设，而应找到落实学生发展的载体，那么承载学校特色办学理念的特色校本课程就是一个重要的载体。(2)开设多样化的可供学生多元选择的校本课程。这些课程指向发展学生兴趣，是为了打开学生视野，为了学生的未来发展打下底色，其课程旨趣不同于学科课程的过度知识结构化，避免了学科课程的过度考试倾向。(3)教师更多地参与到校本课程建设中。不过度依赖校外教育资源，保持学校教育课程建设的专业性，从而不断通过行动研究来提升教师的课程意识和课程能力。(4)这个阶段的发展特别注重的是多层面多维度的学校课程制度的构建，如校本课程建设委员会、校本课程建设评估委员会、校本课程工作坊、课程研发中心等。(5)注重学校课程机制的完善和体现学校特色化校本课程的开发与实施，不断地对教师进行卷入式培养。

五、5.0版：整合视域的校本课程建设

从目前学校教育实践来看，大多数探索只到4.0版，进行5.0版的基于整合视域的校本课程建设的有效探索还不是很多。4.0版校本课程建设虽然关注了学生的个性化发展和通识发展，关注到了教师的卷入式培养，也着力深度挖掘学校的办学理念、文化、资源等。但是一窝蜂地关注课程的多样性和课程种类的丰富及课程的内在逻辑，就必然导致课程重复和课程育人资源的多重叠加现象。为此，需要在课程统整的视域下，进行课程整合。课程整合包括课程理念整合、课程目标整合、课程内容整合、课程组织整合及课程评价整合，其核心是基于学生发展目标统一取向的多元统整。其特质主要有：(1)从资源课程发展为教师课程，而且更多地表现为教师共

同体课程、学科组的教师课程及班级组的教师课程。(2)从关注课程内在知识、技能的完整课程结构发展为多元的跨领域跨学科的主题式课程或专题式课程,如STEAM课程。(3)课程整合的范式可以从两个层面来分解,按难易程度可以分为相关课程模式、广域课程模式、跨学科课程模式、超越学科课程模式。按交叉程度可以分为学科内课程统整范式、学科间课程统整范式、多学科课程统整范式和学科课程与学校活动统整范式。(4)课程整合的路径应是扎根式发展,这种发展策略不是自上而下的,而是自下而上的,强调逐次演进和教师的自觉行动。(5)课程整合指向国家学科课程校本化实施的初步探索,是探索性的变革。整合视域中的校本课程建设目的是教师课程意识的进一步觉醒,同时通过行动研究本身提升课程能力,在国家课程校本化实施中获得一定的课程实践性经验,替换固有的教学实践经验,是行动方式的更新,更是思维方式的更新。同时,它导向的是教师课程专业自主权的生成,而这正是学校教育民主的体现。

六、6.0版:全景式校本课程建设

从校本课程开发的本质属性来看,校本课程开发应蕴含两层含义——国家课程、地方课程的校本化开发和校本的课程开发。而当前的校本课程建设更多的是校本的课程开发,几乎没有从课程管理和课程领导的视角来进行国家课程、地方课程的校本化开发。从课程建设理论来看,基于课程理解视角来看课程类型,可以分为国家确定的课程、地方规定的课程、学校教育实践的课程、教师理解和加工的课程、学生理解和获得的课程。所以,学校进行课程的校本化实践是课程深度变革或者是课程进入改革深水区所应然要做的探索和研究。笔者将这种探索方向称为校本课程建设的6.0版——全景式校本课程建设。其特质主要有:(1)从课程愿景上,认为课程是学生全部学校生活的总和。(2)基于教师课程意识和课程能力的全然觉醒,课程思维取代传统的教学思维,课程管理范式取代传统的教学管理范式。(3)从教师理解和加工的课程逐步过渡到学生理解和获得的课程,这就要求认识到学生发展的多元性和丰富性,可以基于多元智能理论和复杂性教育理论进行构建。(4)从课程开发实践层面上要指向基于学生核心素养发展的学科核心素养的实践,进行基于学科核心素养的多元化学科校本课程建设,即国家课程校本化和地方课程校本化。(5)在课程表征上是建设出学科课程群,如学科课程的1+N模式、学科核心课程与学科延展课程结合模式。(6)课程评价和课程程序正义规范化发展。(7)在课程保障机制上,应是课程民主机制的显性化发展,课程审议、课程实践行动、课程管理权的多维交叉与互动,普通教师成为学校课程建设的开发者,也是管理者和决策者。

七、7.0版：全息式校本课程建设

全景是指对学生学校生活的全覆盖,指向课程变革的空间,而全息是在全景发展中加入时间的维度,将学校课程变革放置在教育的时间长河中,以发展、变化的眼光来看待校本课程变革。如果说1.0版至3.0版是目前还较多存在的校本课程建设形态,4.0版和5.0版是正在追寻的校本课程建设形态,6.0版是看得见的并有路径可以期待的校本课程建设形态,那么目前来说7.0版的全息式校本课程建设是一种愿景、一种蓝图、一种不确定的思考。其可以探讨的可能理论特质有:(1)建设的是指向学生中心的个性化与通识性课程群,表征为学生的个性化课表,学校教育成为学生学的场所,而非教的场所。(2)学校教育的一切包括场所都是学生学习课程的一部分,高度关注学校的教育场所精神和校外教育场所精神。(3)学校教育是有节律的,是与天地人事自然相统一的,学校课程的节律要依据学生生活节律和发展节律来构建。(4)重视以复杂性理论来研究解决学校教育的课程问题,关注课程建设系统性、自主性、自组织性、复杂性等特点。(5)课程建设的过程在规范性、正义性、伦理性上下功夫,在开放性和发展性中实现课程的生成与发展。(6)学校教育及教师具有基于课程发展的教育专业自主权,是以课程生活为主导的教育生活,课程话语体系与思维方式完全取代教学话语体系与思维方式,从而重构学校教育的形态。

以上对于校本课程建设的七个阶段划分是笔者多年来根据实践和对众多学者研究的思考和探索,是否足够准确还需要检验。同时,对于校本课程建设发展的阶段划分也不是绝对的,智慧总是更多孕育在实践当中的,实践总是比理论和语言表达的内涵更深刻更丰富。所以,虽然这样的思考框架可能有助于推进校本课程建设的认识并明确其推进的路线,但我们更应当在实践行动中找寻更多的校本课程建设范式。

第二节 校本课程建设的发展期待

当前学术界关于校本课程建设的研究在不断深化,大量中小学也在充分实践,在此基础上,我国当前中小学校本课程建设的理论与实践呈现出一定的特质。整体来看,当前关于校本课程的理论研究在发展中走向深入,在实践中不断走向理性探

索。虽然当前学校校本课程建设中还有诸多不足和令人啼笑皆非的现象,但整体发展趋向是好的。笔者通过整体审视当前的理论研究和实践研究,分析归纳了当前中小学校本课程建设的理论趋向主要有:课程变革的整体化、实践过程的民主化、课程发展的动态化、教师资源的专长化、学生发展的多元化、课程开发的技术化、课程实践的整合化及课程文化的自觉化。当然,这些特质不一定是未来发展的必然,也不一定是未来校本课程建设的终点,而是基于当前发展可以期待的阶段性命题。

一、课程变革的整体化

基础教育课程改革推进到今天,课程理念已经逐步深入人心,对学校课程的变革也逐步成为自觉的行为。我们会发现,校本课程变革的一些基本认识已经在不断地明确。笔者将这种特征表达为校本课程变革的整体化。校本课程开发是学科课程建设的补充与拓展,校本课程建设是现代学校改革不可或缺的组成部分,校本课程建设不是学校开发一门课程,而是系统性的、整体性的、研究性的、实践性的教育行动,校本课程建设是为了促进教师课程意识的觉醒,是为了丰富学校课程,是为了满足每个孩子的不同发展需要而打开一扇窗户。有研究者认为,整体性课程指向"关注人的经验之间的关联——身心之间的关联、线性思维和直觉认知方式之间的关联、学术性学科之间的关联、个人和社会之间的关联、个人的自我与超个人的自我(所有的灵性传统都认为它存在于个人的自我之外)之间的关联"[①]。校本课程变革的整体化需要从学校教育的系统结构、学校各个课程系统的组织结构及学生发展的整体性来认识。这是宏观层面上的整体化,而微观层面上的认识,是要将校本课程建设作为一个自组织系统,不断探寻课程开发、课程实践、课程发展、课程领导及课程评价等方面的内在关系,实现整体性的课程建设规划,而不是进行单一的课程开发或割裂的课程建设行动。

二、实践过程的民主化

民主已然成为时代的主流话语,也是主流的协作行为模式。这种民主的教育表达的是一种协作式的、共享式的、互动式的、生成式的教育研究实践。当前校本课程建设的民主性缺失主要表现在:其一,校本课程开发的校长意志。一个学校的校本课程建设应是多方协商的结果,而不应是领导意志,也不应是领导的兴趣。其二,校本课程建设的项目式特色倾向。为了追求特色而特色,为了与众不同而选择生僻的

[①] 转引自安桂清.整体课程论[M].上海:华东师范大学出版社,2007:36.

项目来作为学校校本课程特色,是不可取的。其三,校本课程建设制度性保障缺失。这使校本课程建设容易成为一种流行式的实践性改革行为,不能触及教育的核心问题。推进实践过程的民主化,是校本课程建设的应然需求:其一,校本课程建设是为了促进学生的多样化发展,民主化表达使学生能进行自主的选择。其二,通过课程协商及课程审议的方式,来促进课程的多元主体利益表达,从而使之更符合学校教育的发展需要。其三,促进教师课程意识觉醒,并提升教师专业自主权。我们应该明确,学校领导只是课程建设中平等的首席,应发挥课程领导的作用,不能进行行政性强加,更不能把课程建设作为政绩来实践。要推进实践过程的民主化,就必须形成学校课程建设的管理机制和实践机制以最大限度发掘课程建设过程中对教师、对学生、对学校教育整体的内燃作用。

三、课程发展的动态化

《周易》有言:"穷则变,变则通,通则久。"其说明的道理是事物发展到了极点,就要发生变化,发生变化,才会使事物的发展不受阻塞,事物才能不断地发展。也就是说事物是永恒处于动态平衡中,在不断变化中形成平衡,在打破平衡中变化演进。对于学校校本课程建设而言,这种动态化也是其本质要求:(1)学校教育的复杂性应然所需。学校教育面对的是不断变化的社会需求,社会的快速发展就必然对学校教育提出不一样的要求。(2)学生群体化特质的代际变化与个性的生命独特性要求课程建设的动态生成。"因材施教"要求的不仅是教育教学方式方法的转变,还在于教学内容的转变。(3)不同教师对课程的理解和认识限度决定了教师课程的效度,为此基于教师专长的校本课程更依赖于教师的发展。当前一些学校把校本课程当成与国家课程并列的一个课程门类,不少学校就开发了一门所谓的特色课程来实施,学校因此就新增加了一门课程,然后一成不变地实施。这是不合理的也是错误的认识与实践。课程发展的动态化表现为:其一,认识到课程是不断发展演进的,课程开发的过程永远没有最完美的时候,课程开发主体应不断自我超越。其二,课程资源是不断变化的,需要在一定的结构上对资源进行增减、整合、重构等。其三,以相对开放的课程管理机制来保障课程的动态化,处理好闭环管理与内外关联的关系。

四、教师资源的专长化

崔允漷指出校本课程开发是学校在保证国家和地方课程的基本质量的前提下,通过对本校学生的需求进行科学评估,充分利用当地社区和学校的课程资源而开发的多样性的、可供学生选择的课程。[①]其核心是课程开发要基于学校教师的独特性资源,也就是不断发掘并培育教师的专业特长,促使作为核心课程资源的教师不断实现专长化发展。这要解决的问题是当前部分学校的校本课程建设过度依赖外部资源,而自己学校教师很少参与或不参与学校的课程建设,割裂了学校课程建设与学校教师的紧密关系。教师资源的专长化应包括:(1)教师个体资源的专长化。要求学校在推进课程建设过程中善于发现并培育"种子教师",通过引爆"种子教师"的骨干示范作用来激发更多教师的广泛参与,但同时也要避免过度依赖独特性的教师个体资源。(2)教师协作团队资源的专长化。基于一定的国家课程基础,实现对同一学科教师团队的资源协作与多元配置,或实现基于共同专长的教师团队资源的专长化。(3)基于学校教育综合性发展的需要,围绕学生的素养发展来构建基于班级建设的跨学科跨领域的异质化教师团队。专长化的核心是不需要教师的全方位优秀及全方位的自主实践,而是更强调教师在某一方面或某一领域的资源放大,并强调不同教师资源专长的协作共生,从而为学生更多元的发展提供助力。

五、学生发展的多元化

从前文的校本开发本意中可以得出,校本课程建设指向开发多样性的、可供学生选择的课程。于当前的认识而言,我们对于学生个体的发展独特性和学生成长需求差异性的认识已经成为一种共识。那么,通过校本课程来促进学生多元化发展是应然之举,也应是实然之举。同时,我们也必须明确:(1)强调学生多元发展的同时,在基础教育阶段要基于通识性教育,传递人类文明的永恒经典及社会生活的常识,这是人类社会交往本质的必然。(2)学生的多元发展不是指向少数人的多元发展,而是指向为每一个学生的多元发展可能提供尽可能多的可能性,为不同的学生找到适合他们的发展沸点。(3)基础教育的学生多元发展不是精英式的发展,不是要求多高的专业水平,而是为了给学生的未来发展种下种子。

六、课程开发的技术化

当前基础教育学校改革的主流话语还多数停留在教学层面,主体还是期待通过教学研究的推进来提升课堂教学效率,而对课程开发关注较少。笔者通过研究认为,当前校本课程建设的质量不高,广泛意义上来说是因为对校本课程建设的理论认识不足及具体开发技术缺失。要深化学校校本课程建设,就必须加强教师的开发

[①] 崔允漷.校本课程开发:理论与实践[M].北京:教育科学出版社,2000:132.

能力的培训,如规划的撰写、纲要的开发、资源的整合、课程的实施及课程领导能力的培育等。当然,并不是说教师完全不具备课程开发能力,应该说当前多数教师有朦胧的潜在的课程开发意识,但这种意识缺乏系统性的、实践性的、整体性的实践框架。

七、课程实践的整合化

　　社会发展的持续复杂化,对学校教育的要求也在不断增加。一个明显的表征就是越来越多的社会生活需要要通过转化为学校课程来实施,这就必然造成学校课程发展的内在紧张。什么重要、什么需要,什么就要进入课程、进入课堂,在学校教育的时空有限的情况下,学校课程建设的必然目标就是实现课程的统整,从而提高课程容纳率,实现学校教育的多元发展。课程统整是"经由课程设计的统整,以达成经验的统整、知识的统整和社会的统整"[①]。从校本课程建设来看:(1)要实现不同校本课程类型的统整,找到不同课程的关联点,实现跨领域跨学科的课程生成;(2)要实现校本课程与国家课程、地方课程的统整,实现相互的补充及有效的拓展;(3)要实现校本课程与学校活动课程的统整,实现校本课程实践时空的拓展,也促进活动课程品质的提升。统整可以从学生发展的维度,知识、技能、素养的维度,事物关联的维度,教育教学规律的维度及时空的维度等来实现统整。统整是校本课程建设的一种重要策略与方法,在不断统整的过程中也能够实现课程发展的品质提升,能够不断生成新的交叉性课程。

八、课程文化的自觉化

　　如果前面谈的是校本课程建设中的具体实践性表达,那么课程文化的追求是期望能够把课程建设固化为学校教育的新态势,固化为学校课程建设的一种自然状态。对于课程文化,不同的研究者有不同的认识,从视角来看,有从课程改革实践角度来把握的,有从课程角度来切入的,有从文化角度来切入的,有从人的发展角度切入的,也有从方法论的角度来诠释课程文化的。其中,最普遍的是从文化的概念来演绎课程文化的内涵。[②]笔者比较认同的关于课程文化的界定为:"课程文化不是体现在学校中的某个社会群体上,即不是以学校中的某个群体为载体,而是以群体间的关系和活动为载体,教师和学生中任何一个方面的活动及所体现出来的文化特

[①] James A.Beane.课程统整[M].单文经,译.上海:华东师范大学出版社,2003:9.
[②] 罗生全.基础教育课程文化研究的现状及其启示[J].天津师范大学学报(基础教育版),2008(1).

征,无不在课程文化上有所体现。课程文化是他们双方面互动的产物。"[1] 从这一定义出发,校本建设进程中要逐步形成的课程文化应该是自觉化的,是扎根化的,而不是生硬的、戴帽子的文化。这种自觉化的课程文化表现为:(1)涵盖物质层面、制度层面及精神层面。自觉化的文化需要通过物质层面来显现,进而通过人的活动以制度的名义固化为新的共识,最后转化为自觉的一种精神层面的文化追求。(2)从被动的课程建设到主动的课程建设。改革被动的、缺乏群众基础的课程建设模式,转变为基于广泛的自觉、主动的课程认同与课程实践。(3)从外部动力机制到内部动力机制,在发展中实现动力内生。这样课程文化形成后,方能促进课程变革的持续性发展。

纵览当前,基础教育校本课程建设精彩纷呈,不同地区、不同学校、不同教师从中发现了不一样的精彩。理论层面不断深化认识,构建出了独具特色的体系;实践层面不断探索尝试,不断发展出了各自的发展范例。通过研究,笔者从中发现了一些特点,找寻到了一共性。当然,我们也应该意识到,这些共性主要是笔者研究分析后所得出的一些判断和期待,未必能反映全部的发展现实。在具体的实践当中,我们应根据具体情况进行具体分析。推进校本课程建设应找到适合区域、学校及实践者的方式,重点从某一方面来突破,实现整体层面的发展。从整体来说,基础教育校本课程建设作为一个相对新的领域,还需要更多的有志之士投入其中进行研究。

---

[1] 金志远.课程文化研究述评[J].中小学管理,2004(7).

参考文献

一、书籍类

石中英.教育学的文化性格[M].太原:山西教育出版社,2007.

崔允漷.校本课程开发:理论与实践[M].北京:教育科学出版社,2000.

吴刚平.校本课程开发[M].成都:四川教育出版社,2002.

海德格尔.在通向语言的途中[M]. 孙周兴,译.北京:商务印书馆,2011.

赫伯特·马尔库塞.单向度的人——发达工业社会意识形态研究[M].刘继,译.上海:上海译文出版社,1989.

迈克尔·W.阿普尔.教育与权力(第二版)[M].曲囡囡,等译.上海:华东师范大学出版社,2008.

道格拉斯·C.诺斯.制度、制度变迁与经济绩效[M]. 刘守英,译.上海:生活·读书·新知三联书店上海分店,1994.

徐玉珍.校本课程开发与校本化课程实施行动研究[M].北京:首都师范大学出版社,2006.

陈成文.社会学[M].长沙:湖南师范大学出版社,2005.

辛鸣.制度论——关于制度哲学的理论建构[M].北京:人民出版社,2005.

陈振明.公共政策学:政策分析的理论、方法和技术[M].北京:中国人民大学出版社,2004.

黄志成.西方教育思想的轨迹——国际教育思潮纵览[M].上海:华东师范大学出版社,2008.

埃德加·莫兰.复杂性思想导论[M].陈一壮,译.上海:华东师范大学出版社,2008.

迈克尔·富兰.变革的力量:透视教育变革[M].中央教育科学研究所,加拿大多伦多国际学院,译.北京:教育科学出版社,2004.

托马斯·S.库恩.必要的张力[M]. 纪树立,范岱年,罗慧生,等译.福州:福建人民出版社,1981.

吴康宁.教育社会学[M].北京:人民教育出版社,1998.

陈玉琨,等.课程改革与课程评价[M].北京:教育科学出版社,2001.

钟启泉.课程论[M].北京:教育科学出版社,2007.

黄显华,朱嘉颖,等.课程领导与校本课程发展[M].北京:教育科学出版社,2005.

钟启泉.新课程师资培训精要[M].北京:北京大学出版社,2002.

丁钢.中国教育:研究与评论 第4辑[M].北京:教育科学出版社,2003.

邢至晖,韩立芬.特色课程开发的7项核心技术[M].上海:华东师范大学出版社,2013.

张圻福.大学课程论[M].南京:江苏教育出版社,1992.

钟启泉.现代课程论[M].上海:上海教育出版社,1989.

顾明远.教育大辞典(第1卷)[M].上海:上海教育出版社,1990.

廖哲勋.课程学[M].武汉:华中师范大学出版社,1991.

陈侠.课程论[M].北京:人民教育出版社,1989.

冯生尧.小学课程设计与评价[M].北京:教育科学出版社,2016.

瞿葆奎.教育学文集 第9卷 课程与教材(上)[M].北京:人民教育出版社,1988.

约翰·罗尔斯.正义论[M].何包钢,何怀宏,廖申白,译.北京:中国社会出版社,1999.

何怀宏.公平的正义——解读罗尔斯《正义论》[M].济南:山东人民出版社,2002.

兰邦华.人本管理——以人为本的管理艺术[M].广州:广东经济出版社,2000.

张华.课程与教学论[M].上海:上海教育出版社,2000.

James A.Beane.课程统整[M]. 单文经,译.上海:华东师范大学出版社,2003.

于泽元.课程变革与学校课程领导[M].重庆:重庆大学出版社,2006.

钟启泉.教育的挑战[M].上海:华东师范大学出版社,2008.

教育部基础教育司,教育部师范教育司.新课程的领导、组织与推进[M].北京:高等教育出版社,2004.

张嘉育.学校本位课程发展[M].台北:师大书苑有限公司,1999.

靳玉乐.校本课程开发的理念与策略[M].成都:四川教育出版社,2006.

约翰·D.麦克尼尔.课程导论[M]. 施良方,等译.沈阳:辽宁教育出版社,1990.

郝德永.课程研制方法论[M].北京:教育科学出版社,2000.

施良方.课程理论——课程的基础、原理与问题[M].北京:教育科学出版社,1996.

拉尔夫·泰勒.课程与教学的基本原理[M]. 施良方,译.北京:人民教育出版社,1994.

朱慕菊. 走进新课程 与课程实施者对话[M].北京:北京师范大学出版社,2002.

徐玉珍.校本课程开发的理论与案例[M].北京:人民教育出版社,2003.

钟启泉.现代课程论(新版)[M].上海:上海教育出版社,2015.

安桂清.整体课程论[M].上海:华东师范大学出版社,2007.

玛利亚·蒙台梭利.发现孩子[M]. 胡纯玉,译.北京:中国发展出版社,2003.

C.Marsh，C.Day，G.McCutcheon. Reconceptualizing School-based Curriculum Development[M]. New York:The Falmer Press,1990.

R.W.Tyler. Basic Principles of Curriculum and Instruction[M]. Chicago: the University of Chicago Press, 1949.

L.Stenhouse. An Introduction to Curriculum Research and Development[M]. London: Open University, 1975.

二、论文类

徐玉珍.校本课程开发释义[J].中小学管理,2001(4).

汪霞.校本课程开发:理念、过程、困难及其他[J].教育探索,2006(1).

孟宪平.职业学校校本课程的开发[J].河南职业技术师范学院学报,2002(5).

黄伟祥.校本课程开发的实践与思考[J].中国职业技术教育,2004(10).

徐兰文.关于中等职业学校校本课程开发的几点思考[J].辽宁教育行政学院学报,2006(8).

吴国平,张丽芳.学校的课程统整:从课程管理到课程领导[J].全球教育展望,2013(2).

郭元祥.教师的课程意识及其生成[J].教育研究,2003(6).

朱桂琴.中小学教师课程意识的提升[J].教育探索,2006(11).

吴康宁.无条件的道德要求与有条件的道德行为——学校道德教育的一种内在紧张[J].教育理论与实践,2006(17).

刘福才,刘复兴.辨识我国教育改革的制度困境——基于要素分析的视角[J].济南大学学报(社会科学版),2014(3).

胡方,龚春燕.做好特色学校发展规划[J].人民教育,2009(2).

边霞.儿童文化与成人文化[J].学前教育研究,2001(3).

刘晓东.论儿童文化——兼论儿童文化与成人文化的互补互哺关系[J].华东师范大学学报(教育科学版),2005(2).

车丽娜.论学校课程规划的基本向度[J].西北师大学报(社会科学版),2015(4).

靳玉乐,董小平.论学校课程的规划与实施[J].西南大学学报(社会科学版),2007(5).

和学新,乌焕焕.学校课程规划:动力、向度与路径[J].中国教育学刊,2011(2).

郑东辉.什么样的课程方案评价是好的评价[J].当代教育科学,2011(16).

吴培源,等.梅林小学学校本位课程整合规划与运作之行动研究——以"教材内容"与"教学活动"为例[J].嘉义大学通识学报,2005(3).

吴刚平.开设校本课程的若干认识问题探讨[J].教育科学论坛,2006(1).

韩艳梅.如何使学校课程从局部零敲碎打转向整体系统设计——学校课程计划的框架及实践分析[J].基础教育课程,2013(10).

崔允漷,周文叶,岑俐,杨向东.校本课程规划:短板何在——基于Z市初中校本课程规划方案的分析[J].教育研究,2016(10).

汪霞.课程设计的几个基本问题[J].教育理论与实践,2001(11).

陈建华.作为发展过程的学校发展规划[J].教育发展研究,2004(11).

杨东平.教育公平三题:公平与效率、公平与自由、公平与优秀[J].教育发展研究,2008(9).

褚宏启.教育公平与教育效率:教育改革与发展的双重目标[J].教育研究,2008(6).

张华.论核心课程[J].外国教育资料,2000(9).

彭虹斌.学科课程的理论基础与组织原理[J].湖南师范大学教育科学学报,2007(4).

赵迎春.论学科课程知识的呈现与建构[J].教育探索,2011(8).

贾非.世界课程管理模式的主流与趋势——兼谈我国高中课程改革的困境与对策[J].外国教育研究,1994(6).

何永红,龚耀昌.学校如何设计课程体系:基于课程统整的思考[J].教育科学研究,2014(3).

吴全华.中小学去行政化与教育治理的法治化、民主化[J].中国教育学刊,2015(10).

牛其刚.学校教育如何去行政化[J].教学与管理(中学版),2015(8).

郑先俐,靳玉乐.论课程领导与学校角色转变[J].河北师范大学学报(教育科学版),2004(3).

徐君.从课程管理到课程领导:成人教育课程发展的必由之路[J].河北大学成人教育学院学报,2006(3).

吴刚平.校本课程开发的基本理念与操作流程[J].乐山师范学院学报,2003(6).

吴刚平,樊莹.课程资源建设中的几个认识问题[J].教育理论与实践,2001(7).

郭莉霞,段兆兵.课程资源及其开发与利用——一种心理学的视角[J].西北成人教育学报,2004(2).

徐继存,段兆兵,陈琼.论课程资源及其开发与利用[J].学科教育,2002(2).

范兆雄.课程资源的层面与开发[J].教育评论,2002(4).

黄晓玲.课程资源:界定、特点、状态、类型[J].中国教育学刊,2004(4).

王孝红.论课程资源的开发和利用——《基础教育课程改革纲要(试行)》中的课程资源[J].内江师范学院学报,2004(03).

郑金洲.走向"校本"[J].教育理论与实践,2000(6).

李定仁,董仁忠.东乡族小学课程资源开发与利用的调查研究[J].西北师大学报(社会科学版),2003(01).

张卫娜.试析校本课程资源开发的基本程序[J].河南科技学院学报,2011(1).

吴刚平.课程资源的理论构想[J].教育研究,2001(9).

吴刚平.校本课程开发评价的基本框架[J].集美大学教育学报,2001(1).

罗生全.基础教育课程文化研究的现状及其启示[J].天津师范大学学报(基础教育版),2008(1).

金志远.课程文化研究述评[J].中小学管理,2004(7).

张雯君.校本课程开发的理念与实践的思考[D].长春:东北师范大学,2004.

严五胤.校本课程开发的困境与出路[D].武汉:华中师范大学,2006.

赵积红.校本课程开发:问题与对策[D].贵阳:贵州师范大学,2005.

戴永清.校本课程开发的实践与探索[D].武汉:华中师范大学,2004.

陈薇.校本课程开发面临的问题及其对策研究[D].桂林:广西师范大学,2006.

欧阳欢融.校本课程开发的实践研究[D].南昌:江西师范大学,2003.

应雅泳.中职教师校本课程开发能力的培养研究[D].杭州:浙江工业大学,2008.

胡志琳.中等职业学校校本课程开发研究——以长沙铁路职业中专为例[D].长沙:湖南师范大学,2008.

陈鑫.中小学学校课程方案评价指标体系的构建[D].济南:山东师范大学,2014.

林一钢.校本课程方案评价研究[D].上海:华东师范大学,2003.

郑哲.罗尔斯正义理论与中国社会公平正义[D].延边:延边大学,2005.

孙建.人本管理研究[D].上海:复旦大学,2003.

顾燕.教师人本管理的理论与实践研究——以上海市西林中学的实践探索为例[D].上海:上海师范大学,2008.

黄晓玲.重庆市九龙坡区陶家镇学校开发利用乡村课程资源研究[D].重庆:西南师范大学,2003.

黄英姿.校本课程资源的开发与管理[D].桂林:广西师范大学,2004.

王楠.小学社区服务与社会实践校本课程资源开发[D].重庆:重庆师范大学,2013.

黄浩森.乡土课程资源开发的实践研究[D].长沙:湖南师范大学,2009.

后 记

　　回顾往昔,看着眼前的稿子,感慨万千。

　　七年的教育学学习,五年的工作实践,从对教育学的无知到敬畏,是一个知识增长的过程;从对教育实践的批判省思到理性认识,是一个学习者研究的过程;从对经验世界的求索到自我的追问,是一个生命个体不断自我更新的过程。这样对生命进程的认识,促使我形成个体化的教育认识。教育首先在于自我,实现自我教育的内在需要。其次,是将目标转向社会伦理基础的思考,作为教育的伦理基础应该是"真与诚",没有真和诚,便失去了教育本真意义上的道德立场。再次,是具体实践"真和诚",教育学本身就是一门实践性学科,这并不因为其理论性强而有所改变。最后,以实践性为基础的教育学学习的实践路径是:自我实践反思;理论学习;理论实践化;作为学习个体的修身养性基础上的"真与诚"的生活实践,构建内外合一的伦理基础上的事实性实践;广泛的教育理论应用的个体号召下的理论实践化。所以,做教育首先是自我的教育实践,是自我的生命更新过程。

　　校本课程建设研究是我这五年来基于工作的行动研究,在实践中的反思,在实践中的学习,在实践中的探索,试图努力达到的是对基础教育校本课程建设整体性的、实践性的、系统的思考,尝试构建的是区域推进校本课程建设的话语框架。当然,这样的探索性实践可能于理论是肤浅的,于实践是理论的,但在理论与实践二元分离的教育发展阶段,只是为了寻找两者间的研究与实践范畴,寻找实践中理论与实践的转化路径。这是笔者的期望,也是开展本研究的本质诉求。

　　本书的研究写作是一个学人不断自我更新的过程,是一个成长的过程,是笔者过去一切历史的总和。这样的获得,应该感谢恩师们的教诲,我脑中时常萦绕着廖其发教授、石隆伟教授、吴晓蓉教授、郝京华教授等恩师的循循善诱;应当要感谢刘秀峰、刘小红、张良、尹国强等学长们的爱护;应当感谢厦门市思明区教师进修学校原校长姚小萍先生把我领进教育实践,为我铺垫人生的底色;应当感谢思明区教师进修学校郑志生校长五年来的引领与关怀;应当感谢施玉昌副校长、陈文莉副校长和蔡维真老师对我的教导与包容;应当感谢师训室的爱护与包容,感谢思明区教师进修学校的每一位领导及同事这几年的关怀与爱护;应当感谢当年教研员高级研修班的领导与同仁们;应当感谢这些年给予我许多帮助和指导的同行们及学校校长、教师们……这些年我的成长得到许许多多人的指点与帮助,感谢生命成长中的贵人们!感谢一辈子辛劳的父母亲,这些年虽然我工作了,但我越发明白父母对子女的爱是无私的，是为了子女可以付出一切的。我的父母是朴素的，不善于表达对子女的关爱，但那种无言的爱实时滋润着我那在生活压力下日渐干涸的心灵，是我勤奋努力、保持善意、追寻价值的护航力量。感谢我的爱人陈捷曼，相爱相随，相濡以沫，默默付出。女儿魏知远的出生让我的灵魂越发柔和，越发宁静，也越发觉知责任与价值。

思绪万千，我也知道，以当前的研究写作来看，无疑是肤浅的，也存有诸多不完善之处，对于真正的研究，我还有很长的路要走。本书的意义是对自己生命成长的见证，是不断执着投入后对学术的越发敬畏之心，是求教于方家的敲门砖。苍白的语言、枯涩的思维已无力表达更多的内心世界。

最后，感谢厦门市教育局、厦门市教科院"2017年度厦门市教育科研专著资助出版项目"为本书所提供的资助。感谢责任编辑尹清强对本书的付出。

是为后记。

魏登尖
2017年7月3日夜
修改于2018年5月16日夜